戦国大名 県別国盗り物語

我が故郷の武将にもチャンスがあった!?

八幡和郎

PHP文庫

○本表紙図柄＝ロゼッタ・ストーン（大英博物館蔵）
○本表紙デザイン＋紋章＝上田晃郷

まえがき――我が故郷の武将にも天下取りのチャンスがあった

戦国時代の面白さに、我が故郷の大名や、自分の贔屓《ひいき》の武将にも天下を取れるチャンスがあったのではないかという夢を追う楽しみがある。

歴史に「もしも」は禁物のはずだが、「桶狭間《おけはざま》の戦いで今川義元《いまがわよしもと》が討ち死にしなかったら」「武田信玄《たけだしんげん》が病に倒れなかったら」「毛利輝元《もうりてるもと》が本能寺《ほんのうじ》の変《へん》を秀吉《ひでよし》より先に知っていたら」「伊達政宗《だてまさむね》がもう十年早く生まれていたら」と地団駄《じだんだ》を踏んで残念がる人も多い。

応仁《おうにん》の乱（一四六七年）から一世紀余りも、日本全国が戦乱の渦《うず》に巻き込まれ、下克上《げこくじょう》の世となったが、そのドラマの結末は、貧しい農民出身の豊臣《とよとみ》秀吉による天下統一（一五九〇年）という劇的な幕切れだったのだから面白いのも当然だ。

それでは、あなたの故郷は、どんな戦国時代を過ごし、地元の武将はどうして天下を取れなかったのだろうか。それを解き明かすのが本書である。

普通の戦国時代の本や歴史ドラマで扱っているのは、ほとんど、最後の三十年ほどだけだ。毛利元就《もとなり》が大内《おおうち》氏を滅ぼし（一五五七年）、桶狭間の戦いで信長《のぶなが》が鮮烈的デビューを行い（一五六〇年）、川中島《かわなかじま》で武田信玄と上杉謙信《うえすぎけんしん》が雌雄《しゆう》を決した（一五六一年）より以前のことへの関心は非常に薄いのだ。

だが、戦国時代がどんな時代だったかを理解するには、少なくとも応仁の乱からの一世紀足らずの間を俯瞰《ふかん》しなければならないし、さらには、室町《むろまち》幕府が創設されてからの経緯もある程度は知る必要がある。うっかりすると、戦国時代が始まったことで室町幕府の権威は雲散霧消《うんさんむしょう》したように受け取る人が多いが、そういうものではない。

織田《おだ》信長の天下取りにしても、足利《あしかが》将軍候補を擁《よう》して上洛《じょうらく》などというのは（一五六八年）、大内義興《よしおき》や三好長慶《みよしながよし》もやっており、信長は三人目だったから、初めは、それほど革命的な出来事でもなかった。

最後の将軍である足利義昭《よしあき》を京都から追放したり、武田信玄が死んだりしたのは、一五七三年のことだが、織田信長はその半年前まで義昭と組んで朝倉《あさくら》・浅井《あざい》連合軍や三好三人衆と戦っていたのだし、もともと信玄は家康《いえやす》と並ぶ同盟者だったのであって、信長は足利幕府を滅ぼしたかったわけでも、信玄が信長に対抗して天下を狙っていたわけでもなかったのである。

そのことはまた詳しく論じるが、信長は平清盛《たいらのきよもり》の子孫であると称しており、初めは、鎌倉幕府における源氏《げんじ》の将軍と平氏である北条《ほうじょう》氏の執権《しっけん》のような関係をめざしていたのである。だが、義昭が実質的に権限を保持したいとこだわって信長を排除しようとしたので、信長はしかたなしに足利氏を追放して、みずから、平清盛のような武家の棟梁《とうりょう》であり朝廷も実質支配する方向へ変換しただけである。織田家は斯波《しば》氏の重臣として早くから中央政界で活躍しており、信長は意外に歴史に強く、伝統的な論理に基づく正統性を重視する武将だったのだ。

また、戦国時代を同じころのドイツなどでの宗教戦争の時代と同じように、暗く経済も疲弊《ひへい》した時代だったのかといえば、これまた間違いで、平安初期における古代の終焉《しゅうえん》から低調だった日本経済は大明《だいみん》帝国や南蛮《なんばん》人たちからの刺激で、一大飛躍期にあったのである。

人口も急増し、貨幣経済が定着し、京都が荒れたことで公家が地方に下向《げこう》したりして地方にまで文化が普及した時代だった。また、戦国大名の領国経営は、信長や秀吉による中央集権国家の先駆けだったし、信長・秀吉やその傘下《さんか》の武将たちは、全国に城下町を建設し、現代の県庁所在地の大部分はこの時代に建設されたか大改造されたものだ。つまり、戦国時代は、日本全土が近世《きんせい》社会へ向けて走り出した明るい夜明けの時代なのである。

また、それぞれの地域の人口とか生産力について、これまでの常識では、江戸時代の石高《こくだか》で計ることが多かったが、たとえば、越後《えちご》の国など上杉謙信の時代には、

【戦国時代各国の実力】

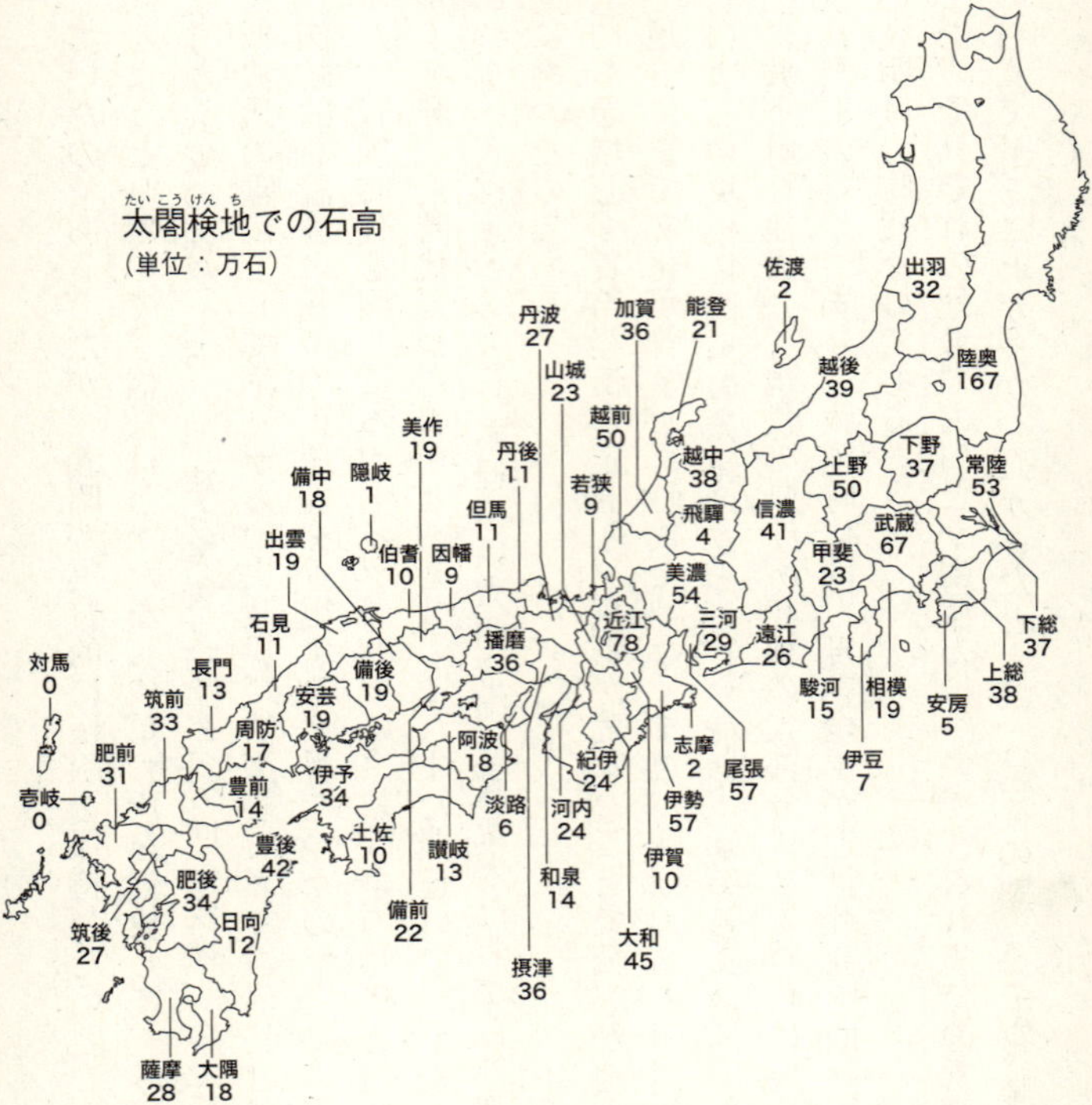

※戦国時代について石高が語られることが多いが、石高制は秀吉の時代に完成したものでそれ以前にはなかったから、「武田信玄《たけだしんげん》が何万石」などというのは無意味である。さらに、上杉景勝《かげかつ》が関ヶ原の戦いのあと120万石から30万石に減封《げんぽう》されたとかいうのは、江戸時代初期の表高《おもてだか》に基づく計算で、太閣検地のときの石高よりかなり大きなものであり、誤解のもとだ。

※各大名の石高は、右ページの
石高からの推計

永禄３年（1560年）

桶狭間《おけはざま》の戦いの時の情勢。川中島では信玄と謙信が戦い、京都では三好長慶《みよしながよし》が全盛。

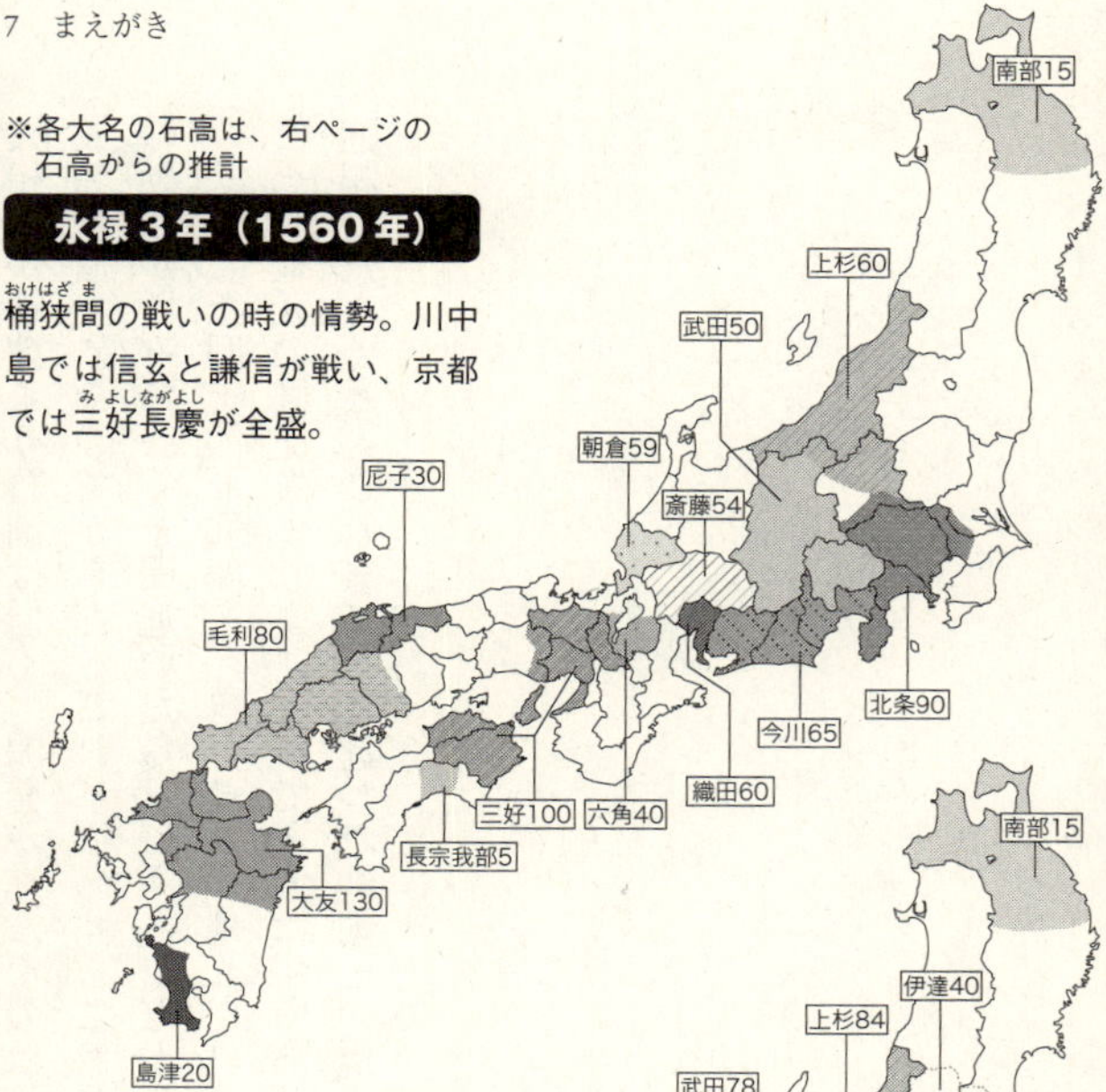

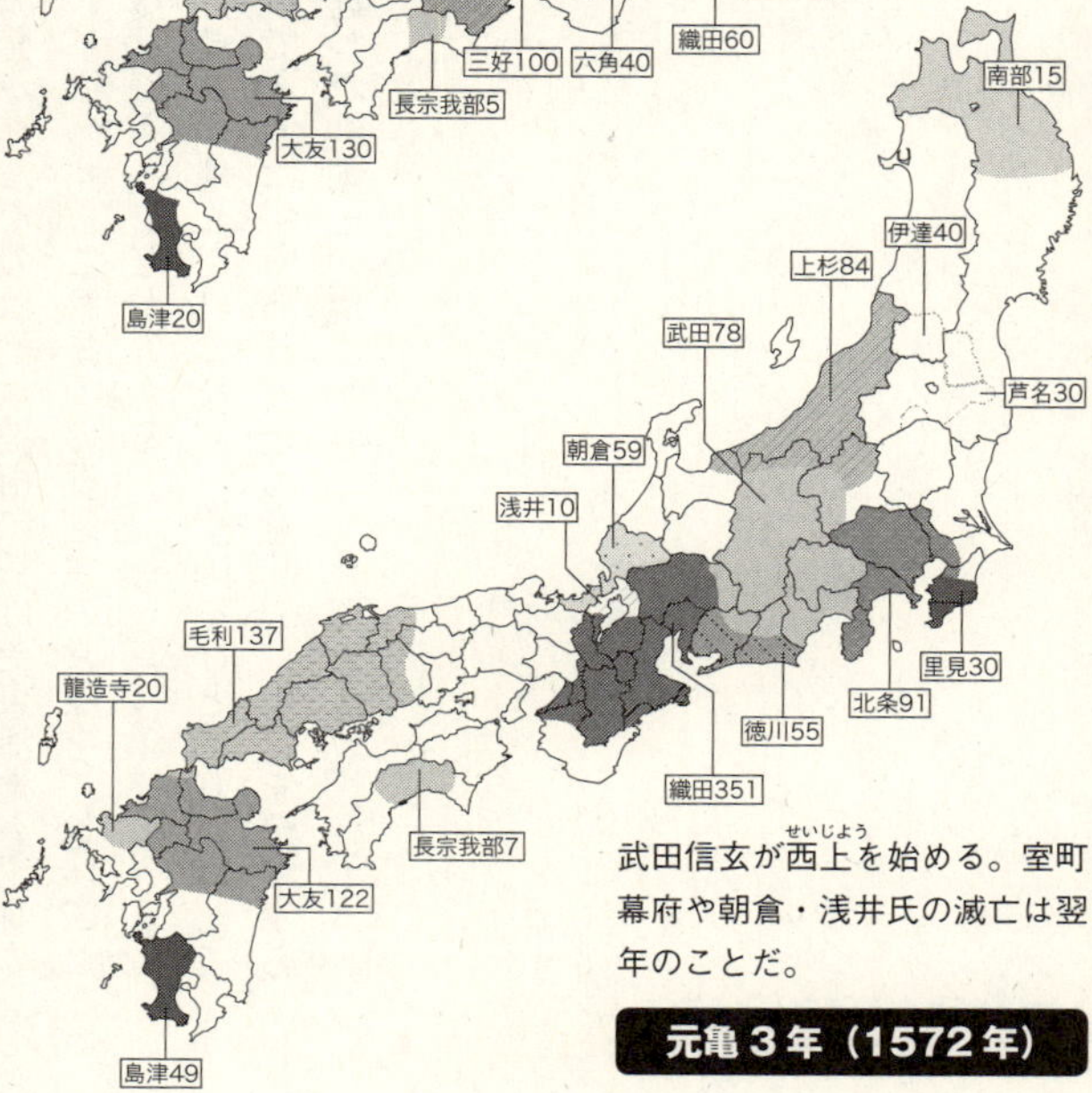

武田信玄が西上《せいじょう》を始める。室町幕府や朝倉・浅井氏の滅亡は翌年のことだ。

元亀３年（1572年）

大和《やまと》とか越前《えちぜん》より石高は低く、開発が進んだのは治水《ちすい》技術に長《た》けた東海地方出身の大名が領主になってからだ。これに限らず、これまでの戦国史の常識を、地域ごとの動きからみていくと間違いだらけであることが分かる。

そうした歴史的な展開を、自分たちの地元だけでなく、全国をひと通り俯瞰してこそ、地元の歴史もよりよく理解できるはずであり、その意味で、本書を最初から通読いただくと、これまでとは違った戦国史の視点がみえてくると思う。

戦国大名　県別国盗り物語　目次

第二章 近畿——応仁の乱と京を出て漂泊する将軍たち

第三章 四国・中国——信長より先に上洛はしたものの

第四章

九州・沖縄——キリシタン王国の出現と挫折

第五章　関東──東日本独立の夢ならず

第六章

中部——「風林火山」の旗指物が行く

第七章　東北・北海道――中世武士たち最後の砦

第八章　東海地方と戦国ダービーの結末——天下人を生んだ風土

愛知　名門織田家と用心棒稼業の松平家

信長の野望の終着点はどこにあったか

秀吉と家康、「天下盗り」の大義名分

コラム

序章　47都道府県の戦国武士はどこへ消えたのか

武田信玄が上洛しても室町時代は終わらなかった

もし、武田信玄や上杉謙信、あるいは、毛利元就《もとなり》や今川義元が上洛《じょうらく》に成功していたら信長や秀吉のような存在になっただろうか。正しい回答は、間違いなく「否」である。彼らが、上洛しても、細川《ほそかわ》氏の衰退に乗じて政権を握った三好《みよし》氏などにとって替わる、というより、彼らを追放して、それ以前の室町幕府の常態《じょうたい》に戻しただけであろう。

室町時代の初期から、全国の有力大名が上洛して幕府の政治に大きな影響を与えたことは多々あった。周防《すおう》の大内氏などその代表格であろう。織田信長ですら義昭を擁《よう》して上洛したときは、三好や松永《まつなが》を追放して足利《あしかが》幕府のあるべき姿に戻したというふれこみだった。

ところが信長は、新しい政治を始めたので、義昭は足利幕府のあるべき体制を再現してくれる武将を募《つの》った。それに応じて、たとえば、武田信玄が上洛したら、何カ月か、場合によっては何年か滞京《たいきょう》したかもしれないが、結局のところは、自らの領地へ帰っていっただろう。

室町時代の地方の武士にとって、中央での戦闘に参加することは割《わり》のいいアルバイトだった。現代人は、戦争に駆《か》り出されて命を奪われたりするのを気の毒なことだと思う。強制的に徴用《ちょうよう》された農民はいざ知らず、武士というのは、戦ってこそ存在価値があるし、百姓《ひやくしょう》よりいい生活をできる理由もそこにある。

我々は、武士というと江戸時代のサラリーマン化した侍を思い浮かべる。『江戸三〇〇年「普通の武士」はこう生きた』(臼井喜法と共著、ベスト新書)で、「現実の武士は、働きもしないのに威張り散らし、賄賂《わいろ》や役得などで姑息《こそく》に利益を得ることに罪悪感を持たず、暇でほかにやることがない割には勉強もしないし、いざ鎌倉というときには戦わなくてはならないのに、その心がけも実際的な準備もしていないというのが実態だった」「武士は行政官でも軍人でもなく世襲の年金生活者に過ぎない」と本当のことを遠慮せずに書いたら、渋《しぶ》い顔をする人が多かったが、それが現実であるから、反論はされなかったし、この考え方はいまやかなり広く認められていると思う。

だが、室町時代や戦国時代の武士は、もっとヤクザな存在だった。自分の領地があって、それを命をかけて外敵から守るのが基本の仕事だが、多くの武士が出稼ぎに出かけた。琵琶湖畔《びわこはん》の崖《がけ》っぷちにへばりついているような漁村で室町時代の村の記録がそのまま残っていることで知られる菅浦《すがうら》の文書には、徳川家康の先祖である松平《まつだいら》家の人々が、北近江《おうみ》の日野《ひの》家領だったこの村に出稼ぎに来ていたことが記されているほどだ。

まして、京の都の抗争に参加すれば、素晴らしい財宝を獲得できるし、地方では得難い文化体験や遊興《ゆうきょう》も可能になったし、都会的な美女ものにできた。それはちょうど、現代のヤクザが、馬鹿でかい外車、ぎんぎらぎんのファッション、妖艶《ようえん》な女性などを楽しみに命を張った出入りをするのと同じことだ。

教養の豊かさを問われた戦国時代と問われなかった江戸時代

室町時代の武士たちは、鎌倉時代や江戸時代の武士のように無教養ではすまされなかった。なんといっても、殿様たちは、京都で公家社会と共存しながら暮らしていた。将軍からしてだいたい公家の姫を母親にしているのであって、徳川将軍のように下級幕臣《ばくしん》の無教養な娘が主流だったのと違うのだ。

そうした社交界で生きていくためにも、無粋《ぶすい》な無骨《ぶこつ》者であるわけにはいかなかったのだ。連歌《れんが》などをたしなんだ戦国武将たちと、江戸の大名たちのバカ殿ぶりなどを見比べると、かなり際だった違いがあるし、それは、家臣たちにも影響を与えたのだ。

ここで大事なことは、戦国時代は、あくまでも室町時代の一部だということだ。それが、あたかも、安土桃山《あづちももやま》時代とワンセットにみえるのは、信長・秀吉・家康という、それまでの秩序を全面的に否定する天才たちが政権を取ったという結果論からみた歴史観に過ぎないのである。

しかも、彼らですら、自分たちの行動を室町時代的な正統性の論理で説明するために細心の注意を払っている。信長は、平重盛《たいらのしげもり》の子孫が四百年ぶりに天下を奪還するという論理で足利将軍を追放し、家康は足利氏に替わって「源氏長者《げんじのちようじや》」(清和《せいわ》源氏に限らず源氏全体の当主)という地位を得ることで将軍就任を正当化している。秀吉も近衛《このえ》家の猶子《ゆうし》となり、さらに、藤原鎌足《ふじわらのかまたり》の先例を意識しながら政権基盤を築いた。

あるいは、各地の戦国大名でも、守護《しゆご》などを名目上だけでも温存していたものも多い。北条氏は古河公方《こがくぼう》を、長宗我部《ちようそかべ》氏は一条《いちじよう》氏を、浅井《あざい》氏は京極《きようごく》氏をそれぞれ自分たちが滅亡するまで保護し奉《たてまつ》っていた。現代でいえば、創業家の当主に「社主《しゆしや》」とかいった肩書きを与えるようなものだ。「百姓の持ちたる国」といわれた加賀《か》一向一揆《がいっこういっき》ですら、守護富樫《とがし》氏をやっと追放できたのは、信長に滅ぼされるわずか十年前のことである。

戦国武将の末裔は地元で武士になれなかった

東シナ海から吹く風に包まれる丘に佇《たたず》む首里《しゅり》城から、降り積もる雪の中に毅然《きぜん》と立つ松前《まつまえ》城まで、日本列島の各地は、いまだ、封建《ほうけん》時代のロマンティックな思い出のもとに生きている。日本人は、お城と殿さまの世界が大好きだ。

会津《あいづ》の人たちは、戊辰《ぼしん》戦争の無念をあたかも白虎隊士《びゃっこたいし》の子孫であるがごとく語るし、金沢の人たちは加賀百万石の誇りを忘れない。

だが、江戸時代の殿様の大部分はよその土地からやってきたものだし、武士たちのほとんども殿様が前任地から丸ごと連れてきたものだ。そして、地元で登用《とうよう》されて武士になる者もほとんどいなかったし、武士と庶民の結婚もわずかの例外を除いてなかった。

たとえば、幕末の江戸三〇〇藩の殿様を出身地別に分類すると別表（二九ページ）のように、半数以上が三河《みかわ》と尾張《おわり》で愛知県出身者だし、それに加えて、美濃《みの》、近江など織豊《しょくほう》政権が成立した地域が圧倒的に多い。

江戸幕府の旗本《はたもと》になると、傾向はさほど変わらないが、駿遠甲信《すんえんこうしん》や関東の一部といった、徳川家康が天下を取るより前に支配下に収めた今川、武田、北条旧臣などが目立つ。生き残りはできたが、大名になるほど功《こう》を上げる時間がなかったのだ。

そのなかで出世頭《がしら》は武田旧臣で五代将軍綱吉《つなよし》の側用人《そばようにん》として異例の出世をとげた柳沢吉保《やなぎさわよしやす》の子孫である大和郡山《やまとこおりやま》藩主である。

それ以外では、織豊政権に早く従い功績を上げた足利一門の細川氏、播磨《はりま》の黒田《くろだ》氏、摂津《せっつ》の有馬《ありま》氏（赤松《あかまつ》一門）、安芸《あき》の毛利氏、越後の上杉氏、熊野《くまの》水軍の九鬼《くき》氏、四国では唯一である村上《むらかみ》水軍の久留島《くるしま》氏に、九州では肥前《ひぜん》の有馬《ありま》氏だ。

戦国時代から幕末まで同じ城で殿様として生き続けたのは、南部《なんぶ》、相馬《そうま》、大関《おおぜき》、大田原《おおたわら》、大村《おおむら》、松浦《まつら》、宗《そう》、鍋島《なべしま》、五島《ごとう》、島津《しまづ》という九州、東北、北関東の各家だけで、天下統一の最後に服属して、京都からみて僻地《へきち》なのでそのまま目こぼしされたに過ぎない。

しかも、各藩の藩士たちも、上へ行くほど殿様の出身地と同じように東海地方やその周辺が中心なのである。たとえば、加賀藩は尾張出身で失脚した武士の駆け込み寺のようなもので、守護だった斯波《しば》氏から織田信雄《のぶかつ》の旧臣までが集まっている。あるいは、彦根《ひこね》藩は誇り高い武田旧臣のまとめ役となることを、徳川家康が名門出身の井伊直政《いいなおまさ》に期待したことから、甲斐《かい》出身者がいちばん多い。

それに対して関ヶ原《せきがはら》以降の新領地での採用は少なく、彦根藩は浅井・石田《いしだ》旧臣の採用は禁じたし、土佐《とさ》藩では関ヶ原の勝利で領地が増えても、負け組の織田・豊臣旧臣の家臣を再雇用するのを優先し、土佐の土豪は郷士《ごうし》としての採用に留《とど》めた。

主な出生地でみる大名と華族数の推移（%）

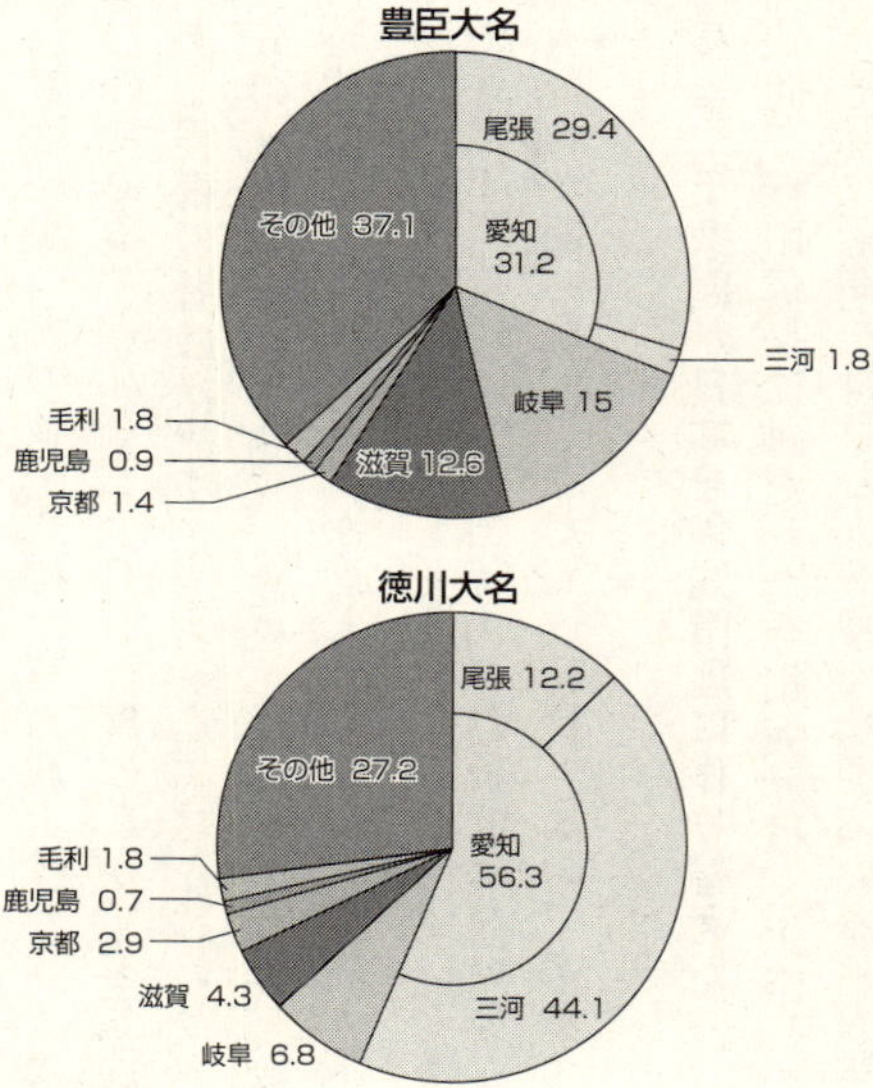

注：豊臣大名は関ヶ原の戦いの前夜。徳川大名は王政復古の直後。華族は明治末までに子爵以上になった家である。出身地は、原則的に、信長による統一事業が開始されたころにどこにいたかで判断した。「毛利」は、上の２つのグラフでは安芸を対象とし、下のグラフでは長州藩を指す。いずれにせよ、判断に迷うところや不明者もいるので、概数として理解されたい。

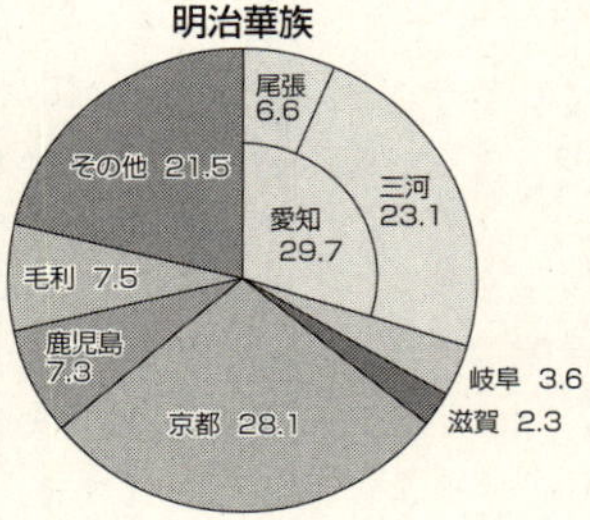

地元からの採用をある程度したのは、急激に石高が増えて大量の枠《わく》があったケースで、たとえば、会津藩では保科正之《ほしなまさゆき》が高遠《たかとお》から山形へ転封したときは三万石から二〇万石に増えたので、最上《もがみ》旧臣などを採用したが、そこから会津への移封では三万石増に留まったので、会津藩には会津の地元民はほとんどいなかった。

それでは、かつての戦国武将や有力武士はどうしたかといえば、だいたいは、帰《き》農《のう》したのである。近江などでも、一族のなかでも豪農《ごうのう》として地元に留まる者がいたし、ある程度の者は縁故《えんこ》をたどって他国で仕官した。たとえば、原敬《はらたかし》の先祖は浅井長政《ながまさ》の又従兄弟《またいとこ》が生駒《いこま》氏（高松《たかまつ》）を経て南部氏（盛岡《もりおか》）に仕えたものだ。また、江戸時代の初めには、故郷が恋しかったり、殿様が取りつぶしになって帰郷する者も多かった。

つまり、江戸時代は、戦国時代の延長ではない。むしろ、戦国の世の勝者である東海人たちが開いた、まったく違う世界なのである。

信長・秀吉・家康が日本を愛知県風に作り替えた

桶狭間で織田信長に討たれた今川義元は、上洛への途上であったとされている。だが、それに疑問をはさむ人も多くなっている。大軍を率《ひき》いて京をめざす義元の領内通過を、美濃の斎藤《さいとう》や近江の六角《ろっかく》が容易に承知したとは思えないからである。このとき、義元は尾張で宿敵だった織田信秀《のぶひで》が没し、家督《かとく》を嗣《つ》いだ信長がうつけ者といわれた最初の評判に反してなかなかやり手であることをみて、まだ領内の掌握《しょうあく》が十分でないうちに一気に尾張を手中に収めようとしただけの可能性が強いのである。

この義元の読みはかなりいいところを突いていた。この戦いのときに、今川軍は三万五〇〇〇、それに対して織田軍は五〇〇〇だったといわれる。

だが、慶長年間の石高でみると、今川家が支配した駿河《するが》、遠江《とおとうみ》、三河の石高は、一五万石、二六万石、二九万石で合計七〇万石に過ぎず、尾張は一国だけで六〇万石超だった（濃尾《のうび》国境の木曽《きそ》川が現在より北）。これだと、信長は二万八〇〇〇以上の動員が可能だったはずである。それが五〇〇〇だけということは、尾張のほとんどの土豪《どごう》たちは、戦況不利と見て洞ヶ峠《ほらがとうげ》を決め込んだということである。

信長がこの戦いに勝利できたのは、自分の村に住み、大名とはゆるやかな同盟関係にあるだけで、戦いが不利とみればサボタージュをするような土豪たちをあてにしないことにしたからである。江戸時代の厳しい大名と家臣の主従《しゅじゅう》の関係からすれば、このような状況は不思議に思われるだろうが、日本の歴史からすれば、江戸時代のほうがよほど異常なのだ。

現代でも、国会議員や首長《しゅちょう》と県会議員、市町村議会議員の関係をみても、選挙のときに、どのくらい真面目に応援するのかは、その時々の状況による。これまで支持していたとしても、選挙戦が不利とみれば応援に駆けつけなかったり、手加減したり、票を対立候補にも分けたりする。戦国時代の大名と土豪たちの関係はそれに近いものだったのだ。しかも、土豪たちは農業も兼ねていたから、農繁期《のうはんき》の戦いは嫌がった。

それでは不安定で勢力を伸ばすにも限界があるとみた信長の天才は、終身雇用、兼業禁止、社宅住まいという新しい武士を創造した。このためには、伝統的な土豪に頼ることなく、農民出身の木下藤吉郎《きのしたとうきちろう》（のちの秀吉）、近江出身で尾張に流れてきた滝川一益《たきがわかずます》、運送業者といえば聞こえがよいが野武士まがいの蜂須賀小六《はちすかころく》、伝統的な土豪だが四男坊に過ぎない前田犬千代《まえだいぬちよ》（利家《としいえ》）といった、信長個人に全面服従して戦況によって手抜きなどしない連中を集めた。

そして、彼らを、プロの官僚や軍人として鍛え上げていったのである。だから桶狭間の勝利は、現代の選挙でいえば、県議や市議をあてにせず、広告代理店の腕利《うでき》きと秘書軍団中心のイメージ選挙で成功したようなものだった。

尾張はベンチャー企業、三河は年功序列大企業

昔から軍隊は、武力を盾《たて》になんでも現地の庶民から現物調達することが多い。食

糧、労力、馬、はては、慰《なぐさ》みのための女性もである。信長や秀吉の軍が優れていたのは、軍律《ぐんりつ》が厳しく、農民などを徴用しても、きちんと手当を払ったことだ。兵站《へいたん》についてきちんと計画し、資金計画も立てて戦いに臨んだ。秀吉は鳥取《とっとり》城攻めに先だって因幡《いなば》で米を買い占め、小田原《おだわら》や名護屋《なごや》に出陣の際は、京から遊女《ゆうじょ》たちまで呼んだくらいだ。

それに、功があれば部下に領地も気前よく与えた。これは、当時としては画期的なことらしく、のちに南部信直《のぶなお》も上方《かみがた》の兵が一生懸命に働く理由として本国に書き送っているほどだ。

それと、信長や秀吉は部下たちと、馬揃《ぞろ》え、花見、踊り、能《のう》興行、茶会などレクリエーションを楽しむのが好きだった。社内旅行や忘年会に歓送迎会、運動会にゴルフ大会など、しょっちゅうやっている企業のようなものだ。

一方、三河の武士たちは、全国でも稀《まれ》なほどの忠実さで知られる。本多平八郎忠勝《ほんだへいはちろうただかつ》は、たびたびの合戦で活躍したにもかかわらず自分はかすり傷ひとつ負わなかったことで知られるが、一族郎党《ろうとう》は死人だらけである。家康が駿河《するが》で人質生活を送っている間も、家来たちは、今川の横暴に歯ぎしりしながら家康の成人と帰還を待っていた。

ただし、こうした忠誠は無償のものでなく、戦死者などの遺族にきちんと報《むく》いるという倫理観や組織の論理がしっかりして初めて機能していたのである。そのかわり、ちょっとした手柄を立てても大抜擢や大胆な加増《かぞう》はないし、心躍《おど》るような楽しいイベントや目も眩《くら》むような殿様からのプレゼントもなかったのだ。

このような尾張方式は現代のベンチャー企業に、三河方式は大企業にたいへんよく似ている。堺屋太一《さかいやたいち》氏が、終身雇用などは昔の企業にはなかったといっているが、そのとおりで、現代日本のサラリーマン道は、伝統的な商人の世界でなく、江戸時代の藩、さらに遡《さかのぼ》れば、尾張と三河の武士社会の習慣や心情を受け継いでいるのである。

いずれにせよ、こうした、尾張や三河におけるいささか特異な組織論理は、彼らが天下を取り、全国各地へ大名や上級武士として定着することにより全国に広まった。そして、この江戸時代の藩という仕組みは、近代の企業に大きな影響を与えて、現在のサラリーマンもその伝統のなかで生きているのである。

そのあたりは、先述の『江戸三〇〇年「普通の武士」はこう生きた』で書いたので興味のある方は読んでほしいが、江戸時代の武士は、新渡戸稲造《にとべいなぞう》のいうような「武士道」とはまったく無縁の安穏《あんのん》なサラリーマンであった。

鎌倉時代と室町時代の地方政治は全く別物

戦国時代が、室町時代の秩序の再建をめざして模索《もさく》していた時代だとすれば、その室町時代とはどんな時代だったのだろうか。残念ながらこの時代については、中学や高校の日本史などでも、文化ばかりが語られ、政治、とくに地方がどう動いていたかは、鎌倉時代の延長くらいにしか扱われていない。

だが、室町時代の政治の仕組みは、鎌倉時代とあまり似たものではない。たとえば、守護についていえば、鎌倉時代は、親から子へという世襲《せしゅう》は少なかった。だが室町時代、とくに義満《よしみつ》よりあとは、だいたい世襲になったので、腰を据《す》えてかなりしっかりした地方づくりをすることも可能になり、守護大名といった呼び方もされるようになった。

ただ、長子《ちょうし》相続が確立しておらず、分国《ぶんこく》ごとに分けられることも多かった。このために、頻繁に相続争いが起こり、その裁定《さいてい》は幕府が行い、それが守護たちを将軍が制御できる力の源泉でもあった。しかも、守護たちは原則として京都の幕府か、関東の場合は鎌倉公方のもとに参勤《さんきん》交代どころか常駐していた。

だが、逆に守護の座をめぐっての争いに幕府も巻き込まれがちで、幕府の弱体化とともにこれが裏目に出て、将軍の身をかえって危険にさらすことになったのである。

守護が京都などにあって現地に赴任しなかったことと、領国が、京極《きょうごく》氏が出雲《いずも》・

近江・飛騨《ひだ》とか、斯波氏が尾張・越前といったように飛び地になっていることもあったため、地方の統治は守護代《だい》などに任されることが多かった。戦国時代になって幕府の力が衰えると、守護代が国を乗っ取るということもあった。尾張の織田、越後の長尾《ながお》、美濃の斎藤などはいずれも守護代出身である。

ただし、守護代は必ず置かれたのではないし、複数だったこともある。尾張でいえば、北部の四郡は岩倉《いわくら》の織田伊勢守《いせのかみ》家が、南部の四郡では清洲《きよす》の織田大和守《やまとのかみ》家が守護代だった。信長が出たのは、清洲の織田家の家老の家で、県西部の勝幡《しょばた》城を本拠にしていたし、山内一豊《やまうちかずとよ》の父は伊勢守家の家老だった。

こうした室町時代から戦国時代にかけての中央政局の動きをおさらいしておくことは、各地方の動向を理解する上でも不可欠なので、次章では、まず、だいたい同じ三十年ずつくらいの七期に分けた全国レベルの動きを、足利将軍家と京都の町の変容を含めて軽く流しておきたい。

将軍の在任期間も、長いものも短いものもあるので、それにまどわされては訳が分からなくなる。どの事件とどの出来事が何年くらい離れたものであるのかを、この「読む年表」を通じて理解していただくと、複雑な室町時代の政治史がよく分かるはずだ。

なお、全体にいえることだが、本書は政治史をテーマとしているので、経済や文化の動きはあえてほとんど触れていない。外交関係もほとんど扱わなかった。歴史を多面的にとらえることも大事だが、かえって、複雑になってしまって分かりにくいこともある。そこで、ここでは、あえてテーマを絞ったのである。

コラム　戦国時代の景観はなぜ残っていないか

「高い石垣が築かれ、深い堀がめぐらされ、天守閣がそびえる城」とか、「家臣のほとんどが定住し交通便利なところにある賑やかな城下町」というのは、安土城をその初めとするといっても誇張ではない。それ以前は、土塁に空堀に粗末な物見櫓、家臣は小さな屋敷しかもたず、たまにやって来るだけだった。城は山間などにあるので城下町は小さかった。

近世的な城下町への変身は、土木技術の進歩で天然の要害でなくとも防御性の高い城が実現し、低湿地でも都市建設が可能になり、防火性が高く外見も美しい建築が可能になったのが第一の要因だ。また、兵農分離などにより武士が終身雇用のサラリーマン（官僚や軍人）になったこともある。

そんなことから、国府、守護所、初期の戦国大名の本拠地といったところと、近世の城下町はほとんど一致していない。大分市などはすべてが所在するが、国府は市の南方の南向き斜面、大友氏居館は大分駅の東から西にかけて、大分城は大分川の河口付近とそれぞれ別である。新しい城下町の理想は、広く平坦な土地があって港を築け、その中に低い小山とか高台があるというところで、大坂や江戸はまさにその条件に合っていた。

いずれにせよ、戦国時代の城があったところは、それ以降、時代に合わずに放棄され廃墟になっているか、あるいは、豊臣時代から江戸初期にかけて根本的に改造されていることが多い。そんなわけで、戦国武将の時代の景観が残っていることはほとんどないのである。

もうひとつ、城には本来、鬱蒼《うつそう》とした森などあっては困る。ところが、全国の城跡には巨木を茂らせているものが多い。これでは、せっかくの文化・観光遺産も雑木林に隠れて全容を見ることができない。眠れる森の美女の城でもあるまいし、城跡に木を生やすことはとんでもない景観破壊であり、樹木の根による石垣などの破壊も深刻である。「城山の木を切ることこそ最良の歴史景観保護」なのだ。

第一章 室町・戦国時代「読む年表」——足利将軍一五代列伝

足利歴代将軍一覧

代	氏名	生没年	在職期間	父	母	正室	享年	官位
①	足利尊氏	1305～58	1338～58	貞氏	上杉清子	赤橋登子	54	左大臣
②	足利義詮	1330～67	1358～67	尊氏	赤橋登子	渋川幸子	38	左大臣
③	足利義満	1358～1408	1368～94	義詮	紀良子	日野業子 日野康子	51	太政大臣
④	足利義持	1386～1428	1394～1423	義満	藤原慶子	日野栄子	43	内大臣
⑤	足利義量	1407～25	1423～25	義持	日野栄子	なし	19	左大臣
⑥	足利義教	1394～1441	1429～41	義満	藤原慶子	日野重子	48	左大臣
⑦	足利義勝	1434～43	1442～43	義教	日野重子	なし	10	左大臣
⑧	足利義政	1436～90	1449～73	義教	日野重子	日野富子	55	左大臣
⑨	足利義尚	1465～89	1473～89	義政	日野富子	日野勝光娘	25	内大臣
⑩	足利義稙	1466～1523	1490～93 1508～21	義視	日野重政娘	清雲院	58	太政大臣
⑪	足利義澄	1480～1511	1494～1508	政知	武者小路隆光娘	日野永俊娘	32	太政大臣
⑫	足利義晴	1511～50	1521～46	義澄	末者阿与	近衛尚通娘	40	左大臣
⑬	足利義輝	1536～65	1546～65	義晴	近衛尚通娘	近衛稙家娘	30	左大臣
⑭	足利義栄	1540～68	1568	義維	大内義興娘	結城氏	29	左馬頭
⑮	足利義昭	1537～97	1568～73	義晴	近衛尚通娘	さこの方	61	権大納言

〈足利将軍家系図〉

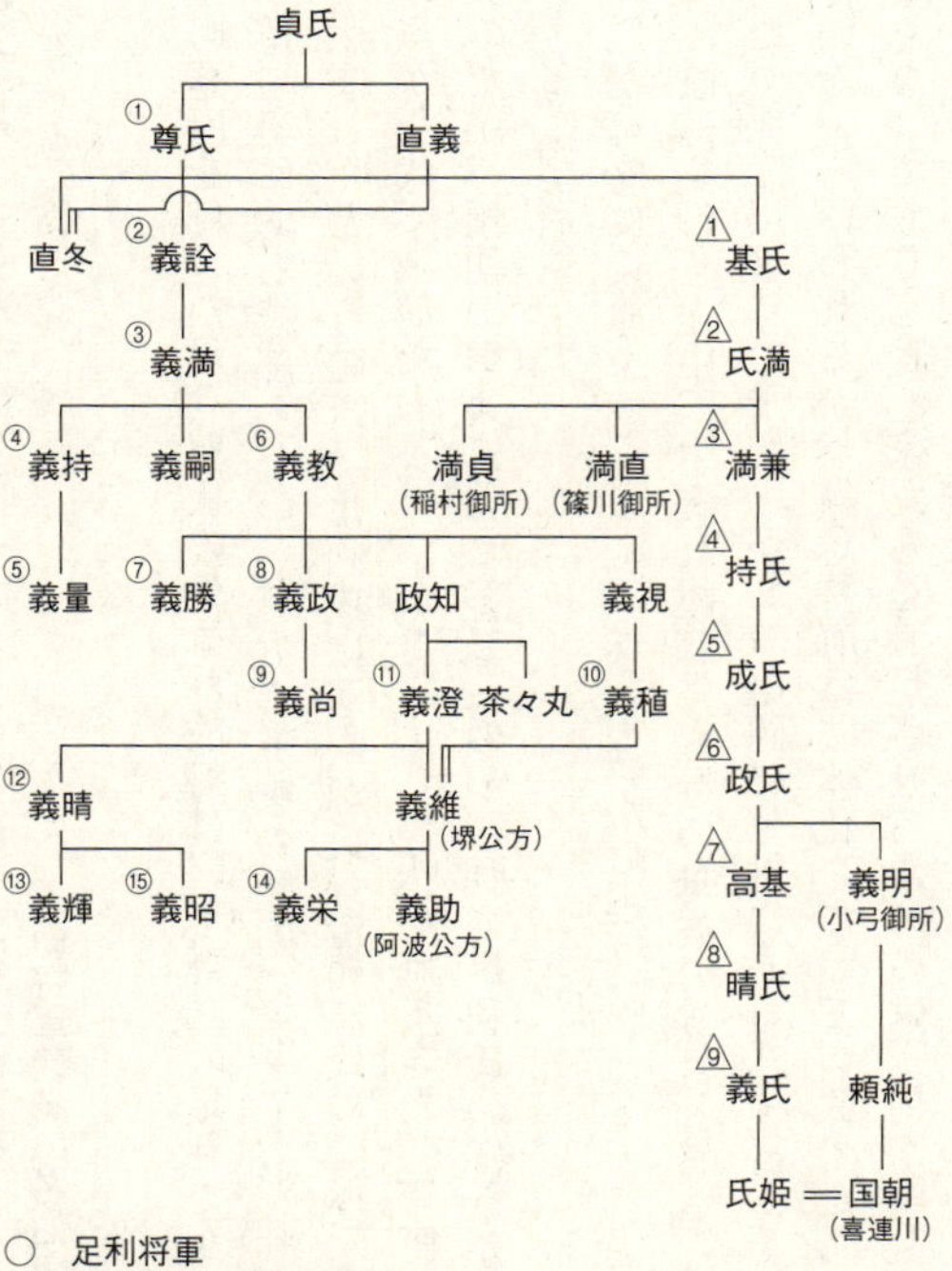

○　足利将軍
△　鎌倉・古河公方
二重線は養子・婚姻など(以下同様)

①生地丹波？ ②生地不明。母は北条一門 ③母は石清水善法寺法印通清の女 ④⑥母は醍醐寺三宝院坊官安芸法眼の女 ⑨没地近江鈎 ⑩別名義材。一時、義澄に代わられるが復職。没地阿波撫養 ⑪生地伊豆。没地近江岡山。母は日野一門 ⑫生地近江岡山。没地近江穴太 ⑭生地阿波。没地摂津富田 ⑮没地大坂
※生地没地はとくに表示がなければ京都。

第一期（一三三八年〜一三六七年）

優柔不断で一族を抑えられなかった・初代尊氏
幼将軍義満に名伯楽を遺した・二代義詮

室町幕府を創《つく》った足利尊氏《たかうじ》の生まれ故郷は、下野国《しもつけ》の足利でなく、丹波国《たんば》でも霧深《きり》い道の奥にある綾部《あやべ》らしい。母方の実家の荘園である上杉荘《うえすぎのしょう》があり、尊氏はここで生まれたというのだ。足利氏は河内源氏《かわち》（清和源氏の一派）の傍流《ぼうりゅう》だが、鎌倉将軍家が三代で滅びたあとは、宗家《そうけ》のように扱われてきた。下野の新田《にった》氏が兄の系統なのだが、頼朝《よりとも》の挙兵に馳《は》せ参じるのが遅れて足利氏のほうが重んじられた（八七ページ系図参照）。

尊氏が幕府に反旗を翻《ひるがえ》したのは、隠岐《おき》から逃げ出して挙兵した後醍醐《ごだいご》天皇を討ちに山陰《さんいん》道を行く途中、生まれ故郷にも近い丹波の篠村《しのむら》八幡宮（亀岡《かめおか》市）でのことだった。保津《ほづ》川下りの乗船場がある亀岡の郊外にある八幡宮がその場所である。動機はいろいろいわれるが、鎌倉幕府は弱体化していて、武士たちに恩賞を与える力がなくなっており、野心家たちを満足させるためには、何か戦乱と政変が必要だったことがポイントだ。尊氏は、そういう期待を感じ取って旗幟《きし》を鮮明にした。

そしてまた、尊氏が後醍醐天皇と対立したのも、公家でなく武士たちの分け前を増やしてほしいという期待を担《にな》ってのものだった。だが、そうした期待に応えるには、足利宗家自身の所領を多くすることが難しくなり、そのことが足利政権が脆《ぜい》弱《じゃく》であることの原因にもなった。

建武《けんむ》の新政ののちの尊氏は、北条残党による中先代《なかせんだい》の乱で勅許《ちょっきょ》なしに弟・直義《ただよし》の救援のため鎌倉に下ったことから朝廷と対立した。翌年、京都に攻め上るが敗北し、方向を変えて九州に逃れた。だが、ここで北朝の光厳《こうごん》上皇と組むこととし、湊《みなと》川《がわ》の合戦で楠木正成《くすのきまさしげ》を敗死させ、一三三八年には幕府を開いた。当初の最高実力者は、おおらかで人はよいが優柔不断なところがある尊氏を叱咤激励してきた弟の直義だったが、重臣・高師直《こうのもろなお》との対立が昂《こう》じて滅亡した（観応《かんのう》の擾乱《じょうらん》）。直義の養子になっていた尊氏の庶長子《しょちょうし》の直冬《ただふゆ》も、九州で叛《そむ》くなど、創始者である尊氏が毅然と一族内を抑えられなかったことは、室町幕府が安定感を欠く原因となった。

二代将軍の義詮《よしあきら》は、将軍となる以前、長く鎌倉にあって東国をよく抑えた。上洛した翌年に生じた観応の擾乱ののち、幕府のナンバー2としての地位を確立し、一族の斯波《しば》氏を管領《かんれい》に任じて体制を確立した。南北朝の合一は実現しなかったが、有力大名の反乱を制し、後継者の義満《よしみつ》のために細川頼之《よりゆき》らによる補佐体制を遺《のこ》した。

このころ、豪奢《ごうしゃ》で常識にとらわれない派手な行いや衣装を好む「婆娑羅《ばさら》」が流行したが、その代表格として、佐々木《ささき》（京極《きょうごく》）道誉《どうよ》の名が語り継がれている。

第二期（一三六八年～一三九四年）「日本国王」を名乗った最強の独裁者・三代義満

将軍が旅行などすると、まわりはおおいに迷惑するので、そう簡単には出かけられない。だが、三代将軍義満は、厳島《いつくしま》、富士山《ふじさん》、天橋立《あまのはしだて》、高野山《こうやさん》、氣比《けひ》神宮（敦《つる》賀《が》）といった遠隔地への旅行を繰り返している。もちろん、レクリエーションを楽しんでいただけではない。有力守護たちや鎌倉公方への示威行動でもあった。

十一歳にして将軍になった義満を支えたのは、名管領・細川頼之だったが、二十歳を越えて自立した義満は頼之を四国へ追放した。この陰謀の中心は斯波義将《よしまさ》で、頼之に代わって管領となったが、義満自身が独裁者になったので頼之の場合とは持てる力が違った。

義満は、美濃の土岐《とき》氏、一一カ国の守護を兼ねて「六分の一殿」と呼ばれた山名《やまな》氏、西国の雄・大内氏を討伐して絶対権力を確立し（明徳《めいとく》の乱・応永《おうえい》の乱）、世阿弥《ぜあみ》などを寵愛《ちょうあい》。北山文化の華を咲かせた。

義満は「源氏長者《げんじのちょうじゃ》」という地位を、久我《こが》家など公家社会のナンバー2である村上源氏《むらかみげんじ》から奪ったが、これは、朝廷との関係で摂関家《せっかんけ》のライバルとなることだった。そして、南北朝の合一にも成功し、将軍職を子の義持《よしもち》に譲った。

この義満の時代に将軍の居所《きょしょ》は、三条坊門《さんじょうぼうもん》（現在の御池通《おいけどおり》）高倉から、今出川《いまでがわ》通の北、烏丸《からすま》通と室町通にはさまれた「花の御所」に移転した。現在の同志社大学の烏丸通りをはさんだ西側である。

第三期（一三九四～一四二三年）

派手好みの父親の反対ばかりした・四代義持

京都御所の北にある相国寺《しょうこくじ》は、足利義満が創建し、一〇九メートルという空前絶後の七重塔がそびえて義満の権力の象徴となっていた。現在でも金閣寺《きんかくじ》や銀閣寺《ぎんかくじ》は臨済宗《りんざいしゅう》の相国寺派に属し、山内《さんない》にある承天閣《じょうてんかく》美術館にはこの両寺の秘宝も展示されている。

将軍職を離れて出家した義満は、居を北山第《きたやまだい》（金閣寺）に移したのちも、院政を敷いた。明《みん》との貿易で「日本国王」に任じられ、妻の日野康子《やすこ》を「国母」とさせ、後小松《ごこまつ》天皇を北山第に迎え、お気に入りの息子である義嗣《よしつぐ》を宮中で元服させて親王に準ずる扱いとさせた。ただ、これをもって、帝位の簒奪《さんだつ》まで考えていたとするのは、根拠薄弱で小説的な推理だ。

義持は義満の死後は自ら政務をみたが、倹約を好み、称号にも祈禱《きとう》などにも興味を示さない現実主義者で、義満の仰々《ぎょうぎょう》しい政治や生活を排除した。義満への太上《だいじょう》天皇の称号の授与を断り、中国との勘合《かんごう》貿易も見直した。

京都周辺は平穏だったが、関東では鎌倉公方・足利持氏《もちうじ》と関東管領《かんれい》・上杉禅秀《ぜんしゅう》の対立が深まり、一四一六年、関東武士を二分した上杉禅秀の乱が勃発した。幕府は逡巡《しゅんじゅん》ののちに鎮圧に乗り出し、この乱への共謀を理由に、義持は義満のお気に入りだった弟の義嗣を死に追い込んだ。

松平家初代の親氏《ちかうじ》は、これを機に関東を離れ、三河へ流れていったとされる。越前にあった織田常松《じょうしょう》が斯波氏によって守護代として尾張に移ったのも、このころである。

第四期（一四二三年〜一四四三年）

十五歳で酒乱を諫められた・五代義量
恐怖政治で暗殺された・六代義教
十歳で夭折したお子様将軍・七代義勝

酒に溺《おぼ》れる息子を心配して、父である将軍・義持が、義量《よしかず》に酒を勧めた側近の悪童どもを叱責したのは義量が十五歳のときである。この少年は、その二年後に将軍となるが、酒がたたった上に疱瘡《ほうそう》も患《わずら》って十九歳で若死にする。義量の死後は将軍空位のまま義持が政務をみていたが、後継者は籤《くじ》で決めるように遺言した。そこで、実力者だった三宝院満済《さんぼういんまんさい》らの主導で石清水《いわしみず》八幡宮の神前で籤引きが行われ、義持の弟・青蓮院義円《しょうれんいんぎえん》が六代将軍義教《よしのり》となった。だが、鎌倉公方・足利持氏は自分が選ばれなかったことをひどく不満に思い、京都との対立を深める。

このころから、庶民の政治意識が高まった。徳政令《とくせいれい》を出させることに成功した正長《しょうちょう》の土《つち》一揆は「日本開闢《かいびゃく》以来、土民の蜂起《ほうき》これ初めなり」といわれた。商業都市、工業都市として京都が成熟してきた証《あかし》でもあった。

宿老《しゅくろう》たちの死後、義教は独裁権力を振るい「万人恐怖」の政治を行った。延暦《えんりやく》寺《じ》の焼き討ちをはじめ、足利持氏を滅ぼし（永享《えいきょう》の乱）、一色義貫《いっしきよしつら》、土岐持頼《ときもちより》らを殺した。だが、失脚を恐れた赤松満祐《あかまつみつすけ》が先手を打ち、「カルガモの親子見物」を口実に自邸に招いた義教を暗殺した（嘉吉《かきつ》の乱）。

義教が、万人を恐怖に陥《おとしい》れるくらいの権力を振るえたのは、足利将軍の権威が相当に高かったからである。義教が将軍になったころの幕府の安定度は、徳川五代将軍、綱吉《つなよし》が就任したころの江戸幕府のそれより低かったとはいえまい。義教があのような愚行をせず、謀殺《ぼうさつ》もされなかったら、戦国時代はこなかったかもしれない。

嘉吉の乱のあとは九歳の義勝《よしかつ》が嗣《つ》いだが、一年余りで夭折《ようせつ》した。この間、赤松討伐は容易でなかったが、山名宗全《そうぜん》の大活躍でなんとか仕留めることができた。

第五期（一四四九年〜一四八九年）

将軍を早く辞めたかった文化人・八代義政
華麗な武者行列が最後の晴れ舞台だった・九代義尚

乳母《うば》が愛人になるという珍事が、東山文化の名プロデューサー足利義政《よしまさ》の若き日にあった。NHK大河ドラマ「花の乱」でかたせ梨乃《りの》が演じた妖艶な今参局《いままいりのつぼね》がその人である。

嘉吉の乱による義教の横死《おうし》に続き、義勝が幼くして死んだので、弟の義政が家督を嗣いだ。しかし、将軍への任命は十四歳の元服まで延期され、畠山持国《はたけやまもちくに》や細川勝元《かつもと》らの管領が政務をみた。その一方、今参局、有馬持家《ありまもちいえ》、烏丸資任《からすまるすけとう》の「三魔」と呼ばれた側近たちも隠然たる力をもった。

永享の乱のあと、鎌倉公方はしばらく空席だったが、関東の混乱に業《ごう》を煮やした幕府は、やむをえず、持氏の遺児・成氏《しげうじ》を鎌倉公方に任命した。ところが、成氏は父親の敵《かたき》とばかりに関東管領上杉氏など親幕府勢力と争ったので、幕府から追討を受けた（享徳《きようとく》の乱）。幕府は将軍義政の弟の政知《まさとも》を鎌倉公方として送り込んだが、成氏は下総《しもうさ》の古河《こが》に逃げて抵抗し（古河《こが》公方）、政知は鎌倉に入れず伊豆《いず》に留まった（堀越《ほりこし》公方）。

また南朝の残党は、神璽《しんじ》（印）を奪い、尊秀王《そんしゆうおう》（北山宮）を立てて吉野《よしの》に後《ご》南朝を開いた。一四五七年、赤松の遺臣が南朝に味方すると騙《だま》して尊秀王に近づき、これを殺し、神璽を取り戻してお家再興に成功した。このことで、南朝はほぼ完全に滅亡し、こののち、応仁の乱のときに山名宗全が南朝の皇子を立てたが相手にされなかった。

一方、京都では、義政が二十歳を過ぎたあたりから、正室となった日野富子《とみこ》、その兄である勝光《かつみつ》、義政の育ての親で政所《まんどころ》執事だった伊勢貞親《いせさだちか》らに権力は移った。

だが、義政は煩雑《はんざつ》な幕政への熱意をもたず、東山第《ひがしやまだい》での隠居生活に早く移ることを望んだ。そのために、弟の浄土寺義尋《じようどじぎじん》（義視《よしみ》）を還俗《げんぞく》させて後継者としたが、日野富子が義尚《よしひさ》を産んだために義政は引退もできず、しかし、政務には無気力という究極の無責任体制となった。

この争いのなかで、義視は細川勝元を、日野富子は山名宗全を後ろ盾とし一触即発だったところへ、斯波、畠山両氏の相続争いが絡《から》み、一四六七年に応仁の乱が勃発した。この争いは、細川勝元・山名宗全という両主将の死により六年後に小康《しょうこう》状態となるが、京都はあらかた焼失し（現在の京都中心部にはそれ以前の建築はほとんど皆無である）、守護の多くが京都在住をやめた。地方ではこれより前から戦乱が絶えなかったし、これを機に守護制度などが一気に崩壊したわけではないが、京都は応仁の乱ですっかり変わってしまったのだ。

義政は義尚が九歳になったとき、将軍職を譲り、十五歳になったときには政務の権限も与えたが、義政の側近も干渉をやめなかったので父子はしばしば対立した。父親と違って意欲満々の義尚は、「寺社本所《ほんじょ》荘園領の回復」をうたい、公家や寺社の荘園で横領《おうりょう》されたものを取り戻して権威を示そうとし、それに従わない六角《ろっかく》氏を討とうと近江に出陣した。出陣の様子は絵巻物のような美しさと称えられ、京雀《きょうすずめ》を感心させたまではよかったのだが、戦果は上がらず、いまの栗東《りっとう》市にある鈎《まがり》の陣中で没した。

第六期（一四九〇年～一五四六年）

全国各地を流れ歩いた・一〇代義稙
伊豆で生まれ近江で死んだ・一一代義澄
信長の父と同い年の・一二代義晴

「流れ公方」といわれたのは、将軍になり損《そこ》ねた義視《よしみ》の子である義稙《よしたね》（義材《よしき》、義尹《よしただ》といっていた時期もあるが本書では義稙に統一する）だが、この義視と義稙の父子は、全国を流れ歩いて、各地の歴史に彩《いろど》りを添える功徳《くどく》を施《ほどこ》している。

最初は土岐氏を頼って美濃に移ったが、ここで育った子の義稙は、京都に帰って義尚の近江出陣にも同行し、義尚の死後には京都で義政と和解し、後継者の地位を得た。

だが、日野富子と不和となり、富子はのちの義澄《よしずみ》（堀越公方政知《まさとも》の遺児で天竜寺《てんりゅうじ》にいた）を立てようとして妨害したが、義稙はなんとか将軍になることができた。しかし、河内に出陣中に細川政元《まさもと》（勝元の子）のクーデターで義澄にとって代わられた。追われて越中《えっちゅう》の神保《じんぼう》氏に保護された義稙は、再び京をめざすが敗れたので、大内氏を頼って山口へ落ち延びた。

京都では、怪しげな宗教に凝《こ》り、女人を遠ざけた奇人宰相・細川政元（龍安寺《りょうあんじ》の独創的な石庭を造らせたのは彼だという有力な説もある）がお家騒動で暗殺され（細川氏内紛の詳細は京都および徳島の項に詳しいが、阿波《あわ》系と野州《やしゅう》系とだけここでは書いておく）、後ろ盾を失った義澄は、大内義興《よしおき》とともに京都に戻ってきた義稙に敗れて近江に逃れ（一五〇八年）、近江八幡《おうみはちまん》の岡山《おかやま》城で死んだ（一五一一年）。

細川氏の野州系勢力と組んだ大内義興は、義澄方の反撃を船岡山《ふなおかやま》の戦いで退《しりぞ》け（一五一一年）、管領代《だい》となって政権を掌握した。ちなみに、戦国時代に大軍を率《ひき》いて上洛し、政権を取ったのは、この大内義興が最初で、三好長慶《みよしながよし》が二度目、織田信長が三度目なのだが、信長の上洛が特別の意味をもつのは、上洛そのものでなく、その後の展開が過去二回とは違った結果をもたらしたからである。

大内氏は国元の情勢緊迫で帰国したため（一五一八年）、義稙は一転して阿波系の細川氏を頼るが敗れ、淡路《あわじ》から阿波に逃れてそこで死んだ。

だが、こうした政治的な混乱にもかかわらず、この時期に、京都では戦乱からの復興が進んで、商工業の町・下京《しもぎょう》では祇園祭《ぎおんまつり》が復活し現在の形に近づいていった。戦国時代には、おびただしい死者が出たし、家々が焼かれたりしたが、人口は増え、経済は成長していったのである。戦国大名たちが、富国強兵に熱心だったのがその理由のひとつである。

一二代将軍になる義晴《よしはる》は、義澄の没年に近江で生まれた。たまたまだが、同じ年に織田信秀《のぶひで》（信長の父）と松平清康《きよやす》（家康の父）が生まれ、戦国時代も第二幕に突入していく。義晴は義稙を逐《お》った細川高国《たかくに》（野州系）の援助で将軍となった。だが、細川晴元《はるもと》（阿波系）は一向宗《いっこうしゅう》とも連携して義稙の養子である義維《よしつな》（義晴の弟、堺公《さかい》方）を担《かつ》いで堺に上陸し、義晴は近江に逃げた。

だが、晴元は一向宗と対立し、下京の町人たちに信仰されていた法華宗《ほっけしゅう》を利用して山科本願寺《やましなほんがんじ》を焼き討ちして石山《いしやま》（大坂）に移転させるなどしたので、義晴と和睦《わぼく》し、京都にはいったん平和が戻った。

このころ、明の寧波《ニンポー》では細川・大内が争って争乱を起こし、関東では河越夜戦《かわごえやせん》で北条氏康《うじやす》が古河公方・両上杉家など旧勢力連合軍を破り覇権を確立した。織田信長、豊臣秀吉、徳川家康が生まれたのもこのころである。

第七期（一五四六年〜一五七三年）

剣豪の腕前を実践して討ち死にした・一三代義輝
京の都に入ったことのない哀れな・一四代義栄
「准后」になった意外にしたたか・一五代義昭

八瀬《やせ》大原《おおはら》から葛川《かつらがわ》、朽木《くつき》を通って若狭《わかさ》へ抜ける街道は、最近では「鯖《さば》街道」などといわれ、「花折《はなおれ》」など鯖寿司の老舗が軒《のき》を並べている。九代将軍義尚が一時期、隠棲《いんせい》していた葛川には「比良山荘《ひらさんそう》」という鮎《あゆ》料理の名店もある。だが、この秘境ともいうべき渓谷《けいこく》は、一二代将軍義晴や一三代将軍義輝《よしてる》が京都の混乱を避けて長く滞在していた場所であることは、グルメたちの関心事ではないらしい。

細川晴元と和解した義晴は、将軍職を子の義輝に譲った。その後、義晴と義輝の親子は、細川家のなかで晴元と対立する氏綱《うじつな》（典廐系《てんきゅう》）と組み、晴元排斥を企《くわだ》てたが、六角氏を味方につけた晴元が優勢となったため、和睦して京に入った。

しかし、その晴元は家臣の三好長慶と対立し、長慶が氏綱を立てて京都に入ったため、義晴と義輝は近江朽木に逃れた。義晴はそのまま近江で死んだが、六角氏の仲介で義輝は京都に戻ることができた。細川氏綱が最後の管領となったものの、実質は三好政権で、この政権はそれなりに強力だった。織田信長や上杉謙信が将軍表敬《ひょうけい》のため上洛するなどしたのは、このころである。

だが、三好長慶が死去すると、政局は不安定になった。主導権を握ろうと動き出した義輝だが、長慶の後継者である三好義継《よしつぐ》、三好三人衆（三好政康《まさやす》、長逸《ながゆき》、岩成友通《いわなりともみち》）や松永久秀《ひさひで》らによって襲われ、剣豪としての腕を示し、奮戦したにもかかわらず非業の死を遂げた。

しかし、この反乱勢力の間でも対立がすぐに激化し、三好三人衆は義維の子の義栄《よしひで》を将軍に擁《よう》しようとして、松永久秀や義継と対立した。義栄は強引に将軍宣下《せんげ》を受けたものの、奈良一乗院《いちじょういん》を脱出していた義輝の弟・義昭《よしあき》が近江、越前を経て岐阜の織田信長に擁されて上洛した。義栄は摂津富田《せっつとんだ》で亡くなり、阿波に寂しく葬《ほうむ》られた。

義昭は信長を副将軍、管領など室町幕府の制度の枠内で遇《ぐう》しようとしたが、信長は将軍を鎌倉幕府と同じような飾り物としてしか扱わず行動に制約をかけたので、義昭は各地の大名に信長打倒を呼びかけた。だが、最後は、山城槇島《やましろまきしま》城で降伏し追放された。ただし、義昭と信長には共通の敵も多く、協力関係が完全に破綻したのは義昭追放の直前で、追放後も和解の話し合いは続いていた。

その後、義昭は備後鞆《びんごとも》にあったが、最後は秀吉の招きで大坂、ついで京都に戻ることを許され、「准后《じゅごう》」（准三后の略。親王・摂政などに与えられた）の待遇を受けた。朝鮮遠征の際には武装して肥前名護屋《ひぜんなごや》に下ったが、参戦を認められず、秀吉の死の前年に六十一歳で死んだ。

応仁の乱で京都はほとんど焼失し、花の御所や朝廷の周辺である上京《かみぎょう》と、商業地区である下京《しもぎょう》の小さな二つの町のようになってしまった。信長は義昭のために、その中間に二条《にじょう》城を築き（現在の場所より少し東にあった）、秀吉はかつての大内裏《だいだいり》跡に聚楽第《じゅらくてい》を造営した。さらに、市街地の周辺に御土居《おどい》をめぐらし、正方形だった街区を短冊《たんざく》形にして商業都市らしく造営して、今日に至る京都の骨格をつくった。

さらに、宇治《うじ》川を改修して伏見《ふしみ》を港町とし、そこに伏見城を築いた。関ケ原《せきがはら》の戦いのあと、徳川家康は、征夷《せいい》大将軍であるとともに源氏長者となり、源氏長者が兼ねる淳和奨学両院別当《じゅんなしょうがくりょういんべっとう》の役にも就いて足利氏の源氏の棟梁《とうりょう》としての地位を引き継ぎ、ここに、源氏の棟梁としての足利氏復活の可能性はなくなった。信長、秀吉、家康の三人は新しい統治体制をとったが、足利家をはじめ、室町時代の名家の多くを少禄《しょうろく》の大名や高家《こうけ》などとして処遇し、儀礼面では小笠原《おがさわら》流などに基づく室町幕府の作法をかなり復活して権威づけを図った。

こうした足利時代の概観《がいかん》を踏まえて、47都道府県の戦国時代を追っていくのだが、本書では、南北朝時代が終わったあたりから始めて、織豊《しょくほう》政権による天下統一にどのように組み込まれていったかまでを扱い、江戸時代についても後日談として軽くふれた。

京都から始めるが、話の流れを分かりやすくするために、少し、変則的な区分・順序となった。また、九州、関東、東北はやや独立性が高いので、鎌倉（関東）公方、九州探題《きゅうしゅうたんだい》、奥州《おうしゅう》探題といった項目での概観の節も設けた。

コラム 京滋《けいじ》の戦国観光スポットは

「この前の戦争で焼けてしもうて」と京都でいえば、応仁の乱のことだとしたり顔で言う人がいる。京都の町はそののちも何度も戦火に見舞われているから冗談みたいなものだが、応仁の乱でほぼ丸焼けになって、その前のものはほとんど何もないという意味なら正しい。平安京の範囲内でいえば、平安時代の建築は皆無だし、千本釈迦堂がただひとつ残っているだけである。少し周辺をみても、鎌倉期の三十三間堂とか乱の直前に建った八坂の塔があるくらいだ。

狩野永徳の「洛中洛外図屏風」に描かれたような建物も、信長が足利義昭を攻めたときに放火されて焼けてしまったし、江戸時代の何度かの大火で、その後に復興された建物もない。そんななかで、少し外縁部の銀閣寺、龍安寺、大徳寺などでは戦国時代を少ししのべる。西本願寺は桃山文化の宝庫だ。室町・花の御所の跡は市街地に埋もれているが、その跡地に建つ同志社大学の寒梅館にはなかなか面白い展示がある。

安土城跡は、建築としては、わずかに創建時の三重塔と門が残るだけだが、石垣はほぼ完璧に保存され、発掘調査でますます往時の姿に近づけられている。しかも、1992年のスペイン・セビリア万博のときに復元されて展示された上層を移した「信長の館」という施設もある。小谷城や観音寺城も、だいぶ整備され、途中までは車でも上れるようになった。

近江の古刹のうち、園城寺（三井寺）、西明寺、金剛輪寺などは、戦国期から江戸初期あたりの建築が多く、石垣の見事さは、安土城並みである。

室町後期の将軍はしばしば近江に待避したりしたが、朽木旧秀隣寺庭園、桑実寺、岡山城跡、鈎陣跡、葛川明王院、穴太の里などに行けば、流浪の将軍たちの心情がしのばれる。彦根市の摺針峠や比叡山ドライブウェイへ向かう山中越は信長が開いた軍事道路だ。

第二章

近畿——応仁の乱と京を出て漂泊する将軍たち

京都

「人生五十年、功なきを恥ず」は誰の言葉？

「人生五十年、功なきを恥ず」という人生訓は、細川護熙《もりひろ》元首相が好んで引用して人口《じんこう》にも膾炙《かいしゃ》している。あっさりと政権を投げ出したこの貴族政治家にまことに似合っているのだが、この言葉を吐《は》いたのは、元首相のご先祖に当たる足利初期の名管領・細川頼之《よりゆき》である。

足利時代きっての実力者だった細川家が、現代にまで実力者として生き残っているのは驚異というほかないが、その功労者は、戦国末期に丹後《たんご》国宮津《みやづ》城主だった細川藤孝《ふじたか》（幽斎《ゆうさい》）である。

丹後は、明徳《めいとく》の乱までは山名氏が守護だったが、三河守護だった足利一族の一色《いっしき》氏がこの地を得た。一色義貫《よしつら》は四代将軍義持《よしもち》の側近として侍所頭人《とうにん》や山城《やましろ》守護も兼ねたが、六代将軍義教《よしのり》から疎《うと》まれ大和《やまと》遠征中に暗殺された。そののち、若狭《わかさ》武田氏が侵入して守護職を得たこともあるが、短期間で撤退している。

信長は丹後を収めたあと、明智光秀《あけちみつひで》の与力《よりき》だった細川幽斎に与えた。本能寺の変のあと、光秀は幽斎が味方してくれると信じていたようだが、幽斎はこれを拒否

各国の守護と大名の推移(南北朝合一～天下統一)

近江北部：◎京極→浅井→羽柴→石田
近江南部：◎六角→織田→豊臣秀次→京極など
山城：◎畠山など→◎細川など→三好→足利義昭→織田→豊臣
丹波：◎細川→波多野など→明智→羽柴秀勝など
丹後：◎一色→細川幽斎

※下の枠内は国別の主要な守護や大名の移り変わりを表す。◎は守護。ただし、守護は空席のときもあり、短期間の交替や子細が不明なことも多い。それも含めて、おおよその流れを示したもので、厳密なものではないことをお断りしておく。他の地図も同じ。

し、息子忠興《ただおき》の妻ガラシャ（光秀の娘）を味土野《みどの》（京丹後市《きょうたんごし》）に幽閉した。また、この混乱のなかで、細川幽斎は娘婿《むこ》として遇していた一色義定《よしさだ》を反乱を企てたとして暗殺した。

その後、幽斎は豊臣政権でそれほど重んじられたわけではない。宮廷《きゅうてい》政治家的な暗さが嫌われたのだろう。

むしろ、高く評価されたのは利休《りきゅう》の高弟であり、宮本武蔵《みやもとむさし》が仕えた息子の忠興である。会津《あいづ》に蒲生氏郷《がもううじさと》が入ったときも、もう一人の候補は忠興だったらしい。ただ、幽斎は秀吉の甥《おい》の秀次《ひでつぐ》にも近く、借金もして、危うく失脚しそうになったこともあった。

秀吉が死んだあとは、嫡男忠隆《ただたか》の嫁が前田利長《としなが》の娘だったこともあって利家《としいえ》寄りだったが、利家の死とともに徳川に乗り換えた。関ヶ原の戦いのあとは、自害したガラシャとともに死ぬことを拒否して逃亡した嫁をかばった忠隆を廃嫡《はいちゃく》、江戸に人質に出していた四男の忠利《ただとし》を世子《せいし》にする必死の生き残り策を講じている。見事なまでの蜥蜴《とかげ》の尻尾《しっぽ》切りぶりである。

関ヶ原の戦いのとき、忠興は家康とともに関東にあった。国元にあった幽斎は、田辺城《たなべ》で西軍の軍勢を足止めした。戦いのあと忠興は、豊前小倉《ぶぜんこくら》に栄転し、忠利の代になって加藤氏改易《かいえき》のあと肥後《ひご》熊本の太守《たいしゅ》となった。

丹後には、毛利秀頼《ひでより》（斯波義統《しばよしむね》の子か？　二五三ページ系図参照）の娘婿として大名になった京極高次《たかつぐ》の弟・高知《たかとも》が入った。その死後は宮津、田辺、峰山《みねやま》という三つの小藩に分けられ、宮津、田辺は藩主が入れ替わったが、峰山は、幕末まで京極氏が代々藩主をつとめた。

足利一門では傍流だった細川家の出世

細川幽斎の家は細川の宗家《そうけ》ではない。細川氏も足利一族であるが、将軍家と近い関係ではない。新田氏は足利氏初代の義康《よしやす》の兄、細川氏は子供、畠山氏は孫、吉良《きら》氏や今川氏は曾孫、斯波氏や一色氏はそのまた子供の代に足利本家から分かれており、あとになってから分かれた家ほど序列は高いのだ（八七ページ系図参照）。家名は、足利義康の四代目にあたる義季《よしすえ》が、三河国額田《ぬかた》郡細川に住んだことに由来するから、吉良氏や今川氏と同じ三河出身ということになる。だが、幕府創成期に頼貞《よりさだ》、公頼《きんより》の兄弟など一族揃《そろ》って抜群の働きをし、四国など西日本で合計八カ国の守護となった。このうち、清氏《きようじ》は二代将軍義詮《よしあきら》をよく支え幕府の執事となったが、専横ぶりが嫌われて失脚。清氏は南朝に寝返り、従兄弟《いとこ》の頼之と白峰《しろみね》山麓（讃岐《さぬき》）で戦い、敗死した。

阿波守護をつとめていた頼之は、尊氏から中国管領に任ぜられ、尊氏の庶子《しょし》・

直冬《ただふゆ》を担いだ一派との戦いだけでなく、民政面でも手腕を発揮した。ついで清氏を討ち取り、南朝方と直冬党を壊滅させ、従来の阿波・伊予に加えて讃岐と土佐《とさ》の守護に任ぜられた。

頼之は将軍義詮の遺命によって管領となり（一三六七年）、十二年にもわたって幼い三代将軍義満《よしみつ》を補佐し、幕府の基礎をつくった大功労者である。だが、諸大名の反発が強く、成人した義満によって、一時、四国へ追放された。

頼之のあと細川家は、いくつもの分家に分かれたが、歴史上重要なのは、京兆《けいちょう》家（上屋敷）と阿波家（下屋敷）、野州《やしゅう》（下野守《しもつけのかみ》の略）家、それに典廏《てんきゅう》（右馬頭《うまのかみ》の唐《とう》名）家、和泉《いずみ》家である。頼之の養嗣子《ようしし》となった弟・頼元《よりもと》は、従四位下右京大夫《うきょうのだいぶ》に任ぜられ、その唐風の呼び名である「京兆」が通称となった。阿波家は、頼之の弟・詮春《あきはる》を祖とし、細川氏を軍事的に支えた阿波・讃岐軍団を押さえた。和泉家は、足利最後の将軍義昭《よしあき》を支えた細川幽斎を出して、江戸大名の肥後細川家となり、現代に至るまで隆盛を誇っている。

応仁の乱のときに一方の主役となった勝元《かつもと》は、頼元の曾孫にあたる。さらに、勝元の子政元《まさもと》は「半将軍《はんしょうぐん》」と呼ばれたほどで、将軍義稙《よしたね》を追放した。だが、政元は信心から生涯女性を遠ざけ、政治的な思惑から澄元《すみもと》（阿波家）・高国（野州家）・澄之《すみゆき》（九条家）の三人を養子にしたので大混乱を起こした。その後の経緯は、徳島

〈細川家系図〉

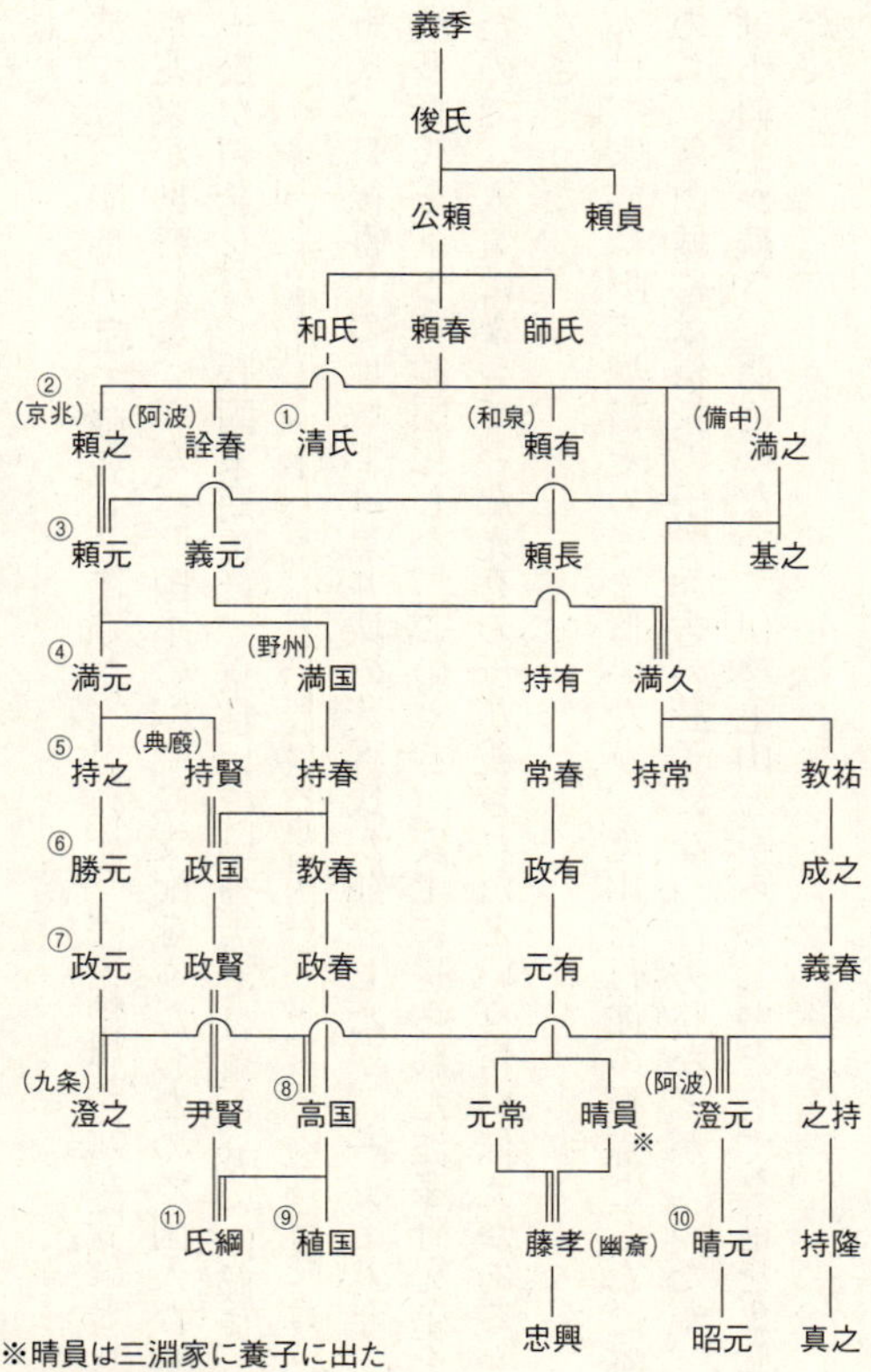

※晴員は三淵家に養子に出た
○は管領就任順序

の項を参考にしてほしいが、結果的には、阿波家の澄元の子・晴元が惣領《そうりよう》として認められた。そののちの運命は徳島の項にあるように、主役の座は和泉家の幽斎に譲られた。

丹波では、明徳の乱で戦死した山名氏清《うじきよ》に代わって細川頼元が守護となり、以後、京兆家が世襲した。だが、四国系の家臣に支配をゆだねたので国人たちの反発から一揆が頻発した。戦国末期には、京都に近い地方では亀山城《かめやま》の内藤《ないとう》氏（のちにキリシタン大名・内藤如安《じよあん》を出した）、現在は兵庫県になっている西部では八上《やがみ》城の波多野《はたの》氏、丹後寄りの地域では黒井《くろい》城の荻野《おぎの》氏が並立したが、一五七八年、明智光秀が波多野氏を下して領国化した。このとき、安土に送られた波多野兄弟を信長が殺したので、人質になっていた光秀の母が殺されたという言い伝えがあるが、史実ではなさそうだ。

光秀は、家族は坂本《さかもと》城にそのまま置いたが、亀山を丹波の拠点とした。本能寺の変ののち、亀山城には信長の子で秀吉の養子になった秀勝《ひでかつ》などが入ったが、江戸時代には小領主が続き、明治になって伊勢亀山と紛《まぎ》らわしいとして名前を亀岡に変えられた。

足利幕府終焉の地と「京都港」

山城は、朝廷や幕府のお膝元《ひざもと》だけに、守護といっても幕府直属の治安維持部隊ともいうべき役割があり、南北朝の争乱が収まったあとも交替が頻繁だった。ざっとみても、畠山、結城《ゆうき》、高《こう》、京極、一色、山名、赤松、伊勢、細川、大内といった各氏が就任している。

そんななかで、応仁の乱の少し前には畠山氏、勃発時には山名氏、収束すると畠山氏、戦国末期には細川氏といったところが重要な役割を果たしている。

このうち、畠山氏が守護のときに、山城国一揆が起きる。畠山氏の内紛についてこのあと、和歌山の項で詳しく紹介するが、畠山政長《まさなが》（持国の養子）が守護をつとめていたころ、河内《かわち》に逐われていた義就《よしなり》（持国の実子）が南山城を占領し、宇《う》治《じ》川で合戦になった。これに迷惑した南山城の農民が宇治の平等院などに集まり、両軍の撤退を要求した画期的な事件である（八一ページ系図参照）。

もちろん、背後に細川政元の影もあるわけだが、この要求は受け入れられ、畠山氏は山城から退去した。そのあと、守護は伊勢貞陸《さだみち》となったが、陰の実力者は細川政元の家来で讃岐出身の香西元長《こうざいもとなが》だった。

この時代、伏見の南には広大な巨椋《おぐら》池があり、宇治川もいったんこの湖に流れ込み、そこから淀《よど》川に流れ込んでいた。そこそこの船は、天王山《てんのうざん》の下にある山崎《やまざき》までしか遡上《そじょう》できず、山崎が「京都港」として栄えた。当地には「油座《あぶらざ》」もあり、現代の石油マフィアのようなもので、対岸の石清水八幡宮も強力だった。その巨椋池に面したところ、現在の近鉄向島《むかいじま》駅の東に槇島《まきしま》城があった。武田信玄の死を知らずに救援を待ってここに籠《こ》もった足利義昭《よしあき》は、ここで信長に降伏して足利幕府の歴史を閉じた。

のちに秀吉が堤《つつみ》を築いて宇治川を巨椋池に入れずに伏見の城下を流れるようにしたため、船の遡上が可能となり、山崎の地位は伏見に奪われた。さらに、江戸時代になって角倉了以《すみのくらりょうい》により高瀬《たかせ》川が開削《かいさく》され、京都まで小舟が上れるようになった。そして、木津《きづ》川との合流地点には淀城が築かれ、淀は一〇万石の城下町になった。ただし、淀殿《よどどの》がいた淀城は、地形が変わる前のもので、淀競馬場の横にある現在の城跡とは場所が異なる。新しく築かれた淀の城下町も、鳥羽《とば》伏見の戦いで焼かれ、しかも、河川改修で流路が変わったために町そのものがなくなってしまったのである。

なお、浅井《あざい》三姉妹の長女である茶々《ちゃちゃ》は、かつては淀君《よどぎみ》、最近は淀殿と呼ばれることが多いが、いずれも当時の呼び名ではない。そのときどきの御殿《ごてん》の場所で呼ばれたり、浅井氏といわれたりした。秀吉の死後はお袋《ふくろ》様というのが一般的だった。

京都の西の乙訓《おとくに》郡には細川幽斎の勝龍寺《しょうりゅうじ》城が、山崎には秀吉が大坂《おおさか》城を築くまでの短い間だが、長浜《ながはま》城に代わる本拠とした山崎城があった。

滋賀

近江にいた時期が長い足利将軍

中世にあって近江《おうみ》という国は、陸奥《むつ》に次ぐ大国であったが、関ヶ原の戦いのあと人口が流出し始め、一九六〇年代に名神《めいしん》高速道路が開通するまで続いた。

その近江では、一五人の足利将軍のうち三人が死んでいる。応仁の乱のあと六角《ろっかく》攻めに出陣した九代将軍義尚《よしひさ》が鈎《まがり》の陣中（栗東《りっとう》）で、前将軍・義稙《よしたね》の復帰によって京都を出た一一代義澄《よしずみ》が近江岡山《おかやま》（近江八幡《はちまん》）で、三好政権に逐《お》われた一二代義晴《よしはる》が穴太《あのう》（比叡山《ひえいざん》の麓《ふもと》）で、それぞれ生涯を終えているのだ。

近江には比叡山延暦寺などの寺社や京都の貴族の荘園、幕府奉公衆《ほうこうしゅう》の所領がことのほか多かった。近江守護は、鎌倉以来、ほぼ一貫して、宇多《うだ》源氏の一党で近江出身の佐々木氏が占めた。ただし、承久《じょうきゅう》の変（一二二一年）で活躍した信綱《のぶつな》が近江を南北に分けて息子たちに継承させ、南部は六角氏、北部は京極氏ということになった。

六角氏とその配下の国人たちは、応仁の乱の混乱のなかで、荘園主を排除して領地を得ていた。その返還は、もはや、六角氏はともかく国人たちにとっては受け入れられるものではなかった。だが、「寺社本所荘園領の回復」という伝統回帰によって権威を確立しようとしていた貴公子・足利義尚は、これを返還させようとしたのである。

六角高頼《たかより》は、居城の観音寺《かんのんじ》山を退去して甲賀《こうか》郡の山里に逃げ込んだ。意気揚々と出陣した義尚は鈎に陣を構えて降伏を待ったが、忍者まで登場させて変幻自在に抵抗する六角勢に手こずるうちに病没してしまった。酒の飲み過ぎも原因らしい。

続く将軍・義稙も同様に出陣し、少し慎重に園城寺《おんじょうじ》に陣を張って攻めるが、その留守に細川政元《まさもと》のクーデターで将軍自身が一時失脚した。

だが、このころになると、家臣の伊庭貞隆《いばさだたか》の専横が目立ったので、六角高頼はこれを排除しようとする。一五一四年、復権した義稙に逐われた将軍義澄が伊庭氏家臣九里《くり》氏の岡山城に入ったのを機会に、義稙側に立った高頼が伊庭氏を滅ぼした。

この高頼の招待で近江に遊んだ近衛政家《まさいえ》が選定したとされてきたのが「近江八景」で、長く日本を代表する名勝《めいしょう》として愛された。蓮如《れんにょ》や一休《いっきゅう》が、近江を舞台に活躍したのもこのころだ。私の本籍地の守山《もりやま》市矢島《やじま》というところの、少林寺《しょうりんじ》という寺に一休が、隣の荒見《あらみ》という在所の聞光寺《もんこうじ》に蓮如がいた時期もある。

ついで、息子の定頼《さだより》の代には、将軍義晴が三好氏に逐われて逃げ込んだので桑《くわの》実寺《みでら》（安土《あづち》の近く）や朽木《くつき》（旧秀隣寺《しゅうりんじ》庭園がいまも残る）に保護し、その京都復帰を後押したが、義晴は坂本に近い石工の町・穴太で死んだ。定頼は引き続き義晴の子の義輝《よしてる》を後押ししたが成功しなかった。息子の義賢《よしかた》（承禎《しょうてい》）の代になって三好長慶《ながよし》と和睦し、義輝は京都へ戻った。

だが、義輝は松永久秀らに暗殺されたので、義賢は、その弟の義昭を保護した。とはいえ、義昭を担いで入京するだけの覚悟は義賢にはなかったため、義昭は織田信長を頼った。上洛にあたっての協力を呼びかけるため、信長はなんと自身で一週間も滞在して義賢の説得にあたった。宿敵だった北近江の浅井《あざい》氏と信長が同盟していたことも理由だったのだろうが、義賢はこれを拒否し、その結果、信長軍に攻められた。そこで義賢は、かつて高頼がしたように甲賀郡に逃亡し、その後も信長とついたり離れたりしたが、二度と観音寺城に戻ることは許されなかった。

ただし、義賢は慶長年間（一五九六～一六一五年）まで生き、その子孫は、高家《こうけ》として江戸時代を生き延びた。

旗本にも多い浅井・六角の旧臣

湖北《こほく》の京極氏では、南北朝時代の婆娑羅《ばさら》大名、佐々木（京極）道誉《どうよ》が有名である。この道誉の活躍で京極氏は出雲《いずも》などの守護の座を手に入れた。だが、近江では六角氏に押され気味であり、また、家臣の浅井氏が頭角を現し、事実上の支配者になった。

浅井氏はもともと物部《もののべ》氏だともいうが、淀殿《よどどの》が仏敵《ぶってき》が先祖だというのを嫌って、京都から公家の三条《さんじょう》氏がやってきて浅井家の娘と結ばれて生まれた子供が先祖だとし、藤原氏を名乗ったともいう。ただし、浅井氏は京極氏と盛んに姻戚《いんせき》関係を結ぶなど、最後まで、形式的な主君として敬意を払い続けた。

そのあたりの事情は、福井の項で紹介する。京極氏の本拠は、いまは米原《まいばら》市に編入された上平寺《じょうへいじ》というところにあった。

浅井氏は、長政《ながまさ》が信長の妹・お市《いち》の方《かた》と結婚して有力同盟者となったが、信長が浅井氏との約束に違背《いはい》して朝倉《あさくら》氏を討とうとしたので裏切った。姉川《あねがわ》の戦いのあとも散々に信長を苦しめたが、秀吉などによるねばり強い調略《ちょうりゃく》で切り崩され、浅井氏は滅ぼされた。信長と決裂したのは、浅井氏が積極的に信長が各地でする戦いに派兵しているわけでもないので、信長としては旧領を安堵《あんど》するだけで十分だと考え、浅井の家臣たちはそれでは不十分だと考えたのではないかと思う。また、落城の際には、長政は投降することも考えたようだが、先に投降した家臣が辱《はずかし》めを受けたので思い直して自害したようでもある。

だが、長政の娘には、淀殿、お初《はつ》（京極高次《たかつぐ》夫人）、お江与《えよ》（徳川秀忠《ひでただ》夫人）がおり、長政のＤＮＡは「天下」を取った。浅井三姉妹については、ＮＨＫ大河ドラマ

「江《ごう》～姫たちの戦国～」で三女のお江が主人公となった。拙著の『浅井三姉妹の戦国日記』（八幡衣代と共著、文春文庫）は、次女で京極高次夫人のお初の回想録の形をとって三姉妹の生涯を描いたものである。

また、浅井、六角の旧臣たちの多くが、信長や秀吉の家臣となり、江戸時代にも、近江出身の大名や旗本《はたもと》は三河、尾張、美濃に続く数を誇った。浅井旧臣としては、石田三成《いしだみつなり》、藤堂高虎《とうどうたかとら》、片桐且元《かたぎりかつもと》、大谷吉継《おおたによしつぐ》、小堀遠州《こぼりえんしゅう》、脇坂安治《わきざかやすはる》があり、六角旧臣では蒲生氏郷《がもううじさと》、朽木元綱《くつきもとつな》などが著名である。滝川一益《たきがわかずます》も六角氏領の甲賀郡出身である。瀬田《せた》を守った大岡《おおおか》氏、あるいは、義昭をかくまった

〈佐々木（六角・京極・尼子）家系図〉

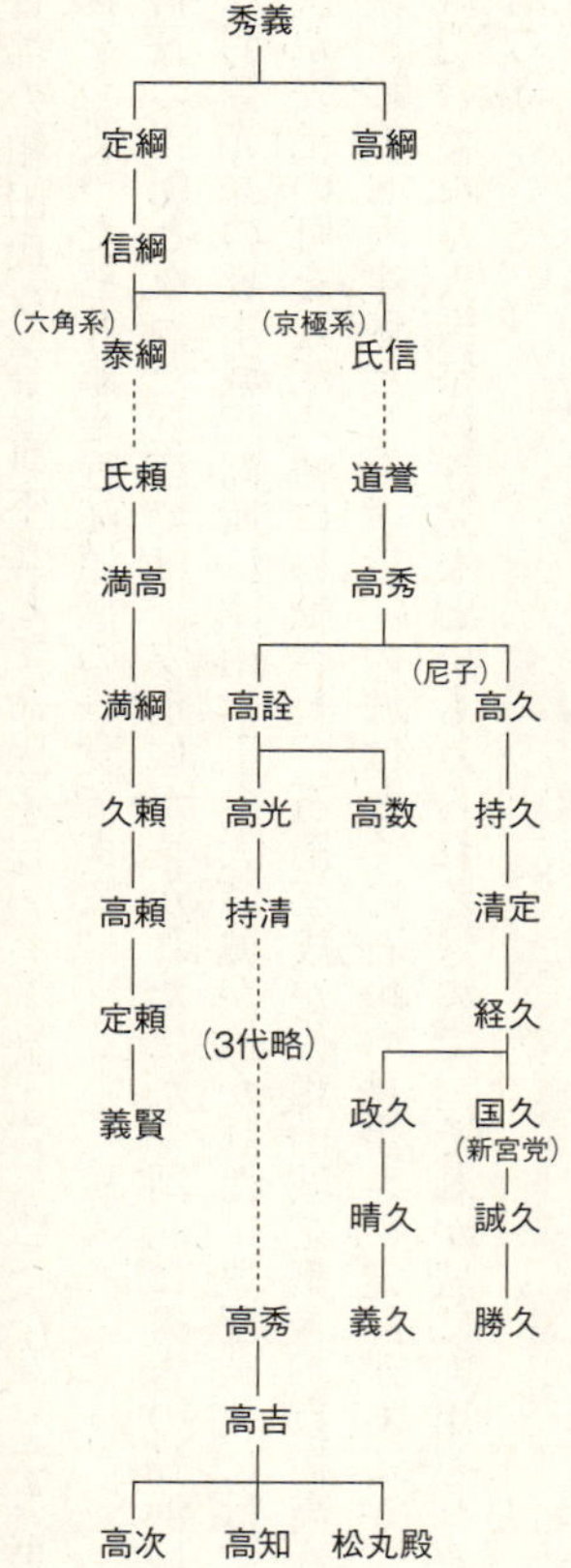

甲賀郡の和田《わだ》氏なども旗本として命脈《めいみやく》を保った。武士は棄《す》てたが、三井《みつい》財閥や三越《みつこし》をつくった三井家も近江源氏の一党である。

信長の支配となった近江では、安土城が築かれたほか、湖北に秀吉の長浜城、湖南に明智光秀の坂本城、湖西に津田信澄《つだのぶずみ》の大溝《おおみぞ》城が置かれた。豊臣時代には、豊臣秀次《ひでつぐ》が安土の町を近江八幡に移転させ、石田三成が佐和山《さわやま》城を築き、京極高次が坂本城を移転し大津《おおつ》城とした。近江の城はとくに石垣《いしがき》の見事さに定評があるが、これは城だけでなく天台《てんだい》宗の寺院などでもみられるもので、それが城に応用されたものであろう。

坂本の南にある宇佐山《うさやま》の戦いでの森可成《もりよしなり》の討ち死に、比叡山焼き討ち、賤ヶ岳《しずがたけ》の戦い、関ヶ原の戦いの大津城攻防戦など多くの事件の現場でもあった。

関ヶ原の戦いののちには、佐和山城は井伊《いい》氏の彦根《ひこね》城となり、大津城は戸田一西《とだかずあき》によって膳所《ぜぜ》に移された。余談だが、琵琶湖の名産として知られる「瀬田《せた》しじみ」は一西が利根《とね》川のものを移植したものである。外来種といえども悪いとは限らないのだ。

奈良

義昭が興福寺門跡になったわけ

最後の足利将軍となった義昭《よしあき》は、兄である一三代将軍義輝《よしてる》が暗殺されたとき、近《この》衛《え》家の猶子《ゆうし》として興福寺一乗院《こうふくじいちじょういん》（現在は奈良地方裁判所敷地）の門跡《もんぜき》として南都《なんと》にあった。というのは、興福寺は藤原氏の氏寺《うじでら》であり、その実質上の支配者は、近衛家が出す一乗院と、九条《くじょう》家の流れにある大乗院《だいじょういん》の門跡だったのである（近衛家、九条家はともに、もともと藤原家）。いずれも富裕で、貧乏公家に留まるよりよほど安楽で豊かな生活が保証されていた。足利将軍家は、徳川家のように次男坊以下を大名の養子に出すのではなく、僧籍に入れていたのだ。

大和《やまと》の国は、鎌倉時代以来、守護が置かれず、興福寺に検断《けんだん》（司法）権が与えられ、実質上の守護となっていた。ある意味では、摂関《せっかん》家の領分として残されていたとみることもできるし、源平時代に平重衡《たいらのしげひら》が東大寺《とうだいじ》大仏殿などを焼いてしまったことから、南都が源頼朝《みなもとのよりとも》に好意的だったという背景も、この特別扱いの理由だろう。

興福寺は、寺僧である「衆徒」や春日大社の神人である「国民《こくみん》」と呼ばれる地《じ》侍《ざむらい》たちを被官にして、彼らに「奈良中雑務検断職」（奈良の警察権をもっていた職）や郷村の支配をゆだねたが、そのなかに「大和四家」と呼ばれる越智《おち》・十市《とい ち》・箸《はし》尾《お》・筒井《つつい》があった。筒井氏の起源はよく分からないが、北部の添下郡《そうのしも》筒井を本拠とし、越智氏は、南部の高市郡《たかいち》越智から出て高取城《たかとり》を本拠にした。

ところが、大乗院と一乗院の対立から、越智氏と筒井氏がそれぞれについて大和永享《えいきょう》の乱が勃発した（一四二九年）。そこに河内守護の畠山氏も介入し、越智氏が優位に立ったが、やがて細川氏や幕府軍に支援された筒井氏が盛り返し、多武峯《とうのみね》の戦いで敗れた越智党は没落した。

その後も、中央の政局のあおりで混乱するなかに現れたのが松永久秀《ひさひで》である。松永氏はおそらく摂津《せっつ》あたりの出身のようだが、よく分からない。いずれにせよ、三好長慶《ながよし》の右筆《ゆうひつ》として活躍し、久秀の弟の長頼《ながより》も武将として丹波を攻略し支配下に置いた。

信長にとって最高の参謀だった松永久秀

久秀は、長慶から大和方面の支配を任されて、河内《かわち》との境に信貴山《しぎさん》城を築き、大和を制圧した。そののち、奈良の町を見下ろす北側の丘の上に多聞山《たもんやま》城を置いたが、これは、安土城出現前における全国でもっとも豪奢《ごうしゃ》な城だった。

各国の守護と大名の推移(南北朝合一～天下統一)

大和：◎興福寺→松永→筒井→豊臣秀長
紀伊：◎畠山→豊臣秀長
河内：◎畠山→三好→織田→豊臣
和泉：◎細川→三好→織田→豊臣秀長
摂津：◎細川→三好→和田・池田・伊丹→荒木・中川・高山→豊臣

長慶の晩年は、ややボケが回ったといわれるくらい、久秀の言うがままだったが、その死をみて将軍義輝は実権の掌握に動いた。そこで、久秀は三好三人衆とつるんで、こともあろうか将軍義輝を暗殺した（一五六五年）。

久秀はやがて三好三人衆とも対立し、彼らがここは安全とばかりに籠もる東大寺大仏殿を炎上させて、全国に衝撃を与えた（一五六七年）。聖武《しょうむ》天皇の建立《こんりゅう》した東大寺は、統一国家としての日本の象徴のひとつであり、庶民に至るまでよく知られていたのである。

こうした内輪もめで三好政権は弱体化し、翌年、織田信長の前に崩壊。久秀は信長に早々に誼《よしみ》を通じて大和一国を安堵された。信長からすれば、珍しく一目置かざるをえない、これ以上ない参謀だったのだ。浅井長政《あざいながまさ》の裏切りで敦賀《つるが》で袋のネズミになったときの京都への脱出劇では、秀吉のしんがりとしての活躍ばかりが有名だが、信長に朽木《くつき》街道から逃げることを進言し、地元の朽木氏と話をつけたのは久秀だった。

そんな久秀が反旗を翻《ひるがえ》したときも、信長は一度は許している。石山本願寺の挙兵に応じて久秀が再び信長に反旗をかかげ、信貴山に籠城して織田信忠《のぶただ》に包囲されたときも、「名物の平蜘蛛《ひらぐも》の釜《かま》さえ献じたら、もういちど許す」と信長は申し出た。久秀はこれを拒絶し、釜を抱いて爆死した（一五七七年）。

この松永久秀の全盛時代にも、筒井順慶《じゅんけい》は、ねばり強く抵抗を続けていた。久秀の滅亡後、明智光秀の麾下《きか》に置かれた順慶は、大和の実質的な支配者となって郡山《こおりやま》城を築いた。山崎の戦いでは、曖昧な中立的な態度に終始したため、大和方面から山崎方面を望む峠の名前から「洞ヶ峠《ほらがとうげ》」という言葉が生まれた。順慶は戦後も引き続き大和を支配したが、その死後、子の定次《さだつぐ》は伊賀上野《いがうえの》に移され、江戸初期になって改易された。

そのあとに入ったのが「理想のナンバー2」（堺屋太一氏）といわれる豊臣秀長《ひでなが》（秀吉の弟）である。大和郡山城も、大和、和泉《いずみ》、紀伊《きい》一〇〇万石の太守にしては、それほどではなく、むしろ、しっかり蓄財していた。長年の因縁のある土地争いなどには、敗訴した側にそれなりの現金を渡して納得してもらう、といった手法も盛んに使った。

秀長が小田原《おだわら》の役の直後に病死したあと、豊臣秀次の弟の秀保《ひでやす》が嗣《つ》いだが、若死にして大和大納言家は消滅し、郡山城は五奉行の一人増田長盛《ましたながもり》に与えられた。江戸時代になると、頻繁な城主交替のあと、享保年間（一七一六～一七三六年）になって柳沢吉保《やなぎさわよしやす》の子の吉里《よしさと》が甲府から移り、幕末まで在国した。

奈良の町は、幕府領として奈良奉行が置かれた。元禄年間（一六八八～一七〇四年）に行われた大仏殿の再興は、奈良出身の僧・隆光《りゅうこう》が、五代将軍綱吉《つなよし》の母桂昌《けいしょう》院《いん》（お玉《たま》）の後ろ盾で実現したものだが、京都堀川《ほりかわ》の八百屋さんの娘で、「玉の輿《こし》」の語源ともいわれる彼女は、奈良や京都にとって隠れた大恩人なのである。

戦国観光案内 松永久秀の多聞山城は奈良市立若草《わかくさ》中学校に。奈良の町を一望する風景は久秀をしのべる。大和郡山《やまとこおりやま》城跡の整備は櫓《やぐら》・門などの復元がかなり進んでいる。高取《たかとり》城跡へ登るのは難儀だが石垣は見事（近鉄吉野線壺阪山《つぼさかやま》駅からバス）。

和歌山

水攻めの発明者は畠山義就

江戸時代になって低湿地での城下町づくりや新田開発が進んだのは、戦国時代に蓄積された軍事土木技術の平和利用が進んだからである。とくに、水攻めのために蓄《たくわ》えられたノウハウは実に有用だった。

水攻めは豊臣秀吉が得意とした戦術だが、本邦《ほんぽう》初演は、一四八七年に河内《かわち》北部（枚方《ひらかた》あたり）で、畠山義就《よしなり》が同族の政長《まさなが》を攻撃するために使ったときである。淀川の堤防を切ってあたりを水浸《びた》しにしてしまうという単純なものだった。しかし、その後、一五八五年に秀吉が紀伊《きい》太田《おおた》城を攻めたときは、のべ一七万人の農民を動員した大工事で、十日間で全長五キロの高い堤防を築いて紀《き》ノ川《かわ》の水を入れた。完成後、一週間ほどで満水、それから数日後には城に水が入り、一カ月で太田党は降伏した。

これに先立つ戦いで、紀伊守護家の畠山貞政《さだまさ》が籠もった岩屋《いわや》城も落ちており、名門畠山家は、歴史の表舞台から消えた。秀吉は検地《けんち》や刀狩りを徹底的に行い、この治めにくい国の牙《きば》を抜いた。水攻めの考案者である畠山氏の国の息の根を止めたのが、史上最大の規模での水攻めだったというのも皮肉な話である。

〈畠山家系図〉

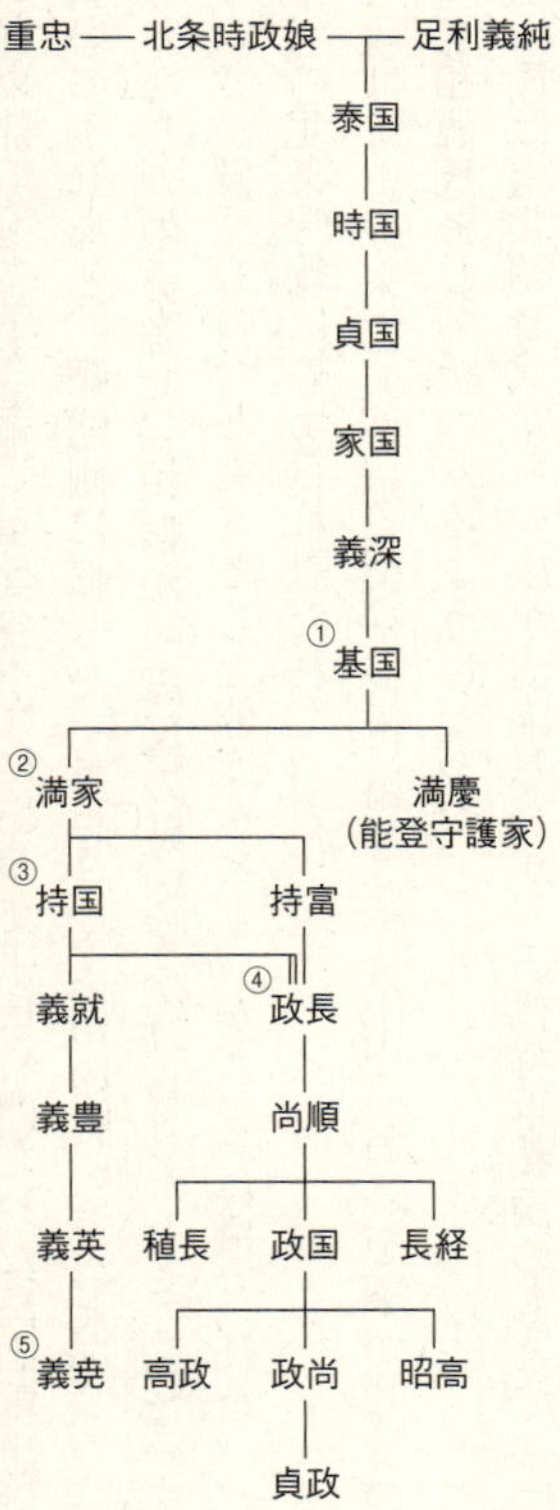

○は管領

武蔵《むさし》東部（埼玉県大里《おおさと》郡・現深谷《ふかや》市）にあって平氏一門だった畠山重忠《しげただ》は、石橋山《いしばしやま》の戦いの少しあと、頼朝《よりとも》側に転じた。重忠は宇治《うじ》川の戦いでの活躍が『平家物語』でもおなじみの勇者で、頼朝から謀反の疑いをかけられたとき「起請文《きしようもん》は心のやましい者が書くもの」と堂々とした態度をとり、かえって信用された。だが、のちに岳父《がくふ》の北条時政《ときまさ》に裏切られ討たれた。

時政は重忠の未亡人を足利義純《よしずみ》と再婚させ、畠山の名跡《みようせき》を嗣がせたので、畠山氏は清和源氏として扱われるようになった。

畠山氏は南北朝時代から一族が活躍したが、三代将軍義満《よしみつ》のもとで基国《もとくに》が、明徳《めいとく》の乱、応永《おうえい》の乱の鎮圧に功があり、将軍に忠実な軍団リーダーとして評価されて、細川、斯波《しば》氏と並んで三管領家《かんれい》の一角を占めた。

その嫡子《ちやくし》・満家《みついえ》は四代将軍義持《よしもち》の側近として重きを占め、六代将軍を籤《くじ》で決める手はずをしたのも彼である。その子孫は河内や紀伊の守護をつとめ、弟の満慶《みつのり》の子孫は、能登《のと》守護となった。

満家の子・持国《もちくに》は長く実子にめぐまれず、甥の政長《まさなが》に跡を嗣がせるはずだったが、晩年になって義就《よしなり》が生まれた。政長は細川勝元《かつもと》の支持を得て有利だったが、山名宗全《そうぜん》が義就を支持し、政長は管領職を罷免《ひめん》されてしまった。政長は禁裏《きんり》や花の御所の北にある上御霊社《かみごりようしや》に陣を敷いたが、義就に攻められて敗れた。応仁《おうにん》の乱の勃発である。

一四九四年になって紀州《きしゅう》にあった政長の子尚順《ひさのぶ》が、根来寺《ねごろじ》の僧兵も動員して立ち上がり、義就の子義豊《よしとよ》を滅ぼし、政長の系統が勝利を収めた。河内高屋《たかや》城にあった高政は、織田信長の上京にも呼応して河内半国を安堵されたが、家臣の遊佐《ゆさ》氏に追放され、紀州に退いた。

雑賀孫一の正体は

このころ、紀州では、本願寺系の雑賀衆《さいかしゅう》が、本願寺を支えるために強力な鉄砲部隊を大坂（石山）に送り込んだ。信長は根来衆の一部と組んで紀州に出兵し、苦戦の末に和睦したが、雑賀衆の抵抗は続いた。さらに、石山撤退後の本願寺が和歌山市内の鷺《さぎ》の森《もり》に移ってきた。

その後の小牧長久手《こまきながくて》の戦いで背後から脅《おびや》かしたとして、雑賀衆、根来衆などに激怒した秀吉は、「紀州攻め」に踏みきった。根来寺は焼かれ、畠山氏も領地を召し上げられ、子孫は徳川時代に奥高家《おくこうけ》として待遇されるに留まった。

この信長の攻撃に立ち向かった英雄として雑賀孫一《まごいち》なる人物が伝説的に語られるが、史実として確定できるどの人物なのか不明である。本名は鈴木《すずき》姓らしいが、石山本願寺と信長の仲介に奔走《ほんそう》した重秀《しげひで》とか、あるいは、秀吉の鉄砲隊を率い、のちに徳川頼房《よりふさ》に仕えた重朝《しげとも》だという説もある。いずれにせよ、秀吉の紀州攻めのときには、攻撃側に転じていたらしい。

まったくの余談だが、全国の鈴木氏のご本家にあたるのが、海南《かいなん》市の藤白《ふじしろ》神社を本拠とし、熊野《くまの》八荘司《しょうじ》のひとつだった鈴木家である。

それからの紀州は、大和郡山の豊臣秀長の支配下に置かれ、新しく築城された和歌山城は桑山《くわやま》氏が城主となった。これが浅野幸長《あさのよしなが》を経て、御三家のひとつ、紀州藩主・徳川頼宣《よりのぶ》の居城となった。

比叡山を焼き討ちした信長は、高野山《こうやさん》を攻撃しようとしたが、本能寺の変が起こったことで高野山は救われた。秀吉も紀州攻めの際に高野山を攻撃しようとしたが、木喰上人《もくじきしょうにん》の説得で中止し、のちには、大政所《おおまんどころ》の菩提《ぼだい》を弔うため、青巌寺《せいがんじ》（総本山金剛峯寺《こんごうぶじ》の前身）を建てた。

土豪たちのうち、日高《ひだか》地方の湯河《ゆかわ》、玉置《たまき》氏らは豊臣秀長に降《くだ》り、堀内氏は新宮《しんぐう》城主として関ヶ原の戦いで西軍に立って改易された。

戦国観光案内　和歌山市には、城のほか市立博物館、県立博物館がある。根来寺の大塔は中世建築の白眉《はくび》。高野山にも戦国武将の墓碑などがある。高野山の中心施設である金剛峯寺は、豊臣秀吉が大政所供養のために創建した青巌寺がルーツ。豊臣秀次が自害したのもここ。

大阪

源義経も楠木正成も河内が本籍

楠木正成《くすのきまさしげ》が活躍した河内《かわち》は、八幡太郎義家《はちまんたろうよしいえ》や源頼朝《よりとも》ら河内源氏の故郷である。義家らの墓はいまもダルビッシュの出身地として知られる羽曳野《はびきの》市にあるし、源頼朝が伊豆《いず》に流されるまで、彼らの本拠地は河内にあったとみるべきだろう。もし、頼朝や義経《よしつね》が出身地を問われたら、間違いなく河内と答えたはずだ。

鎌倉時代には北条氏の領国だったが、徐々に悪党《あくとう》といわれる地侍たちが跋扈《ばっこ》し、守護代もこれを抑えられなくなっていた。その一人が楠木正成である。後醍醐《ごだいご》天皇の手足として活躍した彼らの抵抗は強く、ようやく、正成の三男である正儀《まさのり》が長《ちょう》慶《けい》天皇の主戦論と対立して、幕府側に転じ、守護とされて少し落ち着いた（一三六九年）。

だが、正儀は、幕府内の支持者だった細川頼之《よりゆき》が失脚したことを機に南朝に帰参し、畠山基国《もとくに》が守護となり、それ以降、河内は畠山氏の本拠地化する。

応仁の乱ののち、政長《まさなが》系が高屋《たかや》城、義就《よしなり》系が誉田《こんだ》城でそれぞれ半国《はんごく》守護となったのだが、なんと、高屋城は安閑《あんかん》天皇陵《りよう》、誉田城は応神《おうじん》天皇陵を恐れ多くも改造したものだった。それでも抗争は続き、守護代の安見《やすみ》氏に畠山高政《たかまさ》は追放された（一五五八年。八一ページ系図参照）。

そののち、摂津《せっつ》高槻《たかつき》の芥川山《あくたがわやま》城にあった三好長慶《みよしながよし》が、四条畷《しじようなわて》市の飯盛山《いいもりやま》を本拠に河内を支配し、ここで死んだ。

そして、義昭《よしあき》と信長の上洛後、若江《わかえ》城に三好長慶の後継者・義継《よしつぐ》、高屋城には復帰した畠山高政が入ったが、畠山氏は家来たちに逐《お》われた。一方、若江城には、槇島《まきしま》城から出た義昭が逃げ込んだが、このとばっちりで義継も滅ぼされてしまった。

大阪の恩人は徳川秀忠だ

石山本願寺は、現在の大阪城があるところに位置し、もともとそこは仁徳《にんとく》天皇の難速高津宮《なにわたかつのみや》の故地であった。だが、中世には熊野詣《まい》りの中継港でしかなくなっていた。そこへ、蓮如《れんによ》が一四九六年に御坊《ごぼう》を創建し、一五三二年には、山科《やましな》本願寺が六角定頼《ろっかくさだより》と法華宗徒のために焼き討ちにされたので、証如《しようによ》がここに移り本願寺とした。このときから、大坂は全国有数の都市になったのである。信長の攻撃に対し

〈清和源氏系図〉

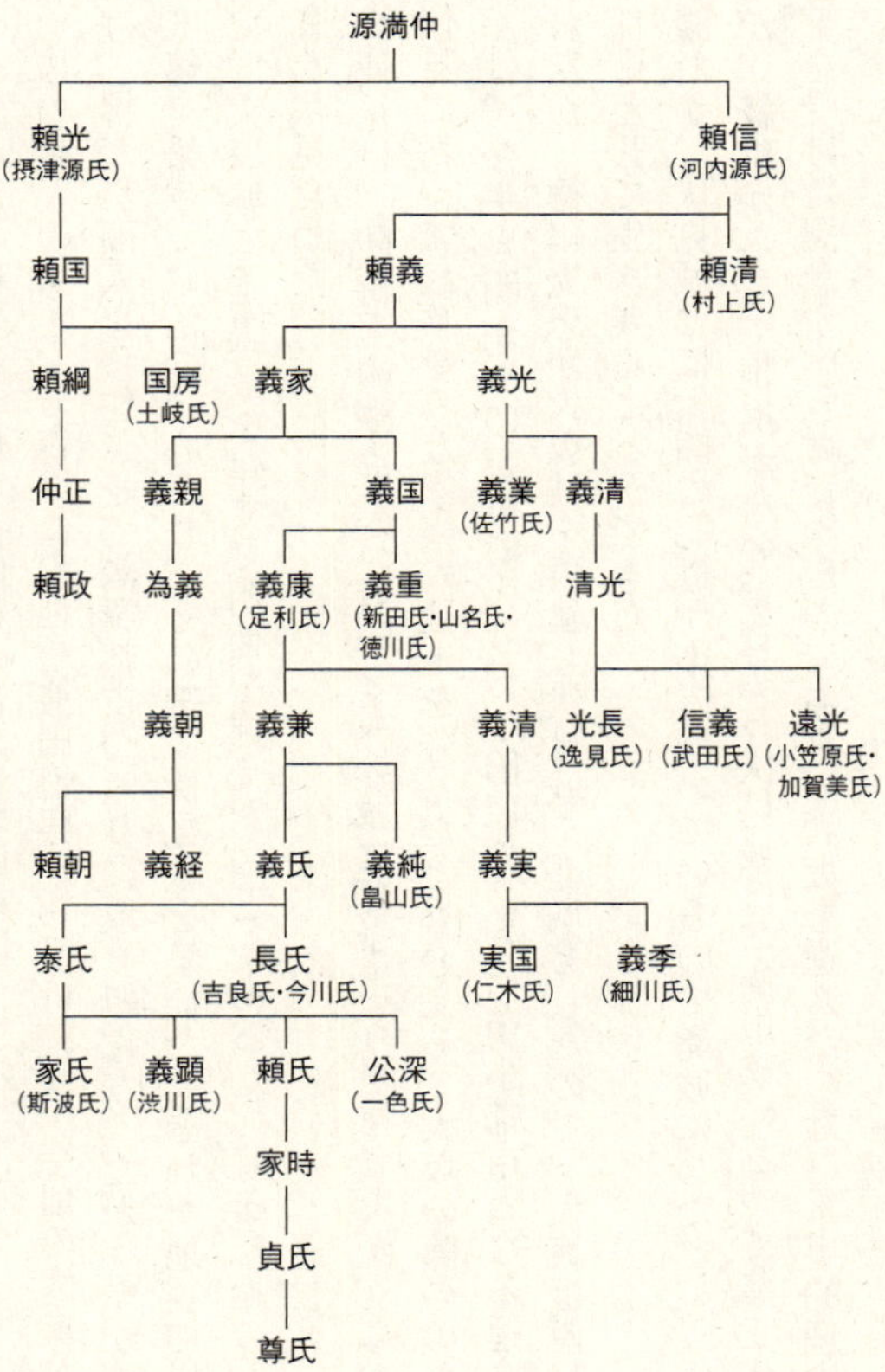
源満仲
頼光
（摂津源氏）
頼信
（河内源氏）
頼国
頼義
頼清
（村上氏）
頼綱
国房
（土岐氏）
義家
義光
仲正
義親
義国
義業
（佐竹氏）
義清
頼政
為義
義康
（足利氏）
義重
（新田氏・山名氏・徳川氏）
清光
義朝
義兼
義清
光長
（逸見氏）
信義
（武田氏）
遠光
（小笠原氏・加賀美氏）
頼朝
義経
義氏
義純
（畠山氏）
義実
泰氏
長氏
（吉良氏・今川氏）
実国
（仁木氏）
義季
（細川氏）
家氏
（斯波氏）
義顕
（渋川氏）
頼氏
公深
（一色氏）
家時
貞氏
尊氏

て、顕如《けんにょ》は海上からの支援もあって長く抵抗したが、本能寺の変の二年前に正親町《おおぎまち》天皇の勅令により和議がされ、紀伊鷺《さぎ》の森《もり》（和歌山市内）に退去した。

賤ヶ岳《しずがたけ》の戦いのあと、秀吉はこの地を池田恒興《いけだつねおき》から受け継ぎ、空前の大城郭《じょうかく》を築き上げ、堺《さかい》から商人を移住させて商業都市づくりに取り組んだ。だが、やがて京都に聚楽第《じゅらくてい》を築き、政治の中心とし、その後、伏見《ふしみ》城を築いた。それが地震で崩壊したので、大坂城に千畳敷《せんじょうじき》を建てて明《みん》使を迎えたことがあるが、晩年を過ごしたのは、また伏見だった。

その死後は、防御上の観点から秀頼《ひでより》を大坂城に移すよう遺言したが、このことが、伏見にあって政務をみた家康の独走を許したともいえる。大坂の陣ののち、いったんは、松平忠明《ただあきら》が一〇万石で入り、小田原《おだわら》のように中小都市となる運命かと思われたが、徳川秀忠《ひでただ》が大坂城を再建し伏見城を廃城としたので、大坂は西日本の中心都市として生き残ることができた。

余談だが、伏見城には太閤《たいこう》の記憶が染みついているので廃城にしたという俗説があるが、経緯からして根拠がない。むしろ伏見城は、徳川家にとって葵《あおい》三代が将軍宣下《せんげ》を受けた記念すべき城だったのであり、大坂を選んだのは、軍事的理由であろう。

もちろん、秀吉も大阪の恩人の一人だが、蓮如、証如、そして、徳川秀忠の役割も忘れるべきではない。

摂津《せっつ》の守護は、細川京兆《けいちょう》家がつとめた。だが、有馬《ありま》郡の赤松《あかまつ》氏のように、郡などの単位で守護としての権限を行使する分国守護の領分とされたところもあった。

信長・義昭の上洛後は、義昭を近江甲賀郡でかくまった和田惟政《これまさ》を芥川山城に、池田城には地元の池田勝正《かつまさ》、伊丹《いたみ》には同じく伊丹忠親《ただちか》が配された。だが、まもなく、和田氏は配下の高山右近《たかやまうこん》に取って代わられて本拠は高槻《たかつき》に移された。キリシタン大名として有名な右近のもとには、南蛮《なんばん》人も多く来訪した。池田氏も家臣の荒木《あらき》村重《むらしげ》に代わられ、村重は伊丹（有岡《ありおか》）城に移った。また、茨木《いばらき》城には中川清秀《なかがわきよひで》が入った。

荒木村重は、信長に重用されていたはずだが、突然、毛利氏に内応して自滅した。この信長に重用されていた村重の謀反は、どう状況を読み間違ったのか推測が難しく、戦国史の謎のひとつである。

荒木村重の配下にあったが信長側についた中川清秀と高山右近は、山崎の戦いのときから秀吉につき、清秀は賤ヶ岳の戦いで戦死したが、子孫は豊後岡《ぶんごおか》（竹田《たけだ》）藩主として明治まで生き残った。高山右近は、秀吉から信仰を棄てるように迫られたが拒否して改易されたため、加賀の前田家に身を寄せ、金沢《かなざわ》の城と城下町づくりに貢献したが、大坂の陣の前年である一六一四年にマニラに追放され、そこで死んだ。

肥後細川家は和泉守護だった

和泉《いずみ》国は、楠木正儀《まさのり》に与えられたが、その後、守護になった山名氏清《うじきよ》が明徳の乱で滅ぼされ、そのあとを襲った大内義弘《よしひろ》は応永の乱を起こした。守護所のあった堺の町に義弘は籠もったが、足利義満はこれを自ら攻撃し、火攻めにして陥落させた。

そののち、細川家分家が守護として定着した。この子孫から、細川幽斎《ゆうさい》、さらには、肥後《ひご》細川家が出ている。

その後、細川氏の兵力供給源である四国に近いこともあって戦乱に巻き込まれたが、一五二六年には、細川晴元《はるもと》などによって阿波《あわ》にあった足利義維《よしつな》が将軍を称し、いわゆる「堺幕府」が樹立された。だが、本願寺との対立もあって崩壊した。

三好長慶《ながよし》の時代には、岸和田《きしわだ》城に弟の十河一存《そごうかずまさ》が居城したこともある。こうした間に、堺ではまわりに堀をめぐらせ、会合衆《えごうしゅう》が自治を行う自由都市として栄えた。

だが、織田信長は矢銭《やせん》二万貫を要求し、会合衆たちは初め拒否したが、やがて屈服し、代官松井友閑《まついゆうかん》による支配を受け入れた。

本能寺の変ののちの和泉国では、秀吉側につく武士が多かったが、紀伊の雑賀《さいか》衆《しゅう》に呼応するものもいたために、秀吉は一五八五年に紀伊攻めの途中、反対する勢力を掃討した。そののち、和泉は紀伊や大和と同じく豊臣秀長に与えられ、江戸時代には、岡部《おかべ》氏の岸和田藩以外は小藩や幕府領、各藩飛び地などとなった。

戦国観光案内　現在の大阪城は江戸時代のものだが、大阪城天守閣は博物館としても素晴らしく充実。大阪歴史博物館もできた。堺市には堺市博物館もある。三好長慶の死んだ飯盛山《いいもりやま》城（大東《だいとう》市・四條畷《しじょうなわて》市）は若干の遺構が残り、ハイキングコースになっている。

コラム 大坂城の女たちの人間関係

関ヶ原の戦いは、北の政所寧々を慕う加藤清正ら武闘派と、淀殿に近い石田三成ら文治派の対立とかいわれるが、そんな単純なものではない。

秀吉は庶民出身だけに、家族をとても大事にしていた。その中心には、大政所なかというゴッドマザーがいて、その信頼のもとで北政所寧々が差配し、後継者は信長の実子である秀勝と決まっていた。

側室が確認できるのは天下を取ったあとで、京極竜子が最初だ。ところが、秀勝が死んでしまったので（1585年）、織田家との絆をつなぐために淀殿も側室になり（1587年？）、それが鶴松を生んだ（1589年）。その後、秀吉の妹で家康夫人の旭姫死去（1590年）、秀吉の弟秀長と鶴松死去、秀次関白に（1591年）、大政所死去（1592年）、秀頼誕生（1593年）、秀次切腹（1595年）と続く。

つまり、大政所や秀長、旭姫が生きていたときは、仲の良い家族だった。ところが、大政所が死に、秀吉の姉で秀次の母である「とも」は夫と清洲に移っていて畿内に不在だったときに、秀次事件が起きた。大政所が健在で家族の絆がしっかりしていたときには起きるはずのない事件だった。

秀吉の死後、寧々は淀殿や秀頼といったん大坂城へ移るが、あまり大事にされなかったのか京都に移り、竜子は兄である京極高次とその妻である淀殿の妹お初の大津城に移った。関ヶ原の戦いでは、寧々は宇喜多秀家の戦勝祈願に参加したし、寧々の兄の木下家定は中立、東軍の勝利を願っていたとは思えない。

淀殿は家康の会津攻めには兵糧や軍資金を出しているのに石田三成には援助を与えず、秀頼出馬要請も拒否した。妹であるお江の嫁いだ徳川家との争いを避けていたようだ。また、京極高次は西軍から東軍に寝返ったあと、寧々の要請で西軍に降伏して何を考えていたか理解不能。

その後の淀殿は、ともかく、秀頼の身の安全が第一で、大坂城から出したのは二条城会談のときだけ。そして、家康は、浅井三姉妹が手を組むのを非常に警戒したようにみえる。そんななかで、三姉妹にとって大きな誤算は、秀頼と千姫の間に子供が生まれなかったことで、三姉妹で天下を牛耳る計画は完成しなかったということか。

第三章

四国・中国——信長より先に上洛はしたものの

徳島

江戸時代まで生き延びた阿波公方

「流れ公方《くぼう》」と呼ばれた一〇代将軍足利義稙《よしたね》は、細川家の内紛に翻弄《ほんろう》されたあげく、淡路《あわじ》を経て、いまの徳島県鳴門《なると》市にあたる撫養《むや》で病没した。その養子だった義維《よしつな》は、阿波《あわ》勢の後押しで実兄の一二代将軍義晴《よしはる》を近江に逐《お》い、「将軍」を名乗った。だが、京都には入れず堺《さかい》にあったので、「堺幕府」といわれる。さらに義維の子で、阿波平島《ひらしま》生まれの義栄《よしひで》は、なんとか、一四代将軍としての将軍宣下を得たが、やはり京都を目前に、織田信長に担がれた足利義昭《よしあき》に取って代わられ、摂津《せっつ》で死去した。その遺骨は父の義維により阿波に持ち帰られ葬られた。以後、義栄の弟・義助《よしすけ》の子孫が現地に残って平島（阿波）公方と呼ばれた（四一ページ系図参照）。

三好《みよし》氏を討って阿波の支配者になった長宗我部《ちょうそかべ》氏は、平島公方の領地には手をつけなかった。しかし、秀吉による四国征伐ののち阿波の領主となった蜂須賀《はちすか》氏は、これを冷遇し、姓も足利から平島に変えさせてしまった。江戸時代も終わりに近づいた一八〇五年、第九代阿波公方義根《よしね》は、代々三百年近くも過ごした阿波の国を去り、紀州を経て京都に戻り、足利家の菩提《ぼだい》寺である等持院《とうじいん》の世話になることに

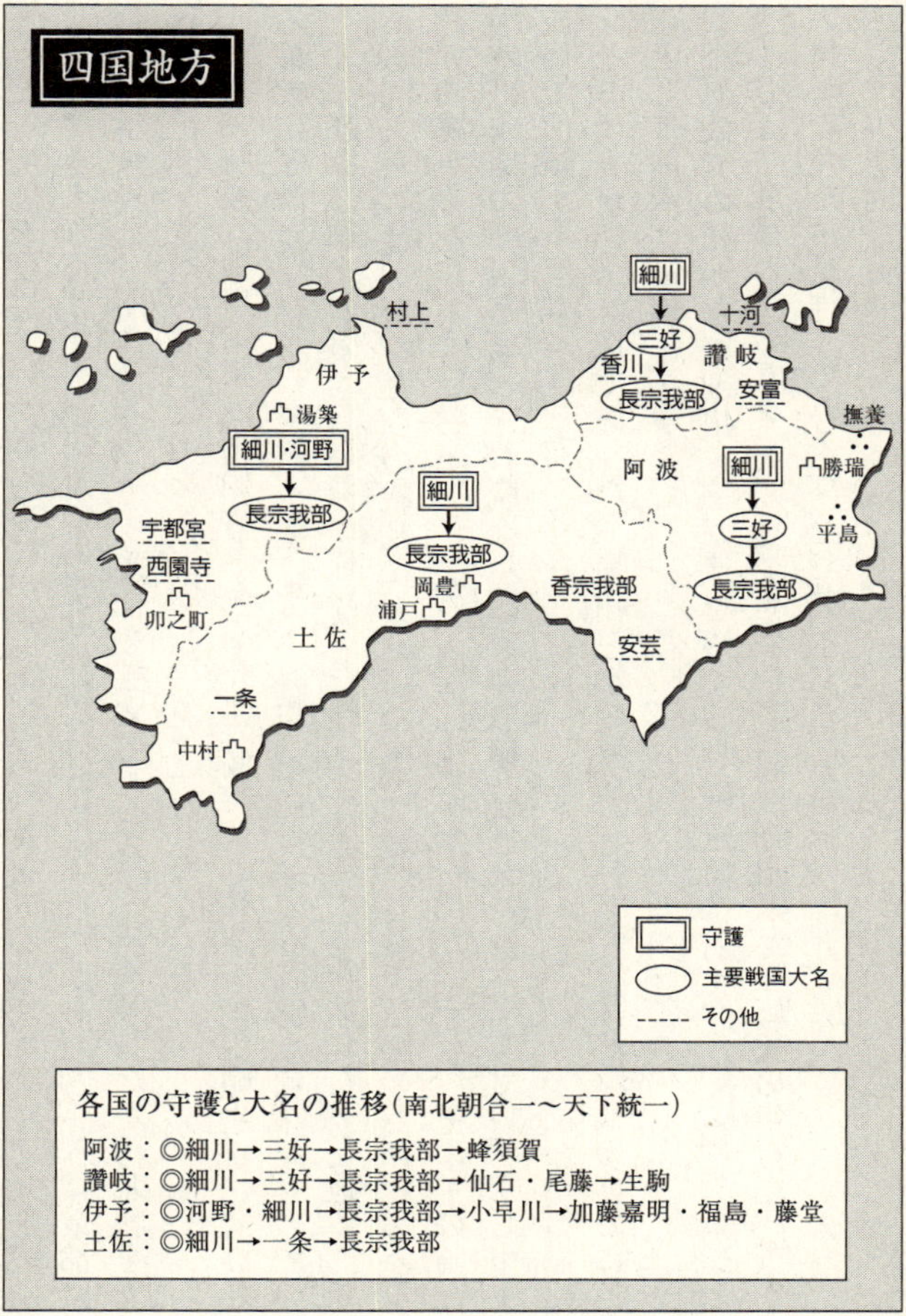

各国の守護と大名の推移(南北朝合一〜天下統一)

阿波：◎細川→三好→長宗我部→蜂須賀
讃岐：◎細川→三好→長宗我部→仙石・尾藤→生駒
伊予：◎河野・細川→長宗我部→小早川→加藤嘉明・福島・藤堂
土佐：◎細川→一条→長宗我部

なった。庇護《ひご》を受けていた徳島藩に、一〇〇石の扶持《ふち》を五〇石増やしてくれと嘆願《たんがん》しても聞き入れられず、徳島藩のあまりの冷たさに絶望したからだという。京都に移った平島氏は、明治になって、爵位《しやくい》を与えられるべく猛運動したが、北朝を支援した足利一族への悪感情もあって願いはかなえられなかった。

また、阿波は細川宗家《そうけ》の創始者ともいえる義満《よしみつ》時代の管領《かんれい》・細川頼之《よりゆき》が、若いころ最初に守護となり勢力を蓄えた土地で、細川家にとっても特別な意味をもっていた。守護は、頼之の弟・詮春《あきはる》の子孫がつとめ、「下屋敷《しもやしき》」と呼ばれた。在地領主である国人たちは、たびたびの戦乱にも細川の主力部隊として活躍したが、管領・政元《まさもと》の跡を争った三人の養子の一人が、阿波守護家から出た澄元《すみもと》で、その子の晴元《はるもと》も室町末期の細川宗家、いわゆる京兆家《けいちょう》の惣領《そうりよう》となり、国人たちも自ずから中央政局で活躍することとなった。

その代表が、三好氏であった。信州《しんしゅう》・小笠原《おがさわら》氏の一族で、鎌倉時代の初めに地《じ》頭《とう》として阿波三好郡に土着した。

細川政元の死からの細川・三好氏をめぐる合従連衡《がっしょうれんこう》はあまりにも複雑なので、ここでは、京都の立場でなく、枝葉を落として阿波細川家と三好氏の視点で、天下の情勢変化を再整理してみよう（六五ページ系図参照）。

〈三好家系図〉

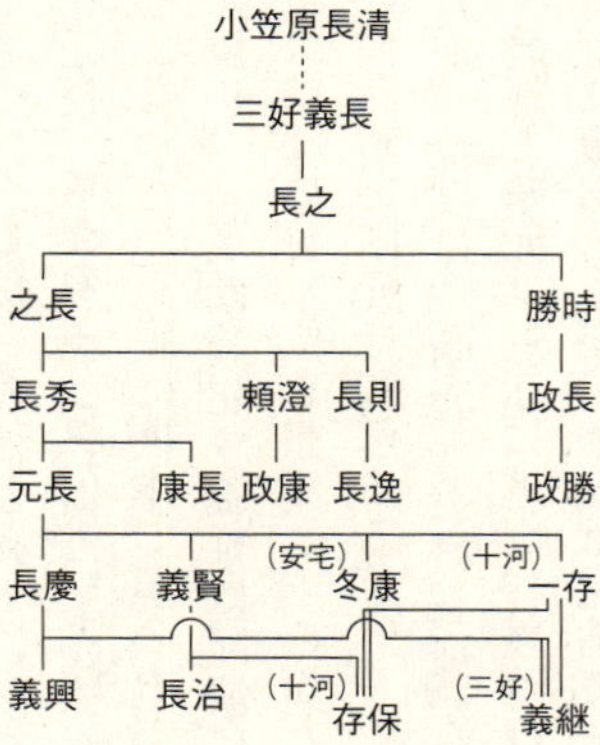

細川・三好家からみた戦国史

「半将軍《はんしょうぐん》」というほどの権力を振るった細川政元がとった三人の養子は、縁組みの順序からいうと、野州《やしゅう》（下野《しもつけ》のこと）細川家の高国《たかくに》、九条家から来た澄之《すみゆき》、阿波細川家の澄元だった。澄之が後継者とみられていたが、政治状況の変化のなかで利用価値がなくなり、政元の気持ちも澄元に傾いたとみられた。そのため、あせった澄之派（讃岐《さぬき》の香西元長《こうざいもとなが》ら）は、政元を暗殺した。この政変で澄元は近江に逃げたが、高国が首尾よく澄之や香西元長を成敗した。

そこで、澄元が帰洛《きらく》して京兆細川家（管領家）を嗣いだが、高国は周防《すおう》の大内義興《よしおき》のもとに亡命していた前将軍・義稙を迎えて将軍に復帰させたので、当時将軍だった義澄《よしずみ》は近江に、澄元は阿波に逃げた。約十年ののちに、澄元は三好之長《ゆきなが》（長慶《ながよし》の曾祖父）らと上京し、高国を近江に逐《お》った。だが、高国は再上洛し、之長は自害、澄元は阿波に逃げ死亡、ついで義稙も阿波に転じてそこで亡くなった。

高国は、将軍義澄の遺児で、赤松氏にかくまわれていた義晴を呼び寄せて将軍とした。その六年後、義稙の養子になった義維《よしつな》（堺公方）と澄元の子の晴元、それに三好元長《もとなが》（長慶の父）らが堺に上陸、将軍義晴と高国は近江に逃げ、京都には誰もいなくなった。高国は摂津で堺公方支持派と戦って戦死したが、堺公方支持派は内部分裂し、元長は敗死。義維は阿波に帰り、義晴と晴元が和解して政権を取った。義晴は義輝《よしてる》に将軍位を譲ると、こんどは高国の後継者である氏綱《うじつな》と組むが、のちにまた、義晴と晴元は和解する。

だが、今度は、晴元と三好長慶が対立したため、長慶と氏綱が組んで入京。義晴・義輝と晴元は近江に逃げ、義晴はそこで死んだ。やがて、義輝は長慶と和解して京都に復帰したが、晴元は見捨てられ、氏綱が最後の管領になった。ほどなく氏綱が、そして長慶が死に、そのあとには、長慶の後継者である義継《よしつぐ》と、一族・家臣の松永久秀《ひさひで》、三好三人衆が残されたが、彼らは自立を狙って蠢《うごめ》く将軍義輝を邪魔者扱いして殺した。

足利義昭（義輝の弟）と織田信長が上洛したのはこの混乱のなかであって、義継と久秀は信長についたが、久秀と対立するようになっていた三好三人衆は、義維の子である義栄《よしひで》をかついで将軍にした。しかし、義栄は入京を果たせないまま死んだ。

義昭と信長の政権のもとで、細川晴元の子の昭元《あきもと》は信長の妹でお市《いち》の同母姉であるお犬《いぬ》の方と結婚し、落ちぶれながらも天下統一後まで生き延び、子孫は三春《みはる》（福島）藩士となった。そして、長慶の養子の義継は、信長から河内半国と若江《わかえ》城を与えられたにもかかわらず、義昭をかくまったため、攻められ自害したことは、大阪の項で紹介したとおりだ。

三好三人衆についてはワンセットで語られることが多いが、三好政康《まさやす》、長逸《ながゆき》、岩成友通《いわなりともみち》の三人である。政康は一説によると秀吉・秀頼《ひでより》に仕え大坂夏の陣で戦死。長逸は本願寺と組んで信長に執拗《しつよう》に抵抗したが、最後は消息不明となる。岩成友通は、義昭に呼応して信長と戦うなかで淀城で細川藤孝《ふじたか》（幽斎）に攻め滅ぼされた。

第一章でも書いたように、大内義興と三好長慶は、信長の上洛に先立ち、同じように大軍で京都を制し、天下を治めたのである。信長が先達《せんだつ》たちの成功と失敗から何を学び、成功したかは、第八章のテーマである。

蜂須賀小六は阿波の殿様ではない

阿波に話を戻すと、三好長慶には義賢《よしかた》（実休《じっきゅう》）、安宅冬康《あたぎふゆやす》、十河一存《そごうかずまさ》という弟がいて、彼らが阿波・讃岐・淡路など本拠地を固めていた。また、対岸のルネサンス都市堺をも支配下に置いて繁栄させた。

長慶の死後、阿波では足利義維の将軍擁立に消極的だった弟の義賢が、積極派の守護・細川持隆《もちたか》（澄元の甥）を自害に追いやり、美貌《びぼう》で知られた持隆の側室の小少将《こしょう》を自らの夫人とした。

その後も、三好氏と細川氏は対立したが、最後は、讃岐十河氏に養子に行っていた義賢の子の十河存保《まさやす》が、一五八二年、細川真之《さねゆき》を死に追い込んで阿波細川家を滅ぼし、長宗我部氏の進出に対抗した。しかし、中富川《なかとみがわ》の合戦によって壊滅的な打撃を受け、存保は讃岐に逃れた。

長慶の叔父にあたる康長《やすなが》は、松永久秀が滅びたことで織田信長に属するようになった。康長は、阿波を拝領することを約束されて四国制圧に出陣したが、本能寺の変が起きたため引き上げた。のちに、豊臣秀次《ひでつぐ》を養子として、名跡《みょうせき》を譲ったのは彼である。

三好家のなかには、信長・秀吉政権で生き残り、江戸時代には旗本になったものもいる。

秀吉の四国遠征後、阿波は蜂須賀小六《はちすかころく》こと政勝《まさかつ》の子、家政《いえまさ》に与えられた。蜂須賀家は、大坂夏の陣ののち淡路一国も拝領し、明治になるまで存続した。政勝は阿波には入部《にゅうぶ》していないので、徳島藩の藩祖は家政である。だが、蜂須賀家にとっては政勝が初代であり、徳島城に銅像を建てるとき、地元は家政のつもりだったのに、蜂須賀家の強い要望で政勝に変更されたといったこともあった。

細川氏の本拠は藍住《あいずみ》町の勝瑞《しょうずい》城だったが、蜂須賀家政が、徳島《とくしま》城を築いた。当時、吉野《よしの》川本流はもっと北を流れていたが、これを城下に近いところに流し込んで交通の便の向上を図ったのである。ちなみに、その旧本流と現本流の分岐点が、環境保護で話題になった吉野川第一〇堰《ぜき》である。

戦国観光案内　三好氏の本拠である勝瑞城館跡（藍住町）は発掘が進み史跡に指定されている（JR高徳線勝瑞駅）。平島公方については阿南市立阿波公方・民俗資料館がある（JR四国牟岐《むぎ》線西原《にしばら》駅）。徳島城跡には、徳島市立徳島城博物館があるが、建物は御殿《ごてん》を復元したもので全国屈指。

香川

満艦飾の甲冑で秀吉の勘気を解いた謎の武者

秀吉の小田原《おだわら》攻めのとき、甲冑《かっちゅう》に鈴《すず》をたくさんつけて勇猛に戦う謎の武者が現れ、たいへんな人気を博《はく》した。秀吉が何者かと聞くと、九州攻めでの不手際によって改易された讃岐の国主・仙石秀久《せんごくひでひさ》だった。秀吉は、このような派手な演出や、理屈を言う前にまず行動するのが好きな男である。ただちに復帰を許して、信濃小諸《しなのこもろ》五万石の大名に取り立てた。

同じように活躍の場を得て名誉挽回《ばんかい》を図ろうとした尾藤知宣《びとうとものぶ》という男がいた。秀吉の股肱《ここう》の臣だったが、やはり、勘気《かんき》を被って浪人していたのである。なんとか復活をと思い、かつての家来を集め、秀吉に拝謁《はいえつ》を乞うた。何度も断られたが、奥州《おうしゅう》攻めの帰路、ようやくその機会を得た。ところが、秀吉の奥州仕置策《しおきさく》の誤りを説いて自分にまかせろと懇願《こんがん》したために、態度が悪いとして、その場で打ち首にされてしまった。

秀吉ならではの人心掌握《しょうあく》術にうまく乗った秀久と、乗れなかった知宣の差なのだが、この二人がみた天国と地獄には釈然としないものがある。

秀吉は四国遠征で長宗我部《ちょうそかべ》氏を下すと、土佐《とさ》はそのまま旧敵に安堵してやり、伊予《いよ》は小早川隆景《こばやかわたかかげ》、阿波は蜂須賀家政《はちすかいえまさ》、そして、讃岐では十河存保《そごうまさやす》に東部を安堵し、淡路《あわじ》にあって長宗我部攻略の最前線で戦った仙石秀久を西部に配した。そして、この秀久が、因縁のライバル同士である十河存保や長宗我部元親《もとちか》といった四国連合軍を率い、豊後《ぶんご》の大友《おおとも》氏救援に向かった。

　このとき、秀吉からの指示は、府内《ふない》（大分）城を守るために持久戦に持ち込めということだったらしい。しかし、功をあせった秀久は、十河存保や長宗我部元親が揃って反対するのを押し切って戸《へ》次川《つぎがわ》を渡河した。島津《しまづ》軍はいったん引き下がって陣形の奥深くまで秀久軍を引き込み、挟み込むように反撃したので、十河存保や長宗我部信親《のぶちか》（元親の嫡子）が討ち死にした。仙石秀久はなんとか戦場を脱出したが、秀吉から叱責され、高野山《こうやさん》に入った。これが戸次川の戦いである。豊臣秀吉の九州遠征に先立つ前哨戦《ぜんしょうせん》に過ぎないが、四国、とくに讃岐の歴史においては、大事件なのである。

　その翌年、今度は、秀吉自身が出馬しての島津攻めのとき、丸亀《まるがめ》城主だった尾藤知宣は、日向《ひゅうが》根《ね》白坂《じろざか》の戦いで味方の救援を行わず見殺しにし、やはり取り潰されてしまった。

　こうして仙石、十河、尾藤という三人の領主が消えてしまった讃岐には、生駒《いこま》親正《ちかまさ》が入ることとなり、黒田如水《くろだじょすい》の助言を得て高松城を築いた。親正は、織田信長の第二夫人で信忠《のぶただ》や信雄《のぶかつ》の母だった吉乃《きつの》の縁者《えんじゃ》である。

戦死した十河存保には遺児千松丸《せんまつまる》があって、生駒親正に預けられていたが、十四歳のとき、毒殺された。誰しも親正に消されたと考えたのは当然である。存保には存英《まさひで》という子もあって、大坂夏の陣で西軍に与《くみ》して敗死したという。

細川管領家の直轄領

讃岐は阿波とともに細川氏のもっとも強固な地盤である。中興《ちゅうこう》の祖である頼之《よりゆき》が三代将軍義満《よしみつ》に疎《うと》まれて隠棲したのも讃岐の宇多津《うたづ》であり、その後も、宗家である京兆《けいちょう》家が守護をつとめた。京兆家の当主は京都にいるため、守護代にまかせられた。守護代は、東部が安富《やすとみ》氏で西部が香川《かがわ》氏であった。守護所は瀬戸大橋《せとおおはし》の入り口にあたる宇多津にあり、安富氏の居城は寒川《さんがわ》郡雨滝《あまたき》城、香川氏のそれは多度《たど》郡天霧《あまぎり》城であった。さらに、国人のなかで、高松市西部を地盤とする香西《こうざい》氏が強力な存在となってきた。

讃岐の武士たちも、阿波と同様に京都周辺での戦いに駆り出されることが多かったが、細川政元《まさもと》の相続をめぐって、香西元長《もとなが》は主君である政元を殺し、後継に九条家から養子となっていた澄之《すみゆき》を擁立した。だが、元長が阿波守護家出身の澄元《すみもと》を推した阿波勢に敗れて敗死したのは、すでに書いたとおりである。

こうしたなかで、香西氏に圧迫された東部の勢力は阿波の三好氏と接近し、十河氏は、三好一存《かずまさ》、ついで存保を養子に迎えて支配下に入った。そして、三好氏がほぼ讃岐全域を制圧する情勢のなかで、地元では土佐の長宗我部氏と連携する動きも出て、長宗我部氏が一五七八年にはだいたい西讃《せいさん》を押さえ、一五八四年には、十河氏も逐《お》うことに成功した。

秀吉の四国制圧は、形としては、逐われた阿波の三好氏や、讃岐の十河氏などの要請を大義名分《たいぎめいぶん》として行われたものである（九七ページ系図参照）。

その後、領主となった生駒氏は、江戸時代になって、重臣たちが二派に分かれて争った「生駒騒動」で改易され、出羽矢島《でわやしま》に移された。一時は旗本扱いされたが、明治初年に諸侯《しょこう》として復活し、男爵になった。生駒氏改易後、高松には水戸《みと》家分家の松平氏が、丸亀《まるがめ》にはしばらくして京極《きょうごく》氏が入った。婆娑羅《ばさら》大名・佐々木道誉《どうよ》の子孫である（七三ページ系図参照）。

戦国観光案内　高松城跡は埋め立てがあまりされていないので水城《みずじろ》の雰囲気がよく残る。天守閣復元運動が進められている。香川県立ミュージアムや市歴史資料館があるが、源平《げんぺい》時代と江戸時代が中心。丸亀城天守閣には京極氏についての展示あり。

宇多津の円通寺《えんつうじ》・多聞寺《たもんじ》は細川頼之居館《きょかん》跡。

高知

長宗我部氏は一条氏を滅ぼさなかった

戦国時代の終わりごろ、土佐を支配していたのは、中村《なかむら》にあった一条《いちじょう》氏などを倒して四国を制覇した長宗我部《ちょうそかべ》氏だと信じられている。ところが、実は一条氏もしっかり健在で、秀吉の時代でも官位など長宗我部氏より上だったようである。

土佐の一条氏は、五摂家の一条氏の末流《まつりゅう》などではない。れっきとした宗家の嫡子が、荘園のあったこの地に移り、その晩年に生まれた忘れ形見《がたみ》が土着化したのである。関白太政大臣もつとめた一条兼良《かねよし》は、応仁《おうにん》の乱を避けて南都《なんと》興福寺《こうふくじ》に移り、嫡男の関白左大臣だった教房《のりふさ》は土佐へ移って対明《みん》貿易なども始め、中村の人たちにたいへん慕《した》われた。

教房のあと京都の一条氏は弟の冬良《ふゆよし》が嗣いだが、教房には五十三歳のときに土佐でもうけた男子があった。教房はこの子を仏門に入れることを遺言したが、国人たちの希望もあり、一四九四年、元服して房家《ふさいえ》と名乗り、左《さ》近衛少将《こんえのしょうしょう》に叙任された。

〈一条家系図〉

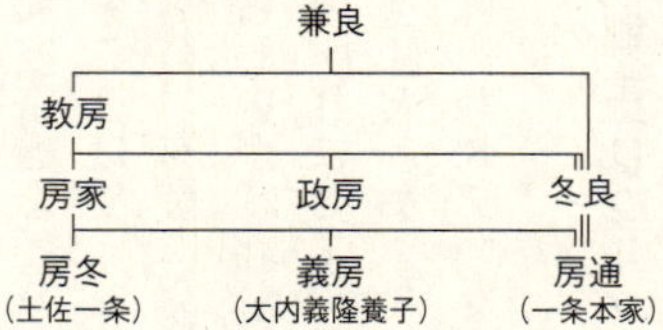

さらに、一五一六年には、房家の子の房通《ふさみち》が一条宗家を嗣ぐことになったので、房家は房通を連れて京都へ上り、自らも権大納言となった。このとき、房家の裕福さは貧乏暮らしを強《し》いられてきたほかの公家たちの羨望《せんぼう》の的であったという。

室町時代の土佐の守護は京兆《けいちょう》細川家で、一族の者を守護代として派遣してきたが、中央での混乱のために土佐の統治に十分に力を注げなくなっていた。そうした変化のなかで、守護所に近い長岡《ながおか》郡岡豊《おこう》城（南国市《なんこくし》）を本拠として台頭してきたのが、長宗我部氏である。しかし、吾川《あがわ》郡の本山《もとやま》・吉良《きら》氏、香美《かみ》郡の山田《やまだ》氏、高岡《たかおか》郡の大平《おおひら》氏らの連合軍に攻められ（一五〇八年）、遺児となった長宗我部国親《くにちか》は一条房家に庇護《ひご》を求めた。房家は国親を養育し、のちに岡豊城に復帰させた。また、高岡郡における国人たちの争いに介入し、郡内を事実上の支配下に置くことにも成功した。

そののち、一条氏は名門であることを生かして周防《すおう》の大内氏や豊後《ぶんご》の大友氏と縁組みし、これと組んで伊予宇和《いようわ》郡の西園寺《さいおんじ》氏などを攻めた。だが、長宗我部氏も東部で安芸《あき》氏を滅ぼし、西部でも、かつて世話になった一条氏を凌駕《りようが》するようになってきた。

しかも、一条房通の子の兼定《かねさだ》が暗愚《あんぐ》だったために、家来たちに追放され、それを嗣いだ内政は長宗我部氏の居城に引き取られてしまった（一五七四年）。兼定は岳父の大友宗麟《そうりん》を頼り、キリシタンに改宗し、復帰を狙って兵を挙げたが、望みをかなえることはできなかった。一方、内政《ただまさ》は長宗我部元親の婿《むこ》となり、それなりに遇されたが、内紛に関与して追放され、その子の政親《まさちか》は関ヶ原の戦いののち畿内に移ったらしいが、詳しい消息は不明である。

いずれにせよ、長宗我部氏にとっても、貴種《きしゆ》である一条氏を身内に抱えることの利点は大きかったらしく、北条氏が最後まで古河公方《こがくぼう》を温存したのと同じように大事に扱われていた。

「郷士」はブルジョワ的市民層

長宗我部元親は、土佐を統一したのち、阿波攻略に乗り出し、伊予や讃岐にも侵入した。元親は織田信長と誼《よしみ》を通じることに意を配り、明智光秀《あけちみつひで》の重臣で春日局《かすがのつぼね》の父である斎藤利三《さいとうとしみつ》の妹を妻に迎えもしていた。信長は、「元親は、鳥なき島の蝙蝠《かわほり》（こうもり）である（たいしたことはないが他の大名たちが弱いので成功している）」などと言ったらしいが、とりあえずは、誼を求めているのだし、伊予で毛利氏と争ってくれているのも好ましかったので、勢力拡大を容認した。

だが、讃岐の十河氏らの三好一族が救援を求めてくると、信長はそちらについた。彼は畿内に根強い勢力をもつ三好勢には、大いに利用価値を認めていたのだ。そして、神戸信孝《かんべのぶたか》、丹羽長秀《にわながひで》、津田信澄《つだのぶすみ》らに四国攻めを命じ、兵を大坂に集めたところで、本能寺の変が起き、沙汰《さた》やみになった。そのため、光秀謀反の首謀者は斎藤利三であって、妹の嫁ぎ先救援が真の目的だったという人もいるが、動機のひとつとしてなら荒唐無稽《こうとうむけい》でもあるまい。

元親は一五八五年には、河野《こうの》氏を屈服させて四国を統一したのだが、このころには、河野氏の後ろ盾となっていた毛利氏と秀吉が友好関係になっていた。このため、河野・三好氏らの旧勢力と、豊臣・毛利両氏が組んだ連合軍が押し寄せ、元親はほとんどなすすべもなく降伏し、土佐を安堵される。

このとき「四国の田舎《いなか》侍は、秀吉軍の装備に圧倒された」とよくいわれるが、戦国時代を通じて、四国武士たちは畿内での戦闘部隊の中核だったのだから、そんなことは考えにくい。

元親は秀吉の命令で九州、小田原、朝鮮に出兵するが、豊後戸次川《ぶんごへつぎがわ》の戦いで嫡男信親《のぶちか》を失ったことは痛恨《つうこん》の極みだった。元親は居城を岡豊《おこう》から高知に移そうとしたが、治水技術が未熟で失敗し、海岸寄りの浦戸《うらど》をとりあえずの居城とした。

元親の子の盛親《もりちか》は、関ヶ原の戦いで西軍に属して改易され、一時、京都で寺子屋を経営していたが、土佐復帰を狙って参加した大坂夏の陣で敗れ六条河原《ろくじようがわら》で斬られた。

土佐には、掛川《かけがわ》城主・山内一豊《やまうちかずとよ》が移った。関ヶ原の戦いの前夜、率先して、居城を全面的に徳川軍に明け渡して使用させる申し出をしたのが評価されたのだ。入国した一豊は、土豪たち二七三名を浦戸城内に招待し、まとめて殲滅《せんめつ》した。だが、名家老・野中兼山《のなかけんざん》は、彼らの残党に未開地の開拓に当たらせ、郷士《ごうし》として遇したので、彼らは知的レベルの高い西欧的なブルジョワ的市民層に近い存在となった。幕末の動乱に、土佐が層の厚い人材を供給できたのは、この野中兼山の政策のおかげである。

武士とその他を厚い壁で遮《さえぎ》ると、武士は安穏《あんのん》とし、庶民は自分のことしか考えなくなる。そうした体制からは、新しい時代を創《つく》る活力は出てこないのだ。

戦国観光案内 南国市の岡豊城跡は高知県立歴史民俗資料館の一部となり、よく整備されている（高知からバスあり）。四万十《しまんと》市（旧中村市）には一条神社、不破《ふば》八幡宮などがあり、旧暦の七月十六日に行われる「大文字《だいもんじ》の送り火」ともども小京都《しょう》らしい風情がよく残る。

愛媛

「急用である。静かに書け」と言った小早川隆景の知恵

伊予《いよ》の国は四国最大の大国だが、松山《まつやま》藩は高知、徳島、高松の各藩と比べれば少ない一五万石でしかない。室町時代にあっても、守護をつとめていた河野《こうの》氏の支配は、伊予全土に及んだわけではない。そんな伊予の歴史のなかで、最大の殿様は、一五八五年の秀吉による四国制圧から九州遠征までの二年間だけ支配者だった小早川隆景《こばやかわたかかげ》で、三五万石ほどの大領主だった。

小早川隆景は毛利元就《もとなり》の三男だが、勇猛さで知られた兄の吉川元春《きつかわもとはる》とひと味違って、行政や外交面で才能を発揮した。秀吉の五大老も、最初は上杉景勝《うえすぎかげかつ》は入らず、小早川隆景が毛利輝元《てるもと》とともに名を連ねていた。秀吉は、東日本は徳川家康に、西日本は小早川隆景にまかせておけば安泰《あんたい》とまで言った。織田信長よりひとつ年上の隆景の死により東西日本のバランスが崩れてしまい、そのつけは、現在の東京一極集中にまで及んだといえば言い過ぎだろうか（一三二ページ系図参照）。

黒田如水《じょすい》は、隆景が死んだとき、「この国に賢者はいなくなった」と嘆《なげ》いたというが、隆景も「自分は黒田殿ほど早く判断はできず、同じような結論に、じっくり考えて達する。だが、後悔することは少ない」と言っていた。右筆《ゆうひつ》に火急《かきゅう》の用件を書かせるとき、「急用である。静かに書け」と諭《さと》したとか、「分別《ふんべつ》に肝要であるのは仁愛《じんあい》である。仁愛により分別すれば、万が一、理に当たらないことがあっても、そう大きな誤りにはならない」などは、味わい深い言葉だ。

参勤交代で溺死者を出した水軍の末裔

道後《どうご》の湯築《ゆづき》城を本拠とした河野氏は、藤原純友《すみとも》の乱や源平の戦いでも活躍した水軍一家であるが、承久《じょうきゅう》の変（一二二一年）で一門の多くが上皇側に与《くみ》して勢力を失った。時宗《じしゅう》を創始した一遍《いっぺん》上人はそういう時代にこの一族から出ている。のちに、足利尊氏に従い、伊予最大の勢力を回復した。

ただし、一時、細川頼之《よりゆき》などが守護をつとめたこともあり、東部の宇摩《うま》郡と新居《にい》郡には讃岐の細川氏が分国守護として残った。南部の喜多《きた》郡の宇都宮《うつのみや》氏や宇和郡の西園寺《さいおんじ》氏も独立性が強かった。そこに、大内氏や大友氏、それに土佐中村の一条氏も介入して、河野、宇都宮、西園寺三氏の合従連衡が複雑に展開していった。

西園寺氏の本拠は、いまは西予《せいよ》市となった東宇和郡卯之町《うのまち》である。大洲《おおず》から宇和《うわ》島《じま》に抜ける山間の美しい町だ。西園寺氏は、源頼朝《よりとも》の縁者だったことから、鎌倉時代には関東申次《もうしつぎ》として権力を振るい、太政大臣まで出したこともある。宇和地方の荘園も鎌倉時代に橘《たちばな》氏から強引に奪ったものである。一族のなかには南北朝時代にこの地に移ったものがあり、宇和郡の領主として力を振るった。だが、一五八四年に西園寺公広《きんひろ》は長宗我部《ちょうそかべ》氏に属し、こんどはすぐに秀吉に降《くだ》ったが、新領主としてやってきた戸田勝成《かつしげ》に謀殺された。

一方、河野氏は、厳島《いつくしま》の戦いにも兵を出すなど、毛利氏と友好関係にあった時期が長かったが、結局は長宗我部氏に屈服した。秀吉の四国遠征のときには妻の叔父である小早川隆景の攻撃を受け、降伏勧告を受けて降った。居城だった湯築城には隆景が入ったため、河野通直《みちなお》は居候《いそうろう》のような形になったらしいが、彼は隆景の筑前《ちくぜん》移封のときに小早川氏の本拠である安芸《あき》国竹原《たけはら》に移り、そこで没して河野氏は滅んだ。

ちなみに、江戸大名のなかで、美濃《みの》出身である稲葉《いなば》氏と一柳《ひとつやなぎ》氏は、もともと、河野氏の流れだった。

四国の土豪出身でただ一家だけ江戸大名として生き残ったのが、村上《むらかみ》水軍の一派で河野氏に属していた久留島《くるしま》氏である。河野氏の娘婿だった通康《みちやす》が河野氏を嗣ぐという話が途中で破談《はだん》となったこともあって、秀吉と通じるようになり、朝鮮戦役でも活躍した。関ヶ原では三成《みつなり》方の西軍に属したが、東軍に属した福島正則《ふくしままさのり》の縁戚だったこともあって、豊後森藩《ぶんごもり》一万石という山間の小大名として命脈《めいみゃく》を維持した。だが、参勤交代の途中に難破《なんぱ》事故で溺死《できし》者を出し、「陸《おか》に上がった河童《かっぱ》」と笑い者になった。

さて、小早川隆景移封ののち、伊予には、福島正則、加藤嘉明《かとうよしあき》、藤堂高虎《とうどうたかとら》らが入れ替わり立ち替わり在国したが、このうち藤堂高虎は宇和島、今治《いまばり》、大洲《おおず》の三つの城を近代的な城郭として変身させた。

松山城は、加藤嘉明が心血注いで築いたものだが、完成を間近にして、会津若松《あいづわかまつ》に移された。あとには、蒲生《がもう》氏が二四万石で入ったが二代で断絶し、松平（久松《ひさまつ》）氏が一五万石で入って幕末までこの地を統治した。

戦国観光案内　河野氏の本拠だった道後《どうご》には湯築城資料館ができて武家屋敷が復元され、中世武士の生活を再現した充実した展示がある。西園寺氏の本拠だった卯之町（西予市）には、愛媛県歴史文化博物館がある。

兵庫

将軍を殺した赤松氏を復活させた秘策

兵庫県は、播磨《はりま》、淡路《あわじ》、但馬《たじま》、それに丹波《たんば》と摂津《せっつ》の一部からなるが、南海道《なんかいどう》に属する淡路は徳島の項で、丹波や摂津はそれぞれ京都や大阪の項で、但馬は同じ山名《やまな》氏領国の鳥取の項で扱いたい。そして播磨は、この時代の感覚では、むしろ中国地方の一部であった。

「三種の神器がないと本物の天皇といえない」などという気持ちは現代人には理解できないものだ。だが、あの太平洋戦争のときですら、米軍が伊勢《いせ》湾に上陸すれば、伊勢神宮にある八咫鏡《やたのかがみ》と、熱田《あつた》神宮にある草薙《くさなぎ》の剣《つるぎ》が危ういというのが、早期終戦の隠れた理由になったというくらいだから、原爆並みの威力があった。まして、中世の人々にとって、その恐ろしさは筆舌《ひつぜつ》に尽くせぬものだった。

都の真ん中で白昼堂々と将軍暗殺という悪事をしたにもかかわらず、その権威を利用してお家再興を果たしたのが、播磨の赤松《あかまつ》氏である。赤松氏は、村上源氏《むらかみげんじ》の一党で、鎌倉幕府が創建されたころ、播磨国佐用《さよう》郡の地頭として当地にやってきた。そのころは、宇野《うの》氏といったが、その末流が赤松氏を名乗った。南北朝時代に則村《のりむら》

中国地方東部

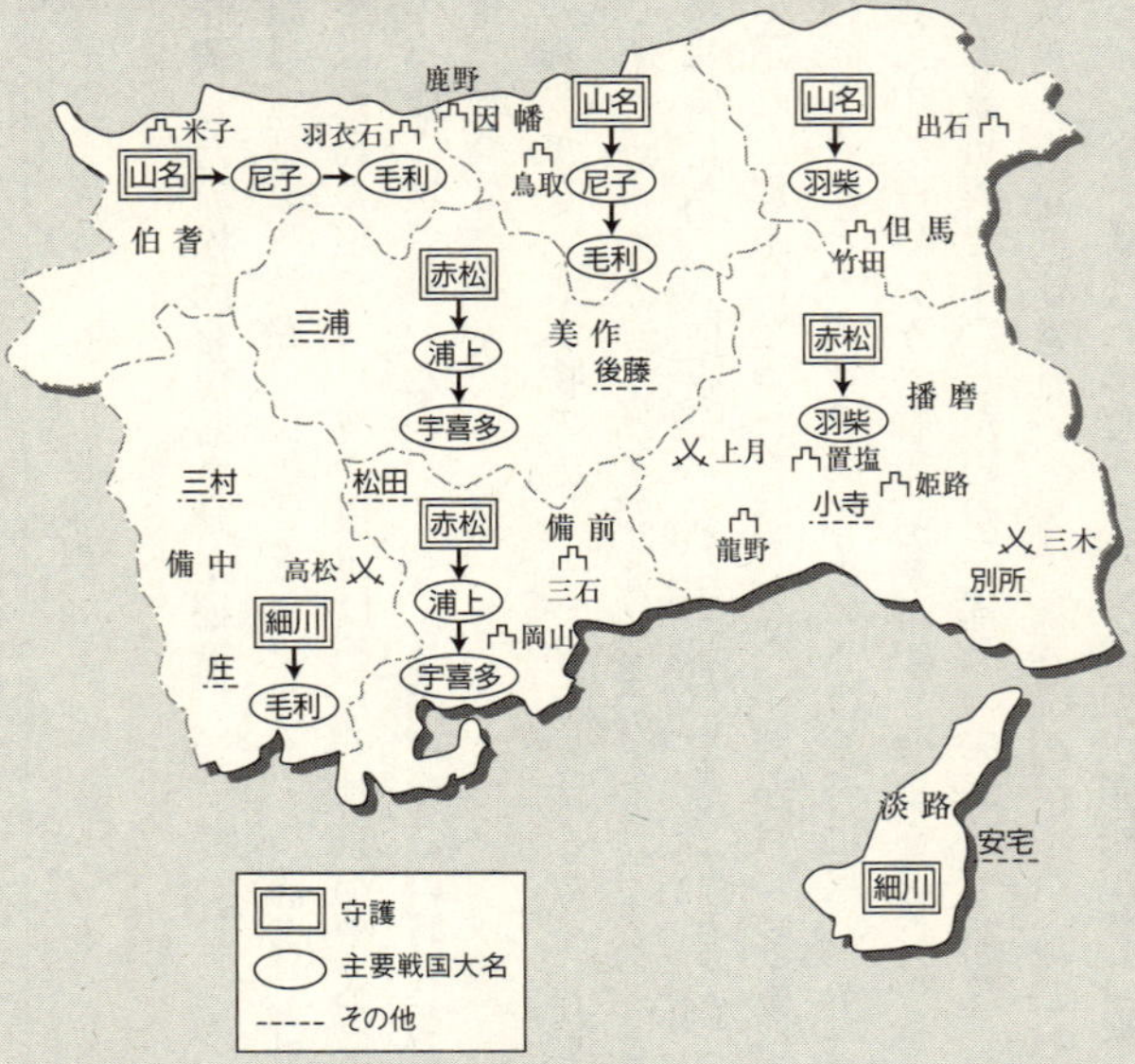

各国の守護と大名の推移（南北朝合一～天下統一）

播磨：◎赤松→小寺・別所・赤松→羽柴→木下
但馬：◎山名→羽柴→前野
淡路：◎細川→三好→仙石→脇坂
備前：◎赤松→浦上→宇喜多
備中：◎細川→毛利
美作：◎赤松→浦上→宇喜田
因幡：◎山名→尼子→毛利（吉川）→羽柴→宮部・亀井
伯耆：◎山名→尼子→毛利（吉川）

〈赤松・別所・有馬家系図〉

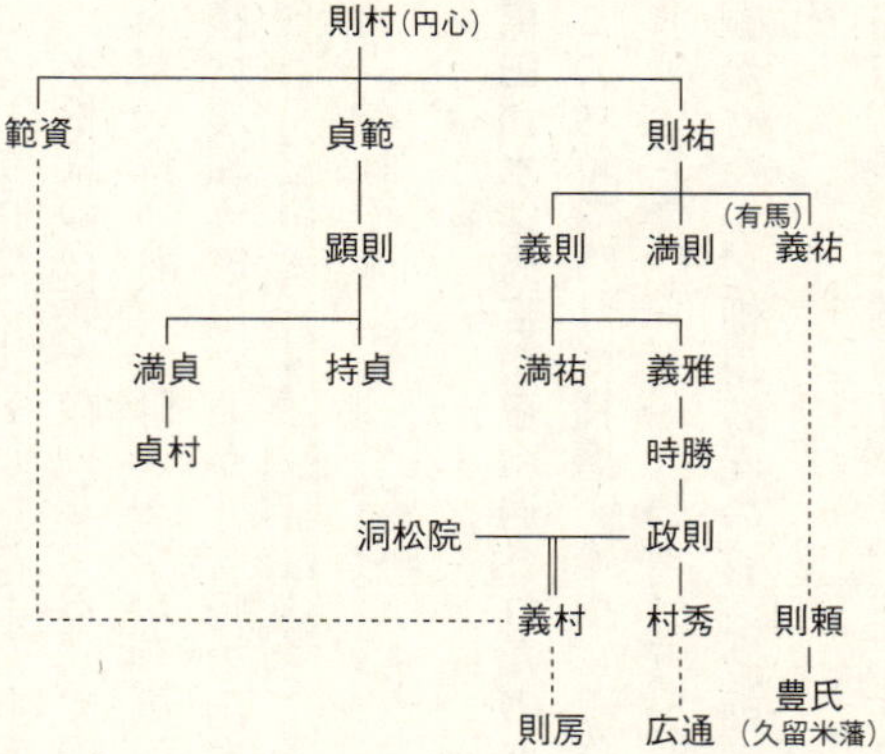

（円心《えんしん》）が活躍して播磨、備前《びぜん》、美作《みまさか》の守護を兼ねた。

六代将軍義教《よしのり》のころの満祐《みつすけ》は、日ごろから「三尺入道」などと容姿を面白おかしく揶揄《やゆ》されていた。その満祐は、有力大名を片っ端から排除する将軍義教が、お気に入りの赤松貞村《さだむら》に播磨、美作を与えるという噂《うわさ》を聞いて動揺した。そこで、西洞院《にしのとういん》二条にあった自邸に「鴨《かも》の子が池を泳ぐのが可愛いのでご覧いただきたい」と将軍以下、諸大名を招待し、義教を謀殺した。

大混乱になすすべもない幕閣《ばっかく》を尻目に、満祐は播磨に帰り、足利直冬《ただふゆ》（尊氏の子で直義《ただよし》の養子）の孫の義尊《よしたか》を担いで全国に檄《げき》を飛ばした。だが、応じる者はいなかった。義教が殺されたことは歓迎でも、怖いものがなくなった以上は、暗殺者など利用価値があろうはずがない。細川持常《もちつね》と山名持豊《もちとよ》（宗全《そうぜん》）らに攻められ、満祐は居城の城山城《きのやまじょう》（たつの市新宮町《しんぐうちょう》）で滅びた（嘉吉《かきつ》の乱。一四四一年）。

こうして播磨は山名氏に与えられたが、山名氏の勢力増長を牽制したい細川勝元《かつもと》は、赤松氏の復興を後押しする。その大義名分とされたのが、後南朝《ごなんちょう》によって宮中から奪い取られ、吉野にあった神璽《しんじ》の奪還である。嘉吉の乱で取り潰された赤松氏の復興を願う家臣たちが、吉野の山奥深く隠れていた後南朝に臣従すると偽《いつわ》って、小倉宮《おぐらのみや》の孫である自天王《じてんおう》・忠義王《ちゅうぎおう》の兄弟に取り入り、これを殺害。神璽を奪い返した（長禄《ちょうろく》の変。一四五八年）。

黒田如水は秀吉から冷遇されたのか

この功績で晴れて播磨、備前、美作の旧領を回復した赤松政則《まさのり》は、置塩城《おきしおじょう》（姫路市北部）を本拠とした。政則は応仁の乱で東軍にあって活躍した。一族の義村《よしむら》に跡を嗣がせたが、細川勝元の娘で政則の未亡人だった洞松院《どうしょういん》が実質上の国主として差配した。

一方、義村は備前守護代の浦上《うらがみ》氏と争って殺された。これによって赤松氏の守護としての権威は低下し、一族の小寺《こでら》氏（御着《ごちゃく》）や別所《べっしょ》氏（三木《みき》）などと同列のような小勢力になったが、これらの諸家は連合して織田信長に誼《よしみ》を通じ、浦上氏や毛利氏の脅威に備えた。羽柴《はしば》秀吉も播磨に入り、西部の上月城《こうづきじょう》には山中鹿之助《やまなかしかのすけ》らの尼子《あまご》残党を入れた。

ところが、三木城の別所長治《ながはる》が突然、毛利方に寝返った。対毛利戦の軍議に参加した別所氏家臣の意見が無視されて侮辱を受けたのが原因といわれるが、よく分からない。別所氏は三木城に二年間にわたって籠城した。その間、摂津の荒木村重《あらきむらしげ》が反乱を起こし、上月城の尼子勢は殲滅《せんめつ》され、別所氏と姻戚だった丹波の波多野《はたの》氏も立ち上がった。この攻城戦は二年も続き、名軍師・竹中半兵衛《たけなかはんべえ》が陣中で逝《い》ったのも秀吉にとって大きな打撃となった。

播磨を掌握した秀吉は、小寺氏の家臣で、織田側との連絡役・黒田如水《じょすい》（官兵衛《かんべえ》）の奨《すす》めに応じ、彼の居城だった姫路城《ひめじじょう》に入った。秀吉はここを根城《ねじろ》に、但馬、因幡《いなば》に進出し、備前の宇喜多直家《うきたなおいえ》を味方につけることに成功した。

本能寺の変のあとの戦いでは、秀吉は備中《びっちゅう》からいったん姫路に立ち寄って態勢を整えた。その後、姫路は、羽柴秀長《ひでなが》や寧々《ねね》の兄・木下家定《きのしたいえさだ》らの秀吉一族が城主となった。そして、関ケ原の戦いのあとは、家康の娘婿であった池田輝政《てるまさ》が入った。

輝政が築いた姫路城は、白い漆喰《しっくい》を多用して白く輝き、白鷺城《しらさぎじょう》と呼ばれるが、よく調べると、秀吉の築いた天守閣が小天守となっていたり、赤松氏の置塩城から移した城門があったりする。

名門・赤松家はどうなったかだが、宗家の赤松義祐《よしすけ》は秀吉のもと、置塩城一万石を維持し、藤原惺窩《せいか》を世に出したことで知られる一族の赤松（斎村《さいむら》）広通《ひろみち》は、但馬竹田《たけだ》城主となったが、いずれも西軍に属して自害した。一方、赤松一門で摂津国有《あり》馬《ま》郡にあった有馬氏は、久留米《くるめ》二一万石の大名に出世し、出世頭となった。

黒田家はもともと滋賀県長浜《ながはま》市に合併された木之本《きのもと》というところの出身で、近江《おうみ》源氏の一党である。それが備前に移り、そこから播磨にやってきた。また、家臣たちもだいたい備前や播磨の出身だ。黒田如水は、秀吉の知恵袋として活躍し、豊《ぶ》前中津《ぜんなかつ》で一二万石を得る。この石高は意外に小さいもので、秀吉にその才気を警戒されたといった見方もあるが、天下統一が実現に近づき、大きな領地を大盤《おおばん》振る舞いできるころには如水も少し年をとっており、年齢的な巡り合わせが悪かっただけのように思えるのだが、どうだろうか。少なくとも、官兵衛が豊前をもらった段階では、本能寺の変以前からの家臣のなかでは蜂須賀正勝《まさかつ》に次ぐ待遇だったのだ。

戦国観光案内　姫路には世界遺産・姫路城のほか、県立歴史博物館もある。全国の城の天守閣の模型が展示されていて必見。龍野《たつの》には、たつの市立龍野歴史文化資料館がある。山名氏本拠の此隅山《このすみやま》城跡（豊岡市出石《いずし》）も、見学しやすいように整備された。

岡山

二世代議士に似た宇喜多秀家

絶海の孤島である八丈島《はちじょうじま》には、新しい流人《るにん》や命令を伝えに来る役人を乗せた船くらいしか立ち寄らないのだが、福島正則《ふくしままさのり》の領国・安芸《あき》の国から、名物の酒を運ぶ江戸行きの船が、悪天候で八丈島付近に漂着してしまったことがある。

お役目で船に乗っていた侍が島を見物していると、痩《や》せて色は黒いが、どこか気品のある中年男が近寄ってきて、島に来た理由を問い、酒を運んできたことを知ると、宇喜多《うきた》中納言と名乗り、「杯《さかずき》を傾け故郷をしのびたいので分けてくれまいか」と乞《こ》うた。その侍はどうしてよいか迷ったが、哀れに思い、一樽《たる》を与えて、その旨《むね》を、江戸で主君の正則に報告した。正則が、「でかした！　もし与えなければ秀家《ひでいえ》はわしのことを吝嗇《りんしょく》者と卑《いや》しんだであろう」と、この家来を誉《ほ》めたのはいうまでもない。

この宇喜多秀家という人物、昨今のホームドラマ的な時代劇ではなかなかの人気者である。美人の誉《ほま》れ高い母親の於福《おふく》が秀吉の愛人になったため、秀吉は秀家に備《び》前《ぜん》・美作《みまさか》を安堵したとか、秀吉の養女として実の娘並みに可愛がられた、前田利家《としいえ》とまつの娘・お豪《ごう》の娘婿として選ばれた容姿端麗《たんれい》の貴公子だといった具合である。利発で美男でお洒落《しやれ》で文化的素養もあり、武芸も怠らなかった。朝鮮遠征でも、七世紀の白村江《はくすきのえ》の戦い以来、初の日中激突となった碧蹄館《へきていかん》の戦いの歴史的勝利の立役者でもある。五大老の一人にもなり、中納言にまで任じられた。だが、前田家からついてきた側近と国元の家臣団との折り合いは悪く、そこにキリシタンと備前でことのほか強力だった法華宗《ほっけ》の宗教対立まで絡んで内紛が起こり、関ヶ原の戦いの前夜には大量の脱藩者まで出てしまった。

関ヶ原の戦いではよく戦ったが、武運つたなく、薩摩《さつま》に亡命したのち、駿府《すんぷ》に出頭して八丈島に流された。お豪は金沢に帰されたが、前田家は幕末に至るまで、八丈島の子孫への仕送りを続けた。

秀家は、いってみれば、スマートだが、ややひ弱な二世代議士のような人物である。補佐役と環境がよければエリートコースまっしぐらだろうが、運が悪かった。もし、前田利家が長命で無事に豊臣秀頼《ひでより》の天下にでもなれば、秀家は豊臣政権を支える長老として重きをなしたはずである。

清水宗治の子孫は奇兵隊幹部から男爵になった

備前・美作は、赤松《あかまつ》氏が守護だったが、赤松満祐《みつすけ》が六代将軍義教《よしのり》を殺した嘉吉《かきつ》の乱で山名氏と交替し、また、赤松氏が復帰して応仁の乱を迎えた。その後、赤松氏の守護代として浦上《うらがみ》氏が播磨から乗り込み、国境に近い三石城《みついし》を本拠にこの国を統治《くみ》した。浦上氏は、守護の赤松氏の内紛にも関与し、対立もする一方、山名氏に与した備前の国人・松田《まつだ》氏や、尼子《あまご》氏の攻勢をよくしのいでいた。

だが、一五四〇年代になると、家臣の宇喜多直家《なおいえ》が台頭し、備前は東部の浦上、南部の宇喜多、西部の松田という三者鼎立《ていりつ》状態になった。このころ、直家は松田氏と組んで備中成羽《びっちゅうなりわ》の三村《みむら》氏を攻撃したのだが、十分に協力しなかったのを口実に松田氏を滅亡させた。さらに、織田、毛利両氏の台頭のなかで、浦上宗景《むねかげ》は織田寄りに傾いたが、直家は毛利氏と組み、主家である浦上氏を追放して備前を統一した（一五七六年）。しかし、しばらくして、織田の優位が明確になってくると、今度は織田方へと方針転換した。

この直家は、戦国武将のなかでも、最悪のワルの一人といわれる。権謀術数《けんぼうじゅつすう》は戦国の習いではあるが、やはり、それなりに大義名分をかかげ粉飾するのが普通である。だが、直家の行動は理屈も何もない。家来の金光《かなみつ》氏が領する岡山城が欲しくなれば、難癖《なんくせ》をつけてこれを滅ぼして奪う。美作の後藤《ごとう》氏には娘を嫁《とつ》がせ、油断したところを毒殺するといった具合だった。

宇喜多氏のあとには、小早川秀秋《こばやかわひであき》が岡山城主となったが、やがて、池田氏分家に与えられ、一族内での何度かの交替のあと、本家筋《すじ》が入り、名君・池田光政《みつまさ》を輩出した。岡山城は、姫路城と反対に真っ黒で「烏《う》城」と呼ばれ、天守閣は安土城を真似たものといわれる。

美作の三浦氏は、毛利氏に降《くだ》ったが、戦死した貞勝《さだかつ》の妻が宇喜多直家と再婚したために、遺児桃寿丸《とうじゅまる》は宇喜多家中で生きながらえた。だが、京都の地震で圧死した。

その後、美作は、森忠政《ただまさ》に与えられ、津山《つやま》城が築城された。幕末にあった松平氏は、菊池寛《きくちかん》の小説『忠直卿行状記』でも有名な忠直《ただなお》の子孫で、「福井《ふくい》ではなくこちらが本家」と言い張るほど誇り高かったし、江戸城での序列も高かった。

備中では細川氏が守護で、庄《しょう》氏や三村氏が勢力をもっていたが、いずれも毛利氏に滅ぼされた。ただし、庄氏の別名である穂田《ほいだ》氏は、毛利元就《もとなり》の四男に引き継がれ、その子である毛利秀元《ひでもと》も一時は穂田姓を名乗っていた（一三一ページ系図参照）。この庄、三村両氏の争奪戦の中心になったのが、松山（高梁《たかはし》）城だが、この城下の渡しで、山中鹿之助《やまなかしかのすけ》が斬られた。

一五八二年には、高松城の水攻めがあり、城主・清水宗治《しみずむねはる》が講和と引き換えに自害している。宗治は、もともと、備中南東部の土豪・石川《いしかわ》氏の家臣だったが、毛利氏に属した。秀吉は、その潔《いさぎよ》い死を称賛し、子孫を大名に取り立てようとも言ったらしいが、清水氏はそのまま毛利氏に仕えて重臣となり、幕末には奇兵隊《きへいたい》の幹部として活躍し、維新後には男爵になった。

戦国観光案内　岡山城天守閣は、リニューアルされ体験型の展示もある。高松《たかまつ》城跡は史跡公園として整備されている。高松城水攻めの跡も同様である。備中松山《まつやま》城は日本三大山城のひとつで天守閣が現存。中腹の駐車場から徒歩二十分。津山《つやま》市の美作国一宮中山《いちのみやなかやま》神社本殿は尼子晴久《はるひさ》が建立したもの。

鳥取

山名氏は新田氏の一族だが

新田氏と足利氏の関係は、東本願寺・西本願寺や表千家《おもてせんけ》・裏千家《うらせんけ》の関係に似て、どちらが本家筋とはいいにくいものがある。東本願寺は、豊臣秀吉によって強制隠居させられた長兄教如《きょうにょ》が、弟の嗣《つ》いだ（西）本願寺に対抗して創立した。表千家は、利休《りきゅう》の孫である宗旦《そうたん》から、生前に本拠・不審庵《ふしんあん》を譲られた三男宗左《そうさ》を祖とし、裏千家は、引退後の宗旦がいた今日庵《こんにちあん》を引き継いだ四男宗室《そうしつ》から出ている。

さて、足利・新田両氏の祖である源義国《よしくに》の本拠だった上野新田荘《こうずけにったのしょう》を長男新田義重《よししげ》が嗣ぎ、義国が不祥事で晩年に謹慎していた下野足利荘《しもつけあしかがのしょう》を譲られたのが次男足利義康《よしやす》である。新田氏のほうが兄の系統だが、源頼朝の挙兵に足利氏のほうが先に馳せ参じたので、足利氏が格上として扱われたことは以前にも書いた（八七ページ系図参照）。

山名氏は、新田義重の子義範《よしのり》が上野国多胡《たご》郡山名にあったことに始まる。夫人が足利尊氏の叔母にあたっていたので尊氏方についた。出雲《いずも》守護としての地位を皮切りに山陰《さんいん》で勢力を伸ばし、一時は南朝についたが、幕府に敵から切り取った国は領国としてよいという条件を認められて復帰し、一族で因幡《いなば》・伯耆《ほうき》・丹波・丹後・山城・和泉・美作・但馬《たじま》という、日本全国六八カ国の六分の一を支配し、「六分の一殿」と称された。

だが、有力守護大名の抑制を狙った三代将軍義満《よしみつ》は、丹波などの守護だった氏清《うじきよ》に但馬の時熙《ときひろ》を討たせ、今度は時熙による讒言《ざんげん》を取り上げて氏清らを圧迫し除《のぞ》いた。これが明徳《めいとく》の乱（一三九一年）である。この結果、山名氏の領国は但馬、因幡、伯耆だけになったが、のちに、備後《びんご》、石見《いわみ》、安芸《あき》、伊賀《いが》を加えた七カ国まで回復した。

この時熙の子が持豊《もちとよ》（宗全《そうぜん》）である。宗全は、嘉吉《かきつ》の乱で六代将軍義教《よしのり》を殺した

〈新田・山名・徳川家系図〉

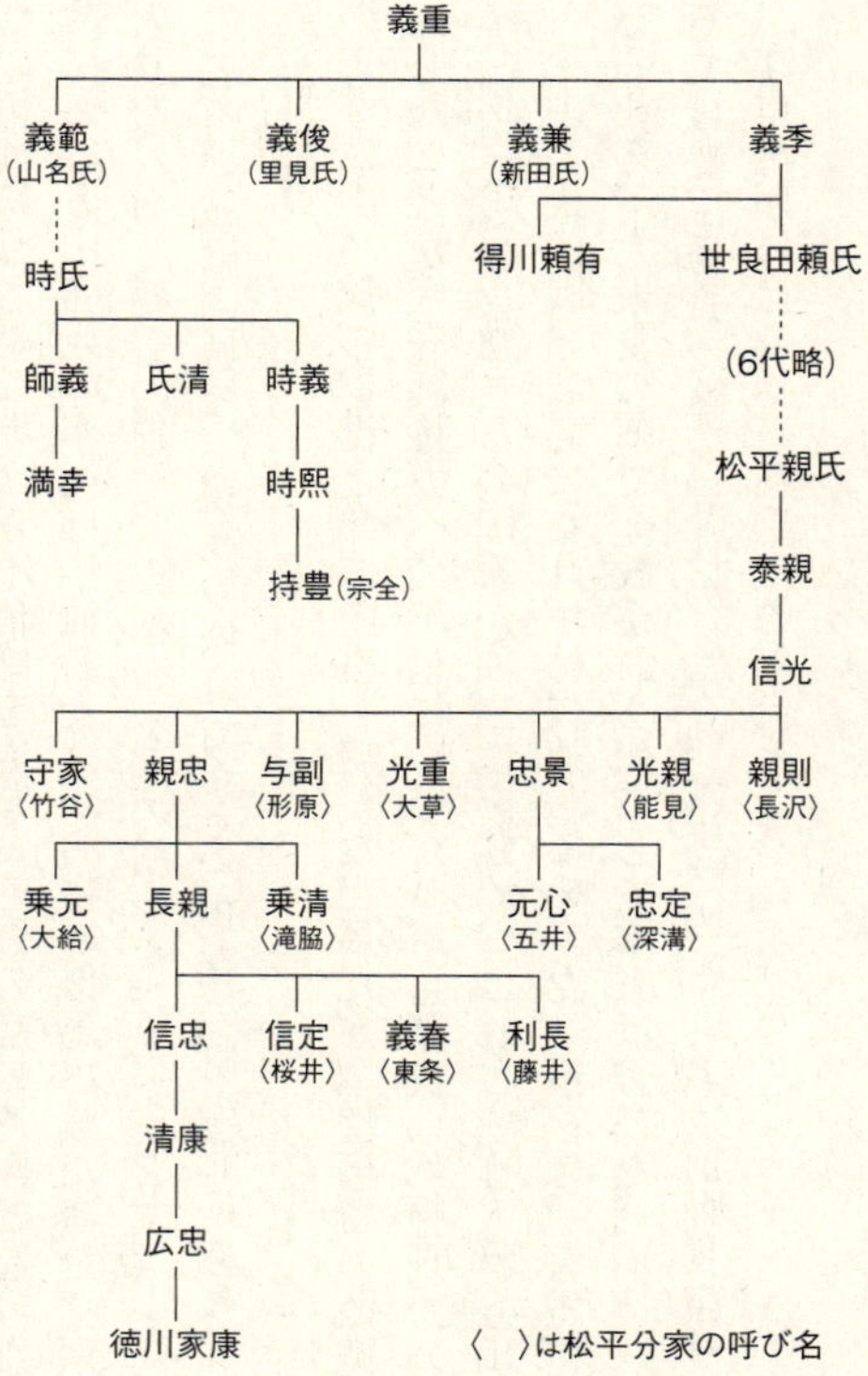
義重
義範
（山名氏）
義俊
（里見氏）
義兼
（新田氏）
義季
得川頼有
世良田頼氏
時氏
（6代略）
師義
氏清
時義
満幸
時煕
持豊（宗全）
松平親氏
泰親
信光
守家
〈竹谷〉
親忠
与副
〈形原〉
光重
〈大草〉
忠景
光親
〈能見〉
親則
〈長沢〉
乗元
〈大給〉
長親
乗清
〈滝脇〉
元心
〈五井〉
忠定
〈深溝〉
信忠
信定
〈桜井〉
義春
〈東条〉
利長
〈藤井〉
清康
広忠
徳川家康
〈　〉は松平分家の呼び名

赤松満祐《みつすけ》の討伐に功を上げ、播磨、備前、美作を得て全盛時に近い勢力を回復した。宗全は娘を細川勝元《かつもと》と結婚させ実力者として君臨したが、勝元が山名氏の宿敵赤松氏の再興に与《くみ》したことから不信感をもち、応仁の乱の遠因となった。

山陰《さんいん》における山名氏の本拠は「皿蕎麦《さらそば》」が名物の但馬出石《たじまいずし》だった。京都から但馬への入り口にある要害の地で、京都と本国の結節点《けっせつ》にあたる立地である。ただし、宗全のころの城は山城で、現在の城趾《じょうし》でなく、現在の町の北にある此隅《このすみ》城と呼ばれるところにあった。

このように山名氏の本拠として隆盛を誇った但馬だが、播磨での敗戦で犠牲者を多く出したことが、守護権力への不信につながり、垣屋《かきや》氏（城崎《きのさき》郡）、八木《やぎ》氏（養父《やぶ》郡）、太田垣《おおたがき》氏（朝来《あさご》郡）らの国人が独立性を強め、これという人材も出なかったことから、山名氏は戦国大名になれずに失速していった。最後は、秀吉に攻められて降伏して仕え、大坂夏の陣で堯政《たかまさ》が討ち死にして本家は滅びた。

出石では豊臣秀長《ひでなが》、遠藤周作《えんどうしゅうさく》の『男の一生』の主人公・前野長康《まえのながやす》などが城主となり、江戸後期には「仙石騒動《せんごく》」の舞台となった。

大坂夏の陣で徳川方に内通した伯耆の名族南条氏

因幡における山名氏の本拠は、初め、但馬との国境にある岩美《いわみ》町の二上山《にじょうざん》城にあり、やがて、鳥取城に移った。因幡守護の山名氏は、但馬山名氏を宗家としていたが、誠通《のぶみち》は尼子氏と通じて独立を試みた。だが、但馬山名氏はこれを認めず、一五四八年に誠通を討って、後継者を但馬から送り込んだ。鵯尾《ひよどりお》城に拠《よ》る重臣で若狭《わか さ》守護家の一党といわれる武田高信《たかのぶ》は、但馬山名方と戦うが、毛利氏と連携した山名豊国《とよくに》に滅ぼされた。その後、豊国は羽柴秀吉の軍門に降《くだ》ったが、家臣たちはこれを認めず、吉川経家《きっかわつねいえ》を城主として鳥取城で抵抗した。その結果、兵糧《ひょうろう》攻めにあい、死人の肉まで食べるという悲惨な戦いの末に降伏した。

さっさと秀吉に降っていた豊国は秀吉のお伽衆《とぎしゅう》として仕え、その子孫は寄合《よりあい》旗本（旗本のなかで三〇〇〇石以上、あるいは布衣《ほい》以上で無役の者）となり、明治初年には諸侯に昇格して男爵にもなった。鳥取城は、宮部継潤《みやべけいじゅん》などの領有を経て、池田三二万石の城下町として栄えた。池田家は岡山のほうが本家であるが、初代忠雄《ただかつ》が家康の娘・督姫《とくひめ》を母とすることから、石高も官位も岡山より格上として扱われた。

また、尼子の旧臣で、豊臣時代に鹿野《しかの》城主となった亀井茲矩《これのり》は、琉球《りゅうきゅう》遠征を秀吉に願い出て「琉球守《りゅうきゅうのかみ》」を名乗ったり、南蛮貿易にも熱心に取り組んだ先進的な武将であった。彼はその居城を「王舎城《おうしゃ》」と名付け、南蛮風の建物で飾った。石見《いわみ》の津和野《つわの》藩祖である。

そして、伯耆も山名氏の領国だった。南北朝時代に名和長年《なわながとし》が活躍したが、後醍《ごだい》醐《ご》天皇を護《まも》って京都で滅び、山名氏が倉吉《くらよし》市の打吹山《うつぶきやま》城を本拠に守護として支配した。だが、応仁の乱ののち、東部の羽衣石《うえし》城を本拠とする国人の有力者で、塩冶《えんや》高貞《たかさだ》（その妻が高師直《こうのもろなお》に横恋慕《よこれんぼ》されるという『太平記』にある逸話《いつわ》で有名）の子孫といわれる南条《なんじょう》氏の勢力が増した。

そののち、尼子、さらには毛利の勢力が伸びてきたなかで、伯耆の山名氏は一五八〇年に滅んだが、南条氏は何とか生き残った。南条元忠《もとただ》は、鳥取城攻めにも功があり、秀吉から東部三郡の支配を認められた。だが、関ヶ原の戦いで西軍に属して改易され、大坂夏の陣では大坂城にあったが、東軍への内通が発覚し、千畳敷《せんじょうじき》で切腹させられた。

伯耆西部は、毛利氏の一族、吉川広家《ひろいえ》が領し、月山富田《がっさんとだ》城に代わる山陰の中心都市とすべく米子《よなご》城の築城を始めたが、関ヶ原の戦いの結果、吉川氏は周防岩国《すおういわくに》に移ったため、当地は駿府から移った中村氏や加藤氏（大洲《おおず》に移る）の領有を経て、鳥取藩の支城とされた。

戦国観光案内 鳥取城跡のうち山頂の本丸に以前はロープウェーが通じていたが廃止になった。山麓《さんろく》の二の丸も含めて石垣がよく残る。鳥取県立博物館と鳥取市歴史博物館に関係の展示がある。米子には米子市立山陰歴史館がある。倉吉にはこの地で滅んだ安房《あわ》・里見《さとみ》家の墓地などがある。また、先述の播磨の太田垣氏（一二八ページ参照）の居城だった竹田城（兵庫県朝来市）は、秀吉から赤松広通《ひろみち》に与えられた。竹田城は、峻険《しゅんけん》な山の上に見事な石垣が築かれ、全国でも屈指の美しい城跡で「天空の城」として一気にブレークした。

広島

広島城のモデルは聚楽第

関ヶ原の戦いのあと、広島を本拠とした福島正則《ふくしままさのり》は、毛利輝元《てるもと》の居城だった広島城が不満で、大修築工事をしようとして墓穴《ぼけつ》を掘った。だが、その気持ちも分からないわけではない。なにしろ、広島カープにその名を与えた「鯉《り》城」という別名をもつこの城は、御殿《ごてん》風の造りで戦闘にはまるで役に立ちそうもなかったからだ。

毛利氏が縄張《なわば》りのモデルとしたのは、聚楽第《じゅらくてい》、つまり、秀吉が平安京大内裏《だいだいり》跡に築いた豪華絢爛《けんらん》なお屋敷だったのだ。広島付近に本拠地を移すことは以前から構想されていたが、最初は、広島駅の南にある比治山《ひじやま》が想定されていたらしい。それをまったくの平地に変更したのは、朝鮮遠征のために瀬戸内海を往還《おうかん》する秀吉に対し

〈毛利家系図〉

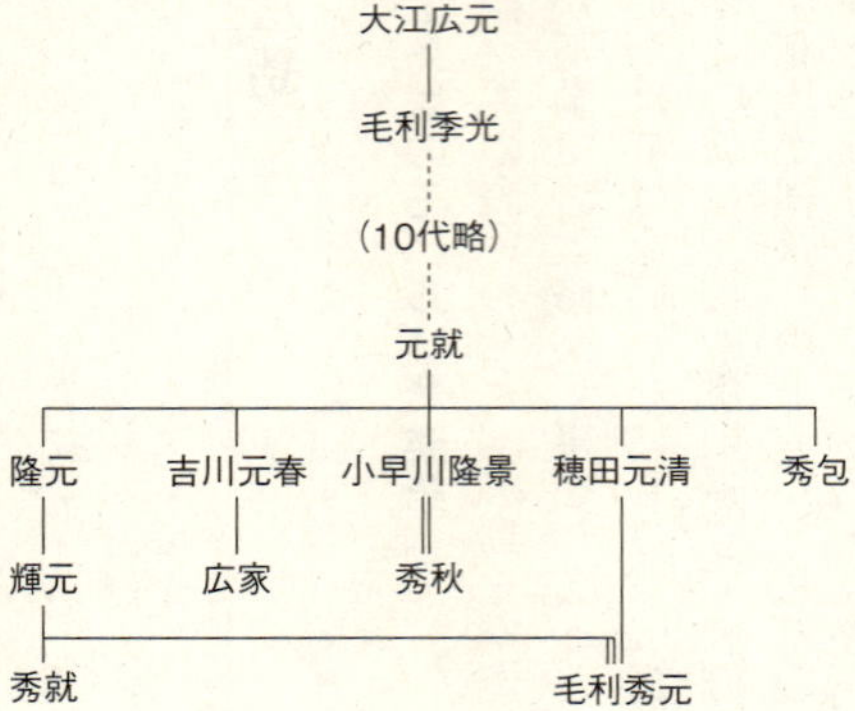

て、毛利が天下に覇《は》を唱えるつもりなどまったくないことを示し、恭順《きょうじゅん》の意を示すための演出であった。

安芸《あき》の国では、山名、細川、今川など守護が頻繁に代わり、東部では武田氏が分国守護で、強力な支配体制はなかった。一方、中国山地の土豪から瀬戸内《うち》の水軍まで国人たちは独立心旺盛で、応永《おうえい》年間（一四〇〇年ごろ）の安芸国人一揆では、団結して幕府や守護・山名氏に抵抗した。

毛利氏は、桓武《かんむ》天皇の母方祖母の実家である大江《おおえ》氏（大枝、もとは土師《はじ》氏）の流れである。大江広元《ひろもと》が源頼朝側近として鎌倉にあり、その子孫の一人が相模《さがみ》国毛利荘の地頭となり、さらに、一派が安芸に領地を得た。毛利氏は、鎌倉、室町時代を通じて有力国人の一人であったが、大内氏の京都

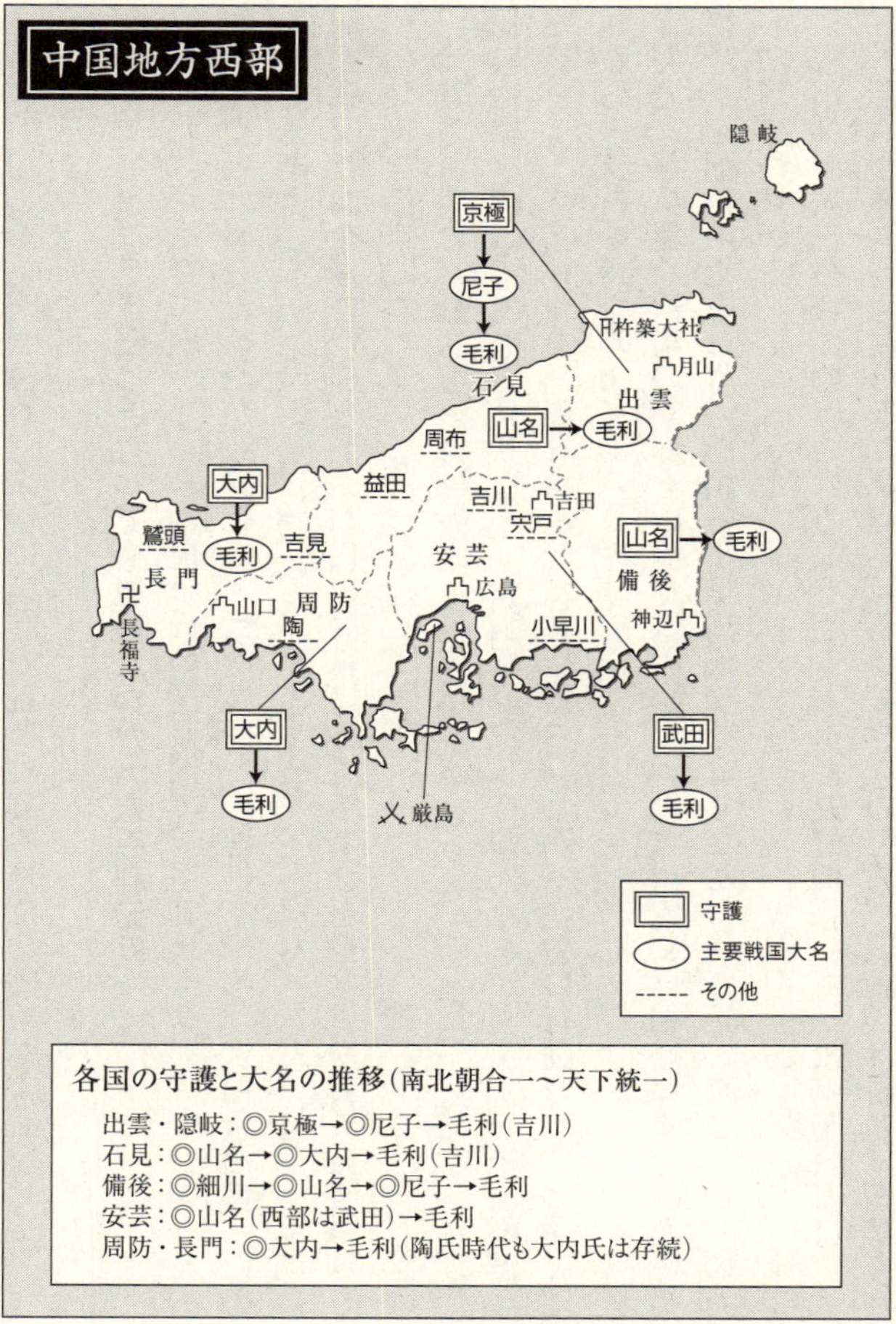

各国の守護と大名の推移(南北朝合一～天下統一)

出雲・隠岐:◎京極→◎尼子→毛利(吉川)
石見:◎山名→◎大内→毛利(吉川)
備後:◎細川→◎山名→◎尼子→毛利
安芸:◎山名(西部は武田)→毛利
周防・長門:◎大内→毛利(陶氏時代も大内氏は存続)

進出に参加して見聞を広め、徐々に最有力者としての地位を固めた。

「計ること多きが勝つ」と言っても嫌われなかった毛利元就

毛利元就《もとなり》が家督を嗣いだときは尼子《あまご》氏の全盛期で、毛利氏も含めて安芸の多くの国人もこれに属した。だが、元就は、大内義隆《よしたか》との連携を求め、武田氏を倒したのち、尼子晴久《はるひさ》が率いる三万人の猛攻を吉田郡山城《よしだこおりやまじょう》で受けた（一五四〇年）。元就は籠城戦で時間を稼いだのち、大内氏の援軍によってこれを退け、安芸最大勢力としての地位を確立した。

元就の言葉に「計《はか》ること多きが勝つ」というのがあるが、彼は、縁組み、調略、偽《にせ》の情報を流しての敵方分断など、頭脳を駆使し、国人たちが割拠《かっきょ》する統治困難な安芸をまとめていった。隠忍《いんにん》自重して時を待ち、しかるのちに行動したことが、国人たちの支持を得た理由であろう。

とくに、勇猛な次男の元春《もとはる》を山間地域の雄だった吉川《きっかわ》家に、知略にすぐれた三男の隆景《たかかげ》を瀬戸内地方に勢力を張る小早川《こばやかわ》氏に跡取りとして送り込んだことが、のちの飛躍につながる。

吉田郡山城包囲戦で助けられるなど、もともと友好関係にあった陶晴賢《すえはるかた》とは、大内義隆謀殺《ぼうさつ》事件後も良好な関係はしばらく続き、むしろ、毛利氏は新しい情勢を利用し、安芸での地位確立を進めていた。だが、石見《いわみ》の吉見《よしみ》氏と陶晴賢が対立するに及び、元就は対決を決意、経済的にも要地だった厳島《いつくしま》を奪取し、ここに陶軍を誘い込んだ。味方につけた村上水軍《むらかみすいぐん》の活躍もあって、元就は数で勝る敵軍を大混乱に陥れ、陶晴賢は脱出する船も見つからないなか、宮島の海岸で自決した。

元就はそののち防長《ぼうちょう》二国を平《たい》らげ、尼子、宇喜多《うきた》、長宗我部《ちょうそかべ》、大友などと対立しつつ、じりじりと勢力を拡げた。また、京都を逐われた足利義昭を備後の鞆《とも》に保護し、織田信長との対決に利用した。さらに、本願寺を海から助け、信長を悩ました。だが、信長は長宗我部や大友とも連携して徐々に毛利氏を追い詰めていった。

そして、備中高松城の攻防戦で、見通しがつかめぬまま決戦を強いられる危機にあったが、本能寺の変で救われた。そののちは、小早川隆景の主導のもと、秀吉との友好関係樹立に成功して筑前《ちくぜん》にまで及ぶ大勢力となった。だが、隆景の死後、輝元は、毛利秀元《ひでもと》、吉川広家《ひろいえ》（元春の子）、安国寺恵瓊《あんこくじえけい》（安芸武田氏の出身）などの意見対立をまとめるリーダーシップをもてず、中途半端な対応に終始して、防長二国に押し込められた。

一方、備後の状況も、安芸とよく似たものであった。細川氏が守護だった時期もあるが、応仁の乱のころは山名氏が守護だった。ただ、山名氏の本拠である山陰方面から離れていることもあって、強力な守護権力の形成には至らなかった。尼子、大内、毛利各氏の攻防の経緯は、ほぼ、安芸と同じである。

毛利氏退去後の安芸・備後は福島正則に与えられたが、のちに、浅野《あさの》氏に代わった。備後では、小早川隆景の居城だった三原《みはら》に浅野氏分家が家老としてあった。尾道《おのみち》は南北朝時代から港町、あるいは守護所として栄え、浄土寺《じょうどじ》など、そのころの栄華をいまに伝える文化財に恵《めぐ》まれる。東部では、福島正則改易後に入った水野《みずの》氏が、交通不便な神辺《かんなべ》城に代えて福山《ふくやま》に築城した。また、幕末には阿部《あべ》氏があって、ペリー来航時の老中・正弘《まさひろ》を出した。

戦国観光案内　毛利氏の本拠だった安芸高田《あきたかた》市には、歴史民俗博物館や毛利氏墓所がある。広島市の不動院《ふどういん》（旧安国寺）金堂《こんどう》は、山口《やまぐち》で大内氏が建設したものを安国寺恵瓊が移築したもの。世界遺産・厳島神社も毛利氏によって建設された部分が多い。

島根

戦国時代に出雲大社はなかった？

出雲大社は、戦国時代にも武将たちに崇拝されていたが、その姿はいまとまったく違ったものだった。現在、兵庫県の但馬名草《たじまなぐさ》神社に美しい三重塔があるが、実はこれは尼子経久《あまごつねひさ》が出雲大社に寄進した塔で、江戸時代に移築されたものなのだ。また、いまは伊勢神宮と同じような白木《しらき》造りになっている本殿も、その前は、豊臣秀頼《ひでより》が寄進した朱塗《しゅぬ》りの華麗なものだった。

江戸時代に神仏混淆《こんこう》がきらわれるようになるまで、この縁結びの神様はもっとドロドロした人間らしさに溢《あふ》れていたらしい。出雲の阿国《おくに》もそこから生まれたのだろう。それに、なにより、名前も「杵築《きづき》大社」と呼ばれていた。

室町時代の出雲の国は、山名氏の勢力も伸びていたが、だいたいは、近江源氏・佐々木氏の一派、京極《きょうごく》氏が守護だった。いまでも犬上《いぬかみ》郡甲良《こうら》町に近江鉄道の尼子駅があるが、そこにあった京極一族の尼子氏が守護代として出雲に派遣されて土着した。

出雲には、美保関《みほのせき》を抑える松田氏、たたら製鉄の盛んな南東部の三沢《みさわ》氏、幕府奉公衆の塩冶《えんや》氏（出雲市）など、名だたる豪族がいたが、尼子経久はこれらを押さえ込んだ。そのあまりの専横ぶりに守護京極氏の怒りを買い、居城の月山富田《がっさんとだ》城（安来《やすぎ》市）から逐《お》われた時期もあったが、経久は「ごま党」と呼ばれる人々を芸人に扮装させ、正月の祝いと騙して城内に入れて奪還した（一五〇八年）。

経久とその嫡孫晴久《はるひさ》は、防長を除く中国地方をほぼ掌握するまでに勢力を伸ばした。大内氏に鞍替《くらが》えした毛利元就《もとなり》が拠《よ》る郡山城への攻撃に失敗した尼子勢は、逆に大内義隆《よしたか》に富田城を攻囲されたが、撃退に成功する。その後、大内氏の滅亡により勢威を回復し、出雲、石見《いわみ》、隠岐《おき》、備前、美作、備中、備後、安芸八カ国の守護として認められるまでになった。

尼子氏も長州藩士として生き残る

この時期、石見は山名氏が守護であることが多かったが、大内氏も一定の勢力をもっていた。尼子氏はここにも進出したが、益田《ますだ》氏や吉見《よしみ》氏(津和野《つわの》)がいた西部は大内氏の勢力圏だった。

尼子氏は、徐々に、毛利元就の老獪《ろうかい》な反撃に足を掬《すく》われた。とくに、勇猛だが制御しづらかった叔父・国久《くにひさ》の新宮《しんぐう》党を晴久が誅《ちゅう》してから、尼子氏は一気に衰退に向かった。一五六二年には大森《おおもり》銀山も抑えられ、石見全体が毛利の勢力圏となり、一五六六年には富田城も陥落した。晴久の子の義久《よしひさ》は、仏道に入って毛利氏の庇護《ひご》下に置かれ、一六一〇年に長門阿武《ながとあぶ》町で死んだ。尼子の家督は甥が嗣ぎ、佐々木と改名して、長州藩士として生き延びた(七三ページ系図参照)。

一方、尼子家家臣の山中鹿之助《やまなかしかのすけ》は、国久の孫である勝久《かつひさ》を擁して織田方につき、毛利氏に抵抗を続けた。だが、一五七八年、播磨《はりま》上月《こうづき》城で滅びた。

尼子経久は度量の大きいカリスマ的な人物で、人が彼の持っているものなどを誉《ほ》めるとみんな与えてしまい、「天性無欲正直《てんせいむよくしょうじき》の人」といわれた。名門の出身らしく、自ら絵を描き、法華経に帰依《きえ》し、経典《きょうてん》の出版事業も行う文化人だった。だが、組織を整えずに指導者の人望だけでもっている一門は、落ち目になったときは弱いものである。

また、毛利氏のもとでの出雲では、吉川元春《きっかわもとはる》・広家《ひろいえ》も富田城に居城したが、関ケ原の戦いのあとに入国した堀尾吉晴《ほりおよしはる》は松江《まつえ》に城を移し、そのあと、かつての守護家である京極氏が入ったが、最後は越前《えちぜん》松平分家が藩主となり、不昧公治郷《ふまいこうはるさと》のもとで文化水準も向上した。

石見地方では、大森銀山が江戸時代を通じて幕府領となった。津和野には尼子の旧臣である亀井氏が入り、幕末から明治維新期にかけて国家神道の樹立に大きな役割を果たした。

後醍醐《ごだいご》天皇も流されていた隠岐の守護は出雲の京極氏の兼任で、その一族が守護代として在島し、隠岐氏を名乗った。尼子、毛利のもとでも巧《たく》みに生き残った隠岐氏であったが、最後は秀吉に通じようとして失敗し、吉川元春に滅ぼされた。

戦国観光案内　月山富田《がっさんとだ》城跡の保存状態はまずまずで、安来《やすぎ》市立歴史資料館がある。

津和野の鷺舞《さぎまい》は小京都の面目を示す。出雲市の島根県立古代出雲歴史博物館には、慶長年間の出雲大社の復元模型がある。

山口

南蛮風とは明朝風のことらしい

室町時代にあって「西の京都」といわれた山口市を象徴する建築は、瑠璃光寺《るりこうじ》の五重塔と山口サビエル記念聖堂である。建築様式で「和様《わよう》」「唐様《からよう》」というのがあるが、実のところは、和様というのは唐風《とう》で、唐様は宋風《そう》だ。そして、日本人が南蛮風《なんばん》といったのは、どちらかといえば明風《みん》のもので、キリスト教伝来当時に建てられた教会なども、洋風でなく明風だったようだ。この瑠璃光寺の五重塔が少しエキゾティックな印象を与えるのも、明との貿易に活躍した大内《おおうち》氏の都ならではである。

街中を闘牛場から放された牛が駆け抜けるパンプローナの「牛追い祭り」は、毎年のようにけが人が出ることでも知られ、いってみれば、岸和田《きしわだ》だんじり祭りのスペイン版だ。

このパンプローナが、山口市の姉妹都市なのは、日本にキリスト教を伝えたフランシスコ・ザビエルが、ピレネー山中にあるこの町を首都とするナバーラ王国の貴族出身だったからである。ザビエルは鹿児島に上陸し、大分にもいたが、やはりもっとも居心地がよかったのは、この山口だったらしい。

大内氏は、百済《くだら》の聖明王《せいめいおう》の子・琳聖太子《りんしようたいし》が推古《すいこ》天皇のときに来航したのを祖としている。本当かどうかはともかく、そう名乗って朝鮮国王に先祖の地に領地を欲しいといったこともある。もともとは多々良《たたら》氏といったが周防《すおう》国府の在庁官人として力をもち、六波羅《ろくはら》の評定衆《ひようじようしゆう》にも名を連ねた。南北朝時代の大内弘世《ひろよ》は、初め南朝側で活躍したが、北朝に転じて周防、長門《ながと》両国守護に任じられた。

〈大内家系図〉

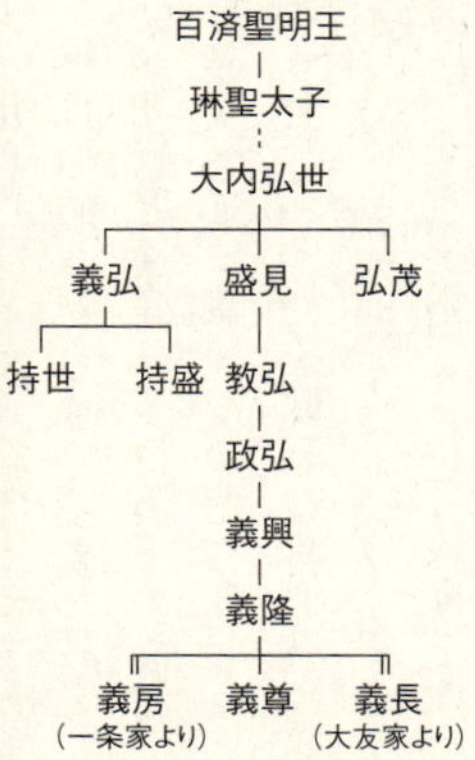

弘世の子義弘《よしひろ》の時代には、三代将軍義満の厳島《いつくしま》参詣を迎えたのを機に京へ上った。そして義弘は、山名氏と争った明徳の乱で義満の危機を救い、和泉、紀伊の守護となり、南北朝の合一にも力を尽くした。だが、金閣寺の造営に駆り出されたことや九州での戦功に対しての低い評価について不満をもち、堺《さかい》に籠もって上京を拒《こば》み、鎌倉

公方《くぼう》・足利氏満《うじみつ》らと連絡をとって反旗を翻した。義満は自ら陣頭指揮でこれにあたり、正月の飾り物を焼く左義長祭《さぎちょうまつり》を利用して堺の町に火をかけて義弘を滅ぼした。義弘が朝鮮と通商し、百済王の後裔《こうえい》であることを理由に封地《ほうち》を与えるよう願ったことも義満の気に障《さわ》ったのだろう。

こうしていったん防長に押し込められた大内氏だが、やがて息を吹き返し、応仁の乱では政弘《まさひろ》が西軍にあって重きをなした。とくに、一〇代将軍義稙《よしたね》を支援した義興《よしおき》は、「管領代《かんれいだい》」として政権を握ったが、このことは、第一章で詳しく書いた。義興が十年ほど在京できたのは、国元が安定していたからこそだが、尼子経久《つねひさ》の台頭で帰国を余儀なくされた。もし、経久という天才が出現しなかったら、義興はもっと信長に近い存在になれたのかもしれない。

息子の義隆《よしたか》の代になると、周防、長門、安芸、備後、石見、豊前《ぶぜん》、筑前《ちくぜん》の守護を兼ね、従二位大宰大弐《じゅにいだざいのだいに》にまで昇り、大内氏の本拠の山口には公家たちも続々と集まり、雪舟《せっしゅう》のような文化人も活躍した。

陶晴賢が大内氏を滅ぼしたのではない

あまりにも京都化した大内義隆の施政には、家臣からの不満も高まり、文治《ぶんち》派の相良武任《さがらたけとう》と対立していた陶晴賢《すえはるかた》が義隆を討った（一五五一年）。ただし、これで大内氏が滅びたわけではない。義隆には、初め男子がなく、甥に当たる土佐の一条房家《ふさいえ》の子義房《よしふさ》を養子にしていたが、尼子氏との戦いの帰路、溺死《できし》してしまった。そこで、やはり甥である大友宗麟《そうりん》の弟・義長《よしなが》を後継者にと考えている間に、実子・義尊《よしたか》が生まれた。そこで、陶晴賢が大友氏と共謀して、あるいは、大友氏の支持を期待し、義長を大内氏の当主にしたとみるべきだろう（一〇七ページ、一五六ページ系図参照）。

だが、中国地方の武士たちは大友氏の影響が強くなることを嫌ったし、伊予《いよ》でも同じ事情だった。それが、四年後に毛利元就《もとなり》が伊予水軍の支援を受けて厳島の戦いで勝利を得る伏線となっていく。そして、厳島の戦いでの陶晴賢の敗戦と自害によって義長も追い詰められ、二年ののち長府《ちょうふ》の長福寺《ちょうふくじ》（功山寺《こうざんじ》）で滅びた。そのあと、大友氏のもとにあった一族の輝広《てるひろ》の復帰運動も失敗し、大内氏は完全に滅亡した。

ただし、家督は大友宗麟が引き嗣ぎ、織田信長は防長二国を大友宗麟に与えることを約束したのだが、それは大分県の項で説明する。

いずれにせよ、毛利氏のもとで防長は、約四十年の安定を得る。そして、関ヶ原の戦いの結果、毛利氏はこの二国に押し込められ、中国各地から土豪たちがこの地に移ってきた。

この時期、萩《はぎ》藩がのちに雄《ゆう》藩として育つ基礎をつくった功労者は、毛利秀元《ひでもと》である。秀元は、毛利元就の四男の子で、長く嫡子がいなかった輝元《てるもと》の後継候補として小早川隆景《たかかげ》から帝王教育を受けた。秀元は秀就《ひでなり》の誕生によって世子《せいし》としての座を潔く譲り、山口で二〇万石を得て、輝元が長州へ移ってからは、長府で五万石を領し、徳川秀忠や家光《いえみつ》からも、戦国の生き残りの大物として重んじられた。のちに、秀就の血統は絶えたので、幕末の毛利家は秀元の末裔《まつえい》である（一三二ページ系図参照）。

毛利家では、内部対立があっても制御され、外に対して一致団結して動く姿は、非常に近代的なものを感じる。それは、元就、隆景、秀元によって築き上げられたもので、結局のところ、それが明治維新の原動力になったのである。土佐の場合もそうだが、薩長土肥《さっちょうどひ》は決して運のよい、たまたまの勝者ではない。

戦国観光案内　山口市内には、瑠璃光寺五重塔など大内氏の栄華《えいが》をしのばせる旧跡が多い。大内館跡の遺跡整備が近年になって進められている。山口県立山口博物館もある。防府《ほうふ》の毛利博物館には雪舟の「四季山水図《さんすい》」など、毛利家の家宝が収められている。

コラム　一向宗が政治勢力化したわけ

一向宗は、加賀を「百姓の持ちたる国」とし、大坂の地に大城塞を築いて織田信長と対抗した。

「親鸞は架空の人物で本願寺が自分たちの権威を高めるためにでっち上げたのではないかという説が明治時代には有力だった」というのは『逆説の日本史』（小学館）の井沢元彦氏だが、浄土真宗、ことに本願寺派は、蓮如の登場までは、親鸞の墓を守る子孫たちの小さな集団だった。同じ宗派でも専修寺（高田）派や仏光寺派のほうが有力だったくらいだ。

ところが、第8代蓮如（1415～99）が登場するに及んで突然に巨大な集団に成長した。その勢力の拡大を警戒され、山門（延暦寺）や権力と対立して、1465年に現在の知恩院境内にあった本願寺が破壊されてから、山科、近江、越前（吉崎）、山科、大坂、鷺の森（和歌山）、貝塚、天満（大坂）、京都六条というような流浪を126年も重ねた。

蓮如は、権力者だけでなく庶民や女性までにも分かりやすく納得できる教えにして、しかも、丁寧に「御文」という手紙の形式を使って布教した。一般に浄土真宗の御堂は大型で西洋のカテドラルのようにそびえ立っているが、これは、信徒を身分にかかわらず堂内に入れるようにしたがゆえらしい。

蓮如は13男14女の子をなしたという頑健な体力をもち、どんな信徒にも温かく接したし、晩年には子供たちにまで親鸞の後継者としての権威をつけて自分の死後に備えた。

蓮如は権力との対決をあまり好まなかったといわれるが、現実の世の中の問題にほかのどの宗教より強く関わっていったがゆえに、領主たちの横暴や弾圧へのやむをえざる抵抗が必要な場面が多くなり、その過程で、町全体が城塞のような寺内町をつくったりもした。

さらには、特定の戦国大名との連携も時としてとられた。そういう意味では、現代の創価学会が政治に関与するのとよく似た構図かもしれない。

第四章

九州・沖縄——キリシタン王国の出現と挫折

九州探題

古代からの土着勢力と関東武士のせめぎあい

「九州が独立してしまうのではないか」という恐怖が、日本では何度か感じられてきた。『日本書紀』には、敏達《びだつ》天皇のころ、百済《くだら》からの亡命者が多くなりすぎて、九州で百済が再興されでもすると国家的危機となるため、亡命者を近江《おうみ》や東国などに移したという記録がある。

南北朝時代から鎖国《さこく》まででも、九州が独立までではしないにせよ、半独立国のように振る舞うことをどうしたら阻止できるかはかなり重要な問題だった。

たとえば、明《みん》を建国した洪武帝《こうぶてい》（朱元璋《しゅげんしょう》）は、九州を支配していた南朝の懐良《かねよし》親王を「国王」として扱っており、これが三代将軍足利義満《よしみつ》をして明に来貢《らいこう》し、「日本国王」と名乗らせる伏線になった。

九州は古代から大宰府《だざいふ》が設けられるなど独立性が強く、鎌倉時代にも平家残党の取り締まりの名目で、大宰府に鎮西《ちんぜい》奉行が設けられた。また、元寇《げんこう》襲来ののちには、博多《はかた》に鎮西探題《たんだい》が置かれた。九州には、肥後《ひご》の菊池《きくち》氏とか、源義経に味方した豊後《ぶんご》の緒方惟栄《おがたこれよし》に代表されるような古代に起源をもつ土着の武士団がいたが、頼朝以来、少弐《しょうに》（武藤《むとう》）、大友、島津といった関東武士が守護や地頭としてやってきて定着し、この両勢力が複雑に睨《にら》み合う関係にあった。

信長は将来の九州制圧に備えて、丹羽長秀《にわながひで》と明智光秀《あけちみつひで》に、惟住《これずみ》、惟任《これとう》という姓《せい》を名乗らせたが、これらは緒方氏と同じく、高千穂《たかちほ》大神の化身である大蛇が祖先だという伝説をもつ豊後の大神《おおが》氏の系統に属する名族の姓を借りたのである。

南朝の九州独立王国が健闘

中先代《なかせんだい》の乱で鎌倉に下向し、後醍醐《ごだいご》天皇に反旗を翻した足利尊氏《たかうじ》は、京都での戦いに敗れたのち、九州に下った。そこで兵を集めて再上京したが、このとき、一色範氏《いっしきのりうじ》を九州探題として残した。

その尊氏に京都を逐《お》われた後醍醐天皇は、まだ幼児の懐良親王を九州に派遣して、征西《せいせい》大将軍として薩摩《さつま》に上陸させた。これについたのが、菊池氏や阿蘇《あそ》氏である。一方、足利方では尊氏

九州の戦国史

年	九州での主な出来事
1336	足利尊氏が九州に
1361	懐良親王が大宰府制圧
1371	今川了俊が九州探題に
1419	応永の外寇（対馬）
1523	寧波で大内・細川争う
1543	種子島に鉄砲が伝来
1549	ザビエルが鹿児島に上陸
1557	毛利氏が大内氏を滅ぼす
1578	耳川の戦いで大友氏敗れる
1582	天正遣欧少年使節が出発
1584	龍造寺隆信が戦死
1587	豊臣秀吉の九州制圧
1592	文禄の役が始まる

の庶子で直義《ただよし》の養子になっていた直冬《ただふゆ》が中国地方に派遣されたが、尊氏と直義の政争に巻き込まれて九州に移り、そこで少弐氏らと結んで勢力を得た。直冬は、南朝と組んで京都に攻め上り、一時は京都を占領したが、性急《せいきゆう》さがたたって敗れ、没落した。

これをみた懐良親王は、一三六一年に大宰府を陥落させて九州を制圧し、約十二年間、九州独立王国を築き、明とも交流したのである。

これを破ったのは、足利義満に九州探題として派遣された、駿河《するが》の今川了俊《りようしゆん》である。中国地方で軍備を整えて九州に攻め込んだ了俊は、たちまち南朝方を追い詰め、少弐氏や島津氏を抑えた。

だが、あまりにも強力になった九州探題に不安をもちだした義満によって、一三九五年に解任され、京都に召還された。その後、了俊は、応永の乱で大内義弘《よしひろ》と鎌倉公方《くぼう》の仲立ちをしたともいわれるが、だいたいは、駿河で和歌や著述の道に勤《いそ》しんだ。『難太平記《なんたいへいき》』は、彼が足利氏三代を批判的にみながら南北朝時代の歴史を綴《つづ》ったものだ。

秀吉は九州を首都にすべきだった？

こののち、九州では、足利一族の渋川《しぶかわ》氏が探題となるが実力が伴わず、島津、大友、少弐（のちに龍造寺《りゅうぞうじ》）、それに大内（のちに毛利）の勢力争いが続くこととなった。最後は、いったん北九州を統一する勢いだった大友宗麟《そうりん》や急成長した龍造寺隆信《たかのぶ》を制した島津氏が、全土を制圧する勢いをみせた。

だが、これによって九州が独立王国化することを恐れた豊臣秀吉は、急ぎ、小《こ》牧長久手《まきながくて》のあとも争っていた徳川家康に対して寛大な条件での和平に踏みきり、大友氏の要請に応ずる形で出兵、全土を制圧した。もし、島津が巨大化しなかったら、家康は秀吉に捻《ひね》りつぶされるか、少なくとも、織田系大名から簒奪《さんだつ》した甲信《こうしん》二国は取り上げられていた、と私はみている。

そして、天下統一後、秀吉は肥前名護屋《ひぜんなごや》を基地とし、大陸進出に乗り出した。戦前は快挙とされたが、戦後はこれを突拍子《とっぴょうし》もないこととみてきた。国内で与える領土がなくなったからと皮相《ひそう》的にみられてもいる。確かに、秀吉らしからぬ準備不足であり、占領地経営も稚拙だったのは間違いない。最近は、「当時の世界ではなんら不当なことではなかった」という人も多いが、当時としても乱暴なやり方であって、半島の人々が暴挙として非難するのも当然である。

だが、明の冊封《さくほう》体制に代わる新しい東アジア秩序を探ることや、そのために軍事行動を起こすことそのものは、必ずしも否定的にばかりみるべきではなかろう。そもそも、中国の一方的な都合で運営される国際秩序は、上古《じょうこ》からアジアの発展を阻害するものだった。

倭寇《わこう》の跋扈《ばっこ》にしても、中国が海禁《かいきん》政策をとって、朝貢《ちょうこう》貿易しか許さず、それも極端に制限されているのだから、日本人など諸国民や沿岸地域の中国人が、やむにやまれずその枠外《わくがい》の貿易を求めるのは非難できない。しかも、それが取り締まりの対象になる以上は、武装せざるをえまい。

しかも、明朝の衰退により、それまでの秩序すらほとんど体《たい》をなさない状態のところに南蛮人たちが到来し、勝手気ままに行動し始めていた。

そうしたなかで、より自由な交易がなされるアジアを求めて、明朝の政策変更を日本が武力を背景に求める、さらに場合によっては明朝を倒すことをめざすというのはありうる選択肢であった。

もちろん、満州族《まんしゅうぞく》でなく、日本人が中国を支配するという極端な可能性も皆無ではなかったと思うが、より現実的には次のようなシナリオだっただろう。

それは、英国が地中海のジブラルタルやマルタのような橋頭堡《きょうとうほ》を大陸沿岸に確保したうえで大陸にも影響力をもち、自分たちの利益に適《かな》った自由な貿易を要求し実現したのと同じやり方を日本がすることだった。だが、その場合には、朝鮮《ちょうせん》王国に対し、硬軟《こうなん》取り混ぜた外交を展開し、対中国《ちゅうごく》で味方につける、少なくとも敵に回さない必要があっただろう。

そうして確立された日本主導のアジア秩序は、明やそれを引き継いだ清《しん》の勝手気ままな東アジア秩序より、好ましいものとなった可能性が高い。

もし、秀吉がもっと鋭敏《えいびん》に世界を理解できたなら、あまり性急にならずに何世代かかけるつもりで行動したなら、あるいは、徳川幕府による鎖国という愚行がなかったなら、欧州列強による植民地化とは違ったアジアの歴史がありえたはずである。

そして、その場合には、イギリスが大陸に近いロンドンを首都としているのにならえば、日本の首都は九州に置かれるべきだった。

もちろん、結果として、それが日本にとってもっと好ましい今日をもたらしたかどうかは別であって、ここで書いているのは、日本にとってそういう東アジア外交の選択肢もありえたということだけである。

さて、戦国時代の九州には、鉄砲が種子島《たねがしま》に、キリスト教が鹿児島に伝わり、大友宗麟などはキリシタン大名となり、長崎など肥前の港は南蛮貿易で栄えた。

だが、徳川幕府は、鎖国という強硬手段で九州と海外との交流を、長崎でのオランダ人と中国人、対馬《つしま》藩を通じての朝鮮とのごく細いパイプ以外を断ち切った。こうして、二千年以上も日本の玄関だった九州は、辺境の裏口《うらぐち》に過ぎなくなった。

琉球《りゅうきゅう》は室町時代の中期、明の勧めで朝貢し信頼を得て、東シナ海貿易で栄えたが、南蛮船の渡来によってその特権的立場を失った。外交上の失敗も重なって、中国に朝貢を続けながら、一方で薩摩の保護国であるという地位のまま、琉球の人々は三百年を貧しいながらも静かに生きた。

大分

大内家の家督を嗣いだ大友宗麟

キリシタン大名にして西日本でも指折りの太守《たいしゅ》であった大友宗麟《そうりん》（義鎮《よししげ》）は、日本の歴史においても、もっとも華やかな栄光につつまれている武将の一人である。天《てん》正《しょう》遣欧少年使節は、ヨーロッパの地を初めて踏んだ日本人であり、スペイン王フエリペ二世やローマ教皇にも謁見《えっけん》した。また、室町幕府からは九州探題とされ、宗麟は信長の安土《あづち》城や秀吉の大坂城を訪ねて歓待《かんたい》された。

その所領は、豊後、豊前、日向《ひゅうが》、肥後、筑後《ちくご》、筑前、肥前に及び、伊予《いよ》にまで勢力を伸ばした。さらに将軍家からは大内氏の家督《かとく》継承者ともされ、信長からは防《ぼう》長《ちょう》二国を与えられることになっていた。少なくとも、大内氏から毛利氏、少弐《しょうに》氏から龍造寺《りゅうぞうじ》氏に交替があった幸運な時期に、彼が北九州をほぼ統一し覇者となっ

各国の守護と大名の推移(南北朝合一～天下統一)

筑前：◎少弐→◎大内→大友→島津→小早川
筑後：◎大友→龍造寺→島津→立花・毛利
肥前：◎少弐→龍造寺→鍋島
壱岐：◎今川→波多→松浦
対馬：◎宗
豊前：◎大内→◎大友→黒田・毛利
豊後：◎大友

〈大友家系図〉

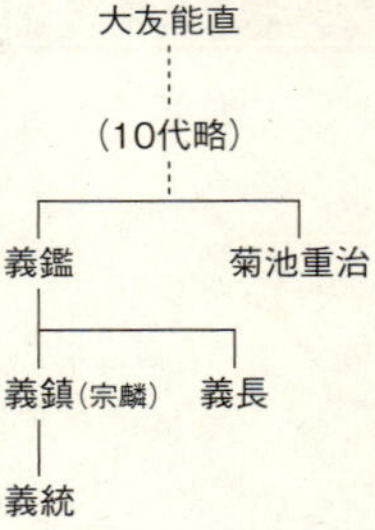

たことは間違いない。

　だが、宗麟にはやや危なっかしい印象はあったようだ。家臣の妻に懸想《けそう》して夫を殺すといった行いは宣教師たちの眉《まゆ》もひそめさせたし、晩年、島津軍と耳川《みみかわ》で戦ったときには、ひたすらゼウスに祈《いの》るばかりで指揮をとろうともしなかった。

　そして、絶体絶命の危機に陥《おちい》ったときに秀吉が助けに来たが、息子・義統《よしむね》は島津軍に勇猛に立ち向かわず宇佐《うさ》郡龍王《りゅうおう》城に退却しただけだったので、豊後一国を確保できただけだった（宗麟の隠居《いんきょ》領として日向を提案されたが断ったともいわれる）。

　大友家は、源頼朝の側近だった京都出身の官人・中原親能《なかはらちかよし》の養子となった能直《よしなお》を祖とする。頼朝から豊後の守護とされ、その子孫が九州に住みついた。詫間《たくま》・一万田《いちまだ》・鷹尾《たかお》・田原《たはら》・戸次《べつき》・木付《きつき》・入田《にゅうた》といった各氏はその庶流《しょりゅう》である。また、時代によって違うが、豊前、筑後、肥後などの守護だったこともある。

　戦国期の義鑑《よしあき》のときに、北九州全域に勢力を拡げたが、長男の宗麟（義鎮）の廃《はい》嫡《ちゃく》を試みた義鑑が、守護所の御殿《ごてん》の二階で暗殺されるという「二階崩《にかいくず》れ」の悲劇もあった。

大友氏は、豊前を中心に大内氏と対立することが多かったが、宗麟の母は大内義興《よしおき》の娘である。大内義隆《よしたか》を自害に追い込んだ陶晴賢《すえはるかた》は、義隆の甥にあたる宗麟の弟を大内家に迎えた。だが、毛利元就《もとなり》に攻められたとき、宗麟はこれを助けなかった。元就から豊前を提供されたことで満足したらしい。

大友氏の本拠は府内《ふない》（大分《おおいた》）だったが、現在の大分城は豊臣時代の福原《ふくはら》氏によって大分《おおいた》川の河口に建設されたもので、当時は、もう少し内陸の現在の大分駅東側に城下町はあり、南部の丘陵地帯にも居館があった。ただし、宗麟は晩年、臼杵《うすき》に移ったので、こちらのほうが宗麟の町という印象が強い。

大友義統は朝鮮出兵に参加したが、平壌《ピョンヤン》南方で明の大軍到来を前に小西行長《こにしゆきなが》の部隊を見捨てて退却して改易され、関ヶ原の戦いでは西軍について、復活のチャンスを失った。ただし、名門であることから、江戸幕府の高家《こうけ》として家名は存続した。

江戸時代の豊後は、府内、臼杵、佐伯《さいき》、杵築《きつき》、日出《ひじ》、森《もり》など小藩分立の状態だったが、最大は岡《おか》（竹田《たけた》）藩の中川氏だった。日田《ひた》は幕府領の重要都市として栄えた。

築山殿の血を引く小倉と中津の殿様

室町時代の豊前は、大内氏が守護であることが多かったが、大友氏や少弐氏が進出して守護の座を占めたこともあった。ことに、大友氏はたびたび豊前へ侵攻し、大内氏が滅びてからは支配下に置いた。

この地にあった下野《しもつけ》出身の宇都宮《うつのみや》氏は、平家追討のために豊前守護となり、城井《きい》郡に土着した。南北朝時代にも宇都宮冬綱《ふゆつな》が豊前などの守護になったことがあるが、のちには、大内氏などの下にあり、不振が続いた。だが、戦国末期の宇都宮鎮房《しずふさ》は、大友、毛利、島津など各氏の間を巧みに遊泳《ゆうえい》し、秀吉の九州侵攻の際も、直前になって馳《は》せ参じ、島津攻めに参加した。

その結果、伊予で一二万石を与えられたが、鎮房は父祖の地にこだわってこれを無謀にも拒否して抵抗した。このとき、豊前は小倉《こくら》周辺が毛利勝信《かつのぶ》（織田家臣。中国の毛利とは無関係）に、残りが中津《なかつ》を本拠とする黒田如水《じょすい》に与えられた。如水は、嫡男長政《ながまさ》の嫁に鎮房の娘を迎えるなどの和平案を示して鎮房を安心させておき、肥後の国人一揆制圧のため如水が不在中に中津城に現れた鎮房を、長政が酒宴《しゅえん》の席で謀殺した。巧みに強豪の間で生き抜いてきた宇都宮氏だが、最後は、天下の情勢を読み間違った。その子孫は、越前福井藩士となったという。

関ヶ原の戦いのあと、豊前は細川忠興《ただおき》に与えられたが、忠興は小倉に海に浮かぶ壮麗《そうれい》な城を築いてそこに移った。宮本武蔵と佐々木小次郎《こじろう》の巌流島《がんりゅうじま》での決闘は、このころのことである。だが、細川氏もやがて肥後に移り、幕末には小倉に小笠原《おがさわら》氏、中津に奥平《おくだいら》氏があった。

たまたまだが、この小笠原氏と奥平氏はいずれも、悲劇の主人公として知られる築山殿《つきやまどの》と岡崎信康《おかざきのぶやす》の縁者である。小笠原氏の藩祖・秀政《ひでまさ》の夫人は信康の娘、奥平信《のぶ》昌《まさ》の夫人は信康の姉だった。

戦国観光案内　大友宗麟にちなむ観光名所はほとんどなく、臼杵《うすき》城跡くらい。大友宗麟の銅像が大分駅前にある。大友氏館跡などの発掘は進んでいるが観光地としては整備されていない。竹田《たけた》市の岡城跡には見事な石垣があり桜の名所。中津市には、黒田官兵衛資料館が開館。中津は黒田官兵衛の城下町。大坂築城の総指揮を執《と》るなど各地で豊臣政権のために城下町をつくってきた官兵衛だが、初めて得た領国での町づくりだけに、官兵衛の都市設計思想がもっとも純粋に反映されている。短冊《たんざく》形の街区にウナギの寝床《ねどこ》の奥行きが深い商家《しょうか》が並び、町全体を惣構《そうがま》えで囲って、城下町全体の防御性を高いものにしている。

少弐氏に対抗するために大宰大弐になった大内義隆

防長から九州に勢力を伸ばしていた大内義隆《よしたか》は、朝廷から大宰大弐《だざいのだいに》という官職をもらった。「少弐《しょうに》」という肩書きを大宰府でのナンバー2と理解している人が多いが、それは間違いである。トップは帥《そち》でその次が菅原道真《すがわらのみちざね》が左遷されて就任した権帥《ごんのそち》、その下に次官クラスが何人かいて、その最上位が大弐、その下に少弐というわけだ。

大内氏がこの古めかしい肩書きを所望《しょもう》したのは、大友、島津とともに源頼朝によって送り込まれて以来、北九州最大の実力者となった少弐氏に対抗するためだった。少弐氏は、もともと武藤《むとう》氏といって武蔵《むさし》にあった藤原系の豪族だったが、頼朝によって平家残党狩りや地元豪族の制御のために九州へ送り込まれ、豊前、筑前、肥前の守護となった。そして、その官職をとって少弐氏と名乗るようになった。元寇《げんこう》にあたっては、九州武士を率いて防衛軍の先頭に立って活躍したのは、ＮＨＫの大河ドラマ「北条時宗《ほうじょうときむね》」でもおなじみだ。

少弐氏は、足利尊氏が九州に落ちてきたときに大いに助け、南朝征西府《なんちょうせいせいふ》の懐良《かねよし》親王と激しく戦った。ところが、九州探題となった今川了俊《りょうしゅん》は、遅参《ちさん》した少弐冬資《ふゆすけ》を水島《みずしま》の陣の宴席《えんせき》で殺してしまった。これには仲介の労をとった島津氏も怒り、今川了俊の大失策となった。そこで、挽回《ばんかい》を図った了俊は大内義弘《よしひろ》を頼るが、これが大内氏の九州進出のきっかけとなり、大内氏と少弐氏の因縁の争いの始まりとなる（一四一ページ系図参照）。

少弐満貞《みつさだ》は大友氏と結んで、筑前深江《ふかえ》で大内盛見《もりみ》を討ち取り、「名将犬死に」と衝撃を与えた（一四三一年）。だが、二年後には、再び大内氏に攻められて満貞は秋月《あきづき》城で戦死し、対馬の宗《そう》氏に庇護《ひご》されながら少弐氏は肥前から再起を狙うことになる。

泥棒した茶道具で生き残った秋月の殿様

筑前の土豪で、戦国時代に活躍した者としては、秋月氏、高橋《たかはし》氏、立花《たちばな》氏がある。秋月氏の先祖は後漢《ごかん》の霊帝《れいてい》を祖と称する帰化人で、大宰府の役人だった。秋月種長《たねなが》は秀吉の九州出兵のときには島津側についていたが、敗戦後、博多の豪商島井《しまい》宗室《そうしつ》から奪って持っていた天下の三名物のひとつ「楢柴《ならしば》」（肩付《かたつ》き茶入れ）を献上して助かった。朝鮮遠征では二五〇〇人もの朝鮮人の鼻を削《そ》ぎ落として日本に送る暴挙を働いた。秋月氏は、江戸時代には日向高鍋《ひゅうがたかなべ》藩主となり、上杉家の養子となって米沢藩《よねざわ》の名君と称えられた上杉鷹山《ようざん》を生んだ。ただし、鷹山は江戸生まれで九州に足を踏み入れたことはない。また、秋月家も幕末維新で活躍して面目を施《ほどこ》した。

高橋氏は秋月氏と同族だが、大友氏の麾下《きか》にあり、大友氏一族の一万田《いちまだ》氏から養子として鑑種《あきたね》を入れていた。ところが、大友宗麟が鑑種の兄を殺し、その美貌《びぼう》で知られる妻を横取りしたので反旗を翻し、毛利氏と組んだ。だが、結局は敗れ、後継者は大友家の重臣・吉弘《よしひろ》氏から送り込まれた。これが、勇将・高橋紹運《じょううん》である。

ただし、秋月家から迎えられていた養子の高橋元種《もとたね》も生き残り、秀吉によって日向延岡《のべおか》城主とされたが、のちに改易され、子孫は二本松《にほんまつ》藩や薩摩藩に仕えた。

高橋紹運は、岩屋《いわや》城にあって、島津氏の進出と戦ったが、一五八六年、壮絶な戦いのちに城兵七六三人とともに玉砕《ぎょくさい》した。だが、島津側も大損害を出し、秀吉との決戦を前に戦意をひどく削がれた。

その高橋紹運の実子で、大友一族の名門・立花氏の養子になったのが碧蹄館《へきていかん》の戦いのヒーローとして知られる立花宗茂《むねしげ》である。その養父である道雪《どうせつ》は、大友宗麟の家臣の戸次《べつき》氏から送り込まれていたが、人格も優れた勇将で、宗麟の北九州制覇の功労者の一人である。

秀吉の九州攻めの前夜、宗茂は実父の岩屋城での奮闘もあって立花城を守りきり、筑後柳川《やながわ》城主として取り立てられた。関ヶ原の戦いでは西軍につき、もし勝っておれば、少なくとも九州での最大実力者になっていただろうが、大津《おおつ》城攻防戦で時間をとられて決戦には間に合わず、これが、西軍敗北の一因ともなった。いったん取り潰されたが、徳川秀忠《ひでただ》に気に入られて相談相手となり、奥州で大名として復活し、やがて柳川に復帰して、島原《しまばら》の乱では幕府軍の重鎮として重きをなした。

このほか、少弐氏の庶流とみられる筑紫広門《つくしひろかど》も、秀吉のもとで大名として生き残ったが、関ヶ原の戦いで立花宗茂と行動をともにして改易され、子孫は旗本となった。

戦国時代の博多《はかた》は、大友氏や少弐氏の勢力が拮抗《きっこう》し、のちには、大内氏の支配下にも入った。そのころ、明の寧波《ニンポー》で大内氏を後ろ盾とする博多商人と細川氏に支持された堺商人が勘合《かんごう》貿易の主導権争いをしていた。理屈の上では分が悪かった堺側が賄賂《わいろ》で優遇されていたのが分かり、それに怒った博多側が実力行使に及んで寧波周辺を荒らし回るという事件（寧波の乱）があった（一五二三年）。本来なら、博多商人と大内氏は追放されるはずだが、事態収拾を通じてうまく明の役人に取り入ったため、大内義隆が陶晴賢《すえはるかた》の乱で暗殺されるまで、博多主導で勘合貿易は行われた。

博多の町は島津と大友の戦いのなかで焼かれたが、豊臣秀吉によって復興され、今日の博多の町の骨格となった。

秀吉は北九州の統治を小早川隆景《こばやかわたかかげ》に委《ゆだ》ねた。隆景は博多の東にある名島《なじま》に居城を築いたが城下が狭かったので、関ヶ原の戦いのあとに領主となった黒田長政は、博多の西にあって、古代には迎賓《げいひん》施設の鴻臚館《こうろかん》が置かれていた丘陵に福岡《ふくおか》城を築城した。天守台はあるが、天守が建てられたという記録はない。ただ、幕府に天下泰平《たいへい》となったのでもはや不要と、わざわざ壊したという噂《うわさ》を記したものはある。南方に丘陵が広がっているので、あまり背の高い天守を建てるのは、砲撃の目標になってよくなかったように思われる。

筑後国は、おおむね大友氏が守護をつとめ、そのもとに国人たちや大友氏の流れをくむ諸氏が割拠《かっきょ》していた。そのなかで最大勢力だったのが、柳川の蒲池《かまち》氏である。蒲池鑑盛《あきもり》は、耳川《みみかわ》の戦いで奮戦し戦死した。立花道雪は窮地《きゅうち》に陥って頼ってきた龍造寺隆信《たかのぶ》を保護していたことがあり、その縁もあって蒲池氏は龍造寺氏に属した。だが、やがて相互に不信が芽生え、隆信は蒲池鎮並《しげなみ》を佐賀《さが》城に誘い出して謀殺し、柳川にあった残党を親戚の田尻《たじり》氏（山門《やまと》郡高田《たかた》町）に命じて滅ぼさせた。余談だが、歌手の松田聖子の本名は蒲池法子で、この子孫だという。

秀吉は柳川を立花宗茂に与えたが、関ヶ原の戦いののちは、石田三成を生け捕った田中吉政《たなかよしまさ》が入り、今日みられるような城を築城した。だが、田中氏は無嗣《むし》断絶し、立花氏が復帰した。久留米《くるめ》には、小早川（毛利）秀包《ひでかね》ののち、柳川城の支城となった時期を経て赤松《あかまつ》一党の有馬《ありま》氏が入り、二一万石の城下町として栄えた。よく間違われるが、キリシタン大名の有馬氏とは無関係である。

戦国観光案内 福岡市博物館は中世都市としての博多についての展示も充実。黒田節《ぶし》で知られる「日本号《ごう》」という槍がある。市内崇福寺《そうふくじ》境内に黒田家墓所がある。筥崎《はこざき》宮《ぐう》楼門は小早川隆景の再建。太宰府市には九州国立博物館もできた。岩屋城跡は古代の大野《おおの》城跡の中腹にある。

佐賀

龍造寺と鍋島を結びつけた未亡人の結婚

「薩長土肥《さっちょうどひ》」が幕末維新の勝者となったのには、もちろん、幸運の女神が味方したこともあろうが、神様が助けてくれたのにはそれだけの理由があるものだ。もし、共通点を探すとしたら、いずれも戦国時代以来の矛盾をそのまま抱えていた藩であり、それがゆえに、天下泰平の時代らしいピラミッド型の静謐《せいひつ》な社会秩序とはひと味違った活力があったことではないか。

〈龍造寺・鍋島家系図〉

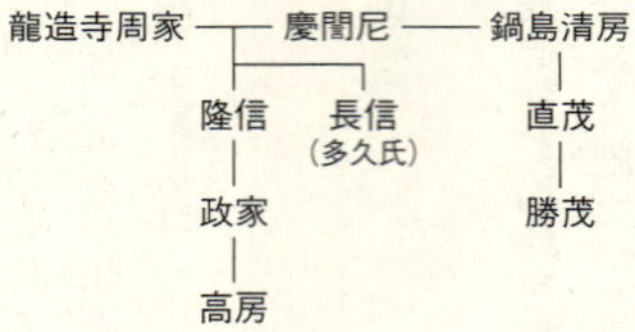

豊臣秀吉が九州仕置《しおき》をしたとき、佐賀城は龍造寺政家《りゅうぞうじまさいえ》のものだった。鍋島直茂《なべしまなおしげ》は、その臣下として四万石を与えるように指示が出されただけである。だが、それに続く朝鮮遠征で龍造寺軍の指揮をとったのは直茂だった。そして江戸時代の初めになって、鍋島氏の優位が確立していくのに耐えかねて自暴自棄《じぼうじき》になった龍造寺高房《たかふさ》が江戸屋敷で自殺したことで、オーナー一族の交替が行われた（一六〇七年）。

だが、その後も、多久《たく》氏や諫早《いさはや》氏など龍造寺一族は厚遇され、明治になって爵位を与えられた者もいるほどだ。佐賀藩はその統制のために実に慎重に振る舞い、そのことが緩《ゆる》みのない藩政運営という果実をもたらした。

龍造寺氏はもともと大宰府の官僚出身で、少弐《しょうに》氏に属したこともあり、その窮地を救いもした。だが、少弐氏は龍造寺氏を疑って追放した。そこで、龍造寺隆信《たかのぶ》は大内氏と結び、少弐氏を滅ぼし（一五五九年）、また、かつて世話になった筑後の蒲池《かまち》氏なども攻めて北九州の覇者となり、「九州の熊」と恐れられた。

その背景として、南蛮人などとも接触して鉄砲隊を充実させ、しかも、組織的に使いこなすことに成功したことがある。目先が利《き》き、商才も十分だったらしい。

だが、その強引で「えげつない」手法に不安をもつ土豪たちも増えた。隆信は、島津氏と接近したことを理由に有馬晴信《はるのぶ》を討とうとして出陣したが、島原《しまばら》半島沖田《おきた》畷《なわて》の泥田のなかで島津・有馬軍に囲まれて討ち死にした（一五八四年）。肥満で身体が動きづらくなっていたのも、逃げられなかった理由である。

鍋島家は龍造寺家に仕えていたが、未亡人となった隆信の母親（慶誾尼《けいぎんに》）が、直茂を見込んで直茂の父と再婚し、隆信の兄弟として家を盛り立てるように計らったことで、鍋島氏は龍造寺一族と同等となった。

直茂は、隆信の死後、徐々に権威を確立し、家内の世論を背景に平和裏に頭領《とうりょう》として認められた。

名護屋城跡は世界遺産の価値ありだが

肥前の守護は、少弐氏や渋川《しぶかわ》氏が占めることが多かった。渋川氏は足利一族で、二代将軍義詮《よしあきら》の正室も出している。そうしたこともあって渋川義行《よしゆき》が九州探題となったが、入国もできないまま今川了俊《りょうしゅん》に交代させられた。今川了俊の失脚後、渋川氏は大内氏の支持を得て復帰したが、実質は大内氏の傀儡《かいらい》であり、やがては肥

には滅亡した。前東部のみを保持することになった。だが、最後は大内氏とも決裂し、一五三四年

県内には、秀吉による朝鮮遠征の基地となった名護屋《なごや》城跡がある。海に面した半島のなだらかな丘陵上に安土《あづち》城跡を思わせる壮大な石垣群がいまも立派に残っていて、特別史跡に指定されている。それらは世界遺産クラスだが、日韓関係を考えればユネスコに指定を申請する元気は日本政府にはないだろう。もともと防御を目的とした城ではないので、風景としては万博《ばんぱく》の会場のようなところに、各大名の陣地がパビリオンのように散在している。そこで、各大名たちは、遊興に耽《ふけ》ったらしい。

とくによく知られたのが、仮装大会である。秀吉は黒頭巾《くろずきん》に腰蓑《こしみの》をつけて瓜《うり》商人に、家康は笊《ざる》売り、利家は高野聖《こうやひじり》、前田玄以《げんい》などは尼僧に扮《ふん》して楽しんだ。

秀吉の死後、城は破却《はきゃく》されたが、その部材の多くは寺沢《てらさわ》氏の唐津《からつ》城に運ばれた。寺沢氏は唐津の町づくりや唐津焼《やき》の恩人だが、飛び地だった天草《あまくさ》の統治を誤り、天草の乱を起こされて滅びた。幕末の藩主は小倉藩分家の小笠原《おがさわら》氏である。

戦国観光案内　名護屋城跡は特別史跡で保存状態も非常によい。安土城跡と並ぶ第一級の遺跡。名護屋城博物館はひたすら日本が悪かったという反省のための学習施設

の趣《おもむき》が善し悪しだ。少なくとも愉快ではない。佐賀城跡には、佐賀県立博物館、御殿を復元した佐賀城本丸歴史館がある。

長崎

戦国大名がほとんど生き残った幸運

戦国大名が江戸幕末まで生き残ることは、本当に幸運に恵まれないと、できないことである。だが、長崎県では、大村（大村）、松浦《まつら》（平戸《ひらど》）、五島《ごとう》（五島）、宗《そう》（府中《ふちゅう》）と、島原藩の松平氏以外の大名すべてが地元出身である。さらに、島原半島の旧主・有馬氏（久留米の有馬氏とは無関係）も、越前丸岡《まるおか》で生き残ることができた。

〈有馬・大村家系図〉

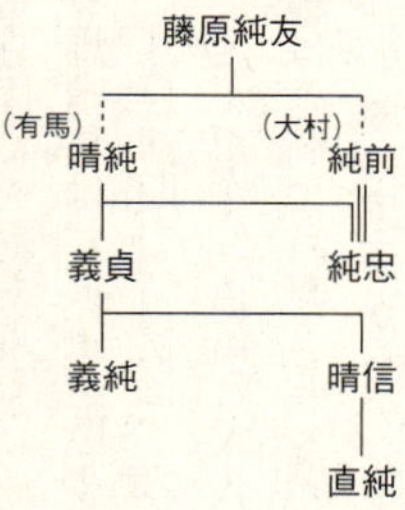

有馬氏は、藤原純友《すみとも》の子孫と称する高来《たかく》郡有馬荘の地頭だった。龍造寺隆信《りゅうぞうじたかのぶ》に属したこともあるが、恩人である筑後の蒲池《かまち》一族まで滅ぼした隆信のやり方に不安を覚えてか、島津氏と組んで反旗を翻した。不利な戦いのはずだったが、島原半島の沖田畷《おきたなわて》の戦いで

龍造寺隆信を討ち取り、一躍、力を回復した。

有馬晴信《はるのぶ》は、天正遣欧少年使節に千々石《ちぢわ》ミゲルを送り出したキリシタン大名だった。江戸初期、晴信は、本多正信《ほんだまさのぶ》の家臣・岡本大八《おかもとだいはち》に賄賂《わいろ》を贈るなどして領土の拡大を企んだが、正信と大久保忠隣《おおくぼただちか》の対立に巻き込まれて自害した。しかし、嫡子の直純《なおずみ》は延岡《のべおか》に移封されただけで存続した。だが、このキリシタン大名を移封して、筒井順慶《じゅんけい》の家臣からのし上がった野心満々の松倉重政《まつくらしげまさ》を当地に入れ、残酷な弾圧をさせたことが、島原の乱をもたらした。

大村氏は有馬氏と同じ先祖をもつ。一五六三年に洗礼を受け、キリシタン大名第一号として知られる純忠《すみただ》も有馬家からの養子である。一五八〇年には、長崎を教会に寄進し、その二年後には天正遣欧少年使節を出した。長崎を寄進したことは外交上は危険なことだったが、このことで、世界でもっとも美しい港町のひとつが生まれ、プッチーニの「蝶々《ちょうちょう》夫人」という名作オペラが生まれたことも間違いない。

江戸時代の長崎は、幕府領として全国でも有数の大都市となった。長崎県には、いまも海辺の小さな集落にまでロマネスクやゴシックの美しい教会があったりして世界遺産の候補にもなっているが、これらは明治になってからの建築で、戦国時代の「南蛮風」とは、中国、それも南の沿岸部のものだったといえば、がっかりする人も多いだろう。

五島列島でももっとも本土に近い、宇久島《うく》の出身である五島氏も、藤原純友の流れと称していた。十四世紀に福江島《ふくえ》に移り、そこを本拠として朝鮮遠征でも活躍した。

NHK大河ドラマ「北条時宗」で水軍として大活躍していた松浦党《まつら》は、江戸期まで大名として生き残り、明治《めいじ》天皇を通じて現在の皇室にDNAを遺している。明治天皇の生母である中山慶子《なかやまよしこ》の母親が松浦家出身だったからである。そのおかげで爵位も、藤堂《とうどう》、井伊《いい》、南部《なんぶ》といったところと同格の伯爵だった。

松浦鎮信《しげのぶ》は朝鮮出兵から帰国し、南蛮船の基地である平戸に日之嶽《ひのたけ》城を築いたが、徳川家に異心がないことを示すために、自ら城を焼却してしまった。だが、海防の要地でもあり、元禄時代になって再建が許された。

竹島問題に暗い影を落とす宗氏の朝鮮外交

壱岐《いき》国は、江戸時代には平戸藩の所領だったが、室町時代には対馬《つしま》とともども少弐《しように》氏の勢力圏だった。少弐氏は、九州本土での形勢が悪くなるとしばしば対馬の宗氏のところに逃げ込んだのだ。

宗氏は対馬国府《こくふ》の官人であったとみられるが、少弐氏に属する有力者として、対馬のみならず九州本土でも活躍し、筑前の守護代などをつとめていたこともある。

だが、一四一九年、李氏《りし》朝鮮の太宗《たいそう》は、倭寇《わこう》の再発を防止するという名目で対馬に軍勢を送った（応永《おうえい》の外寇《がいこう》）。朝鮮軍は多くの島民を殺し、家々を焼いた。

世宗《せいそう》の代になって、朝鮮はハト派路線に戻り、宗氏に独占的な貿易権を与えることを内容とした嘉吉《かきつ》条約が結ばれた。だがその内容は、ある種、宗氏を朝鮮国王に対して従属的な位置に置く危険なものであった。現在、竹島《たけしま》問題に絡んで、韓国の一部には対馬を自国の領土と主張する意見が出ているが、その原因はこの条約にあることを考えると、イエズス会の長崎領有と同様に、天下統一ののちにおいて存続を容認すべき内容ではなかったのは当然だ。

宗氏は秀吉の朝鮮遠征にあたっては、なんとか、これを止めようとしたが失敗し、小西行長《こにしゆきなが》とともに先陣をつとめた。一方で、その後も早期和平のための工作を続け、家康のもとでの関係修復にも活躍した。しかし、「日本国源秀忠」に一字付加して「日本国王源秀忠」を名乗らせる国書偽造《ぎぞう》事件も起こし、以後は、幕府から五山《ござん》の僧を監視役につけられた。

江戸時代の宗氏を介しての日朝関係は、ひとことでいえば、「互いの主張の矛盾が露呈しない程度の希薄《きはく》な関係を、細いパイプでつなげておけばよし」ということであって、互いに鎖国《さこく》政策をとっていることを前提とした消極的なものだった。

それに徳川家康の外交も、再征《さいせい》の可能性をちらつかせてのものだったし、朝鮮通信使の扱いも、変則的ではあるが一種の朝貢《ちょうこう》受け入れであって、対等のものではなかった。こうした、負の面に着目せずに、単純に善隣友好外交として称揚《しょうよう》するのは、ある方向の政治的な意図をもった恣《し》意的な評価であり、間違ってもいる。
だが、そうした外交政策への評価はともかく、対馬は長きにわたって日朝交流の場として巨大な存在であり、いまにその思い出を美しく伝えている。

戦国観光案内　平戸城は松浦氏関係の展示あり。島原城天守閣はキリシタン史料館になっている。原《はら》城跡は島原の乱をしのべるし、出土品の展示施設もある。対馬の万《ばん》松院《しょういん》にある歴代藩主の墓地は見事。県立対馬歴史民俗資料館もある。

熊本

二条城会見が豊臣家を滅ぼした

加藤清正《きよまさ》は熊本《くまもと》城を築き、民政工事にも熱心に取り組んだ。そうしたこともあって、加藤氏が改易され、細川氏が入っても、加藤清正への人気は衰えることなく今日まで続いている。

ただし、天下をみる見識ということでは、清正には大局観に甘いものがあった。清正が奔走《ほんそう》して実現した二条城《にじょう》会見は、淀殿や秀頼《ひでより》と腹を割って相談して作戦を練り上げたものではなかった。

このために、「人の下に付くような男でない（優れているということではなく、柔軟性がなく平和共存の意志のないやっかいな奴という意味）」と、秀頼に徳川家への服従意志がないことを家康に確認させる機会になってしまい、豊臣家滅亡への決定的な分岐点になった。

秀頼が会見を拒否して戦端《せんたん》を開けば、この段階なら清正らは大坂方につかざるをえなかった。少なくとも、三年後の大坂冬の陣のときより、勝機がはるかに大きかったはずだ。福島正則《まさのり》が東西開戦を聞いて「三年早く、三年遅い」（「早い」とはもう少し待てば家康が死ぬという意味）と言ったのは、「戦うのならあのときだった。清正が余計なことをした」という意味だったのではないか。

あるいは、会見するにしても、相手を岳父《がくふ》ながら官位が下の秀忠にするとか、野球にたとえるなら、直球ではなく変化球でしのぐとかいった手もあったはずだ。

清正は、最後のご奉公という自己満足を得たが、それが何になったのだろうか。まじめさと人望を家康に逆手《さかて》に取られたのだ。

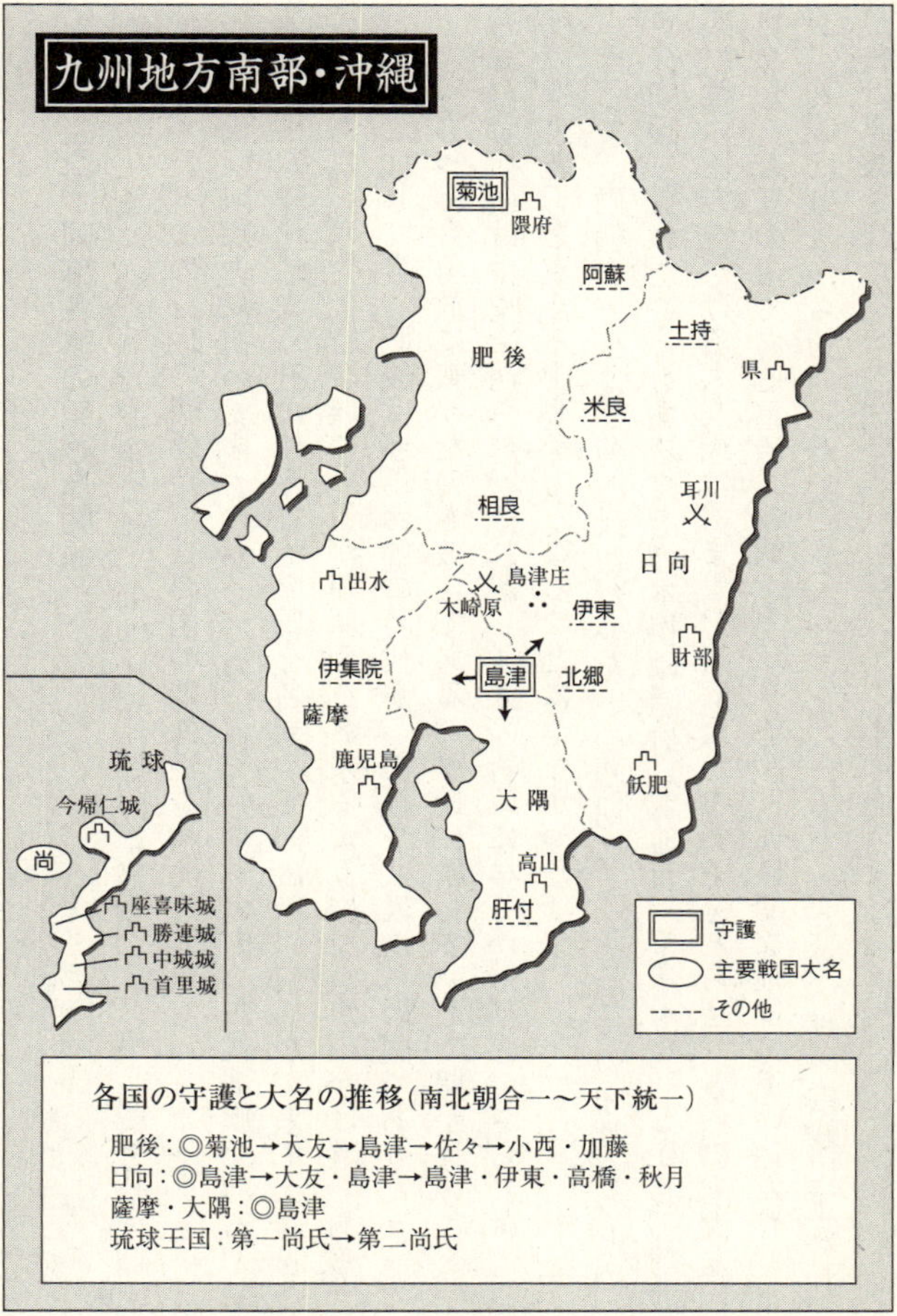

各国の守護と大名の推移（南北朝合一～天下統一）

肥後：◎菊池→大友→島津→佐々→小西・加藤
日向：◎島津→大友・島津→島津・伊東・高橋・秋月
薩摩・大隅：◎島津
琉球王国：第一尚氏→第二尚氏

菊池・大友・阿蘇各家の微妙な関係

建武《けんむ》の中興にあたり、肥後では、菊池《きくち》氏が国司、大友氏が守護、阿蘇《あそ》氏が国上《じよう》使《し》となった。この三氏の関係が、この国の特殊性を物語っている。

阿蘇氏は阿蘇大宮司《だいぐうじ》の家柄で、かつての国造《くにのみやつこ》の系統を引く古代部族である。菊池氏は平安時代に大宰府に仕えて藤原氏を名乗っているが、京都から来て土着したのか、あるいは古代鞠智《くくち》族の一員が藤原氏を名乗るようになったのかは謎である。

いずれにしても、肥後は邪馬台国《やまたいこく》の時代から勇猛な武人たちの国であり、元寇のとき、もっとも勇敢に戦ったのも彼らである。平氏に属していた時期が長いことから鎌倉時代にはやや冷遇され、それが、建武の新政に早くから与《くみ》し、さらには、南朝の懐良《かねよし》親王を支える中心勢力となることにつながった。

そして、両朝合一後は、菊池氏がだいたいの時期において肥後の守護をつとめ、筑後《ちくご》守護を兼ねたこともある。その本拠は隈府《わいふ》（菊池市）であった。しかし、菊池氏に強い圧力をかける大友氏は、まず、阿蘇氏から養子をとらせ、さらに、大友氏自身から義鑑《よしあき》の弟である重治《しげはる》（義武《よしたけ》）を送り込んで従属的な地位に追い込んだ。だが、義武は豊後から独立した動きをみせるようになったため、甥の宗麟に逐《お》われ、最後は謀殺された（一五四四年。一五六ページ系図参照）。

ただし、菊池氏の一族で日向米良《めら》に逃れ米良氏を名乗ったものがあり、江戸時代は交替寄合《よりあい》（知行高《ちぎょうだか》は一万石未満だが、譜代《ふだい》大名並みの待遇）、つまりミニ大名もどきとして認められ、明治になって南朝忠臣の家というので男爵となった。

やがて、大友氏は耳川《みみかわ》の戦いで敗れ、肥後北部は龍造寺氏の支配下に入り、さらに沖田畷《おきたなわて》での龍造寺隆信の戦死によって島津氏が進出した。だが、まもなく、秀吉の九州攻めとなり、当地には佐々成政《さっさなりまさ》が封じられた。秀吉は肥後の土豪たちを治める難しさを考慮し、しばらく彼らの領地を安堵し、検地もしないことを指示したが、成政は検地を強行したので反乱が起こった。黒田如水《じょすい》ら援軍のおかげで鎮圧したものの、成政は改易され、尼崎《あまがさき》で切腹を命じられた。

この乱平定ののち、北部は加藤清正、南部は小西行長《こにしゆきなが》に与えられた。土豪たちも、朝鮮遠征でそれぞれ活躍した。関ヶ原の戦いのあとは清正が南部も支配したが、天草《あまくさ》は除かれた。法華宗の熱心な信者だった清正がキリシタンの多い天草を嫌ったという説もあるが、ありえない話ではなさそうだ。そして、加藤家断絶のあとは小倉《こくら》から細川家が送り込まれた。

このほか、南部の球磨《くま》郡には、鎌倉時代に遠江《とおとうみ》の相良《さがら》荘出身の相良氏が源頼朝《よりとも》によって送り込まれ、戦国時代には、葦北《あしきた》郡、八代《やつしろ》郡まで勢力を拡げて肥後南部を支配した。だが、相良氏は島津氏の進出で球磨郡に押し込められたのち、秀吉の九州平定で所領を安堵された。相良長毎《ながつね》は、一六〇二年に母親を江戸に送ったが、これが参勤交代の始まりとされる。江戸時代、相良氏の人吉藩《ひとよし》では内紛が絶えず、藩主暗殺とか、お家断絶を恐れての替え玉とか、戦国時代さながらの、話題に事欠かない藩であった。

戦国観光案内 熊本城は加藤清正時代の雰囲気がよく残る。近年、本丸御殿《ごてん》が復元された。熊本市立熊本博物館は市内に限らず県内の戦国時代についての豊富な展示がある。人吉城は多聞櫓《たもんやぐら》が復元され資料館になっている。近隣には人吉城歴史館がある。

鹿児島

島津氏が頼朝の子孫を称する意味

薩摩や大隅《おおすみ》には「麓《ふもと》」という、砦《とりで》と武家屋敷を一体化させた城下町が江戸時代になっても各地にあり、それぞれに領主がいた。とくに、加治木《かじき》、重富《しげとみ》、出水《いずみ》、日《ひ》置《おき》、垂水《たるみず》、宮之城《みやのじょう》の島津分家と種子島《たねがしま》氏は、近代になって男爵とされたくらいで、大名同様の力をもっていた。

島津氏初代の惟宗忠久《これむねただひさ》は、比企能員《ひきよしかず》の妹が源頼朝の子をみもごったのちに、近衛家家司《けいし》で秦《はた》氏の一族である惟宗広言《これむねひろこと》の妻となって生んだとされる。忠久は、日向都城《みやこのじょう》の近衛家島津荘の地頭、薩摩・大隅・日向三国の守護になった。たしかに、忠久は公家としての教養も高く頼朝に重宝されたのも理由はあるのだが、あまりもの出世ぶりに、そんな噂《うわさ》があったのかもしれないのを、室町時代になって公式に主張しだした。とはいえ、島津家が頼朝の子孫であることは、世間的には通用しており、江戸後期の藩主・島津重豪《しげひで》は鎌倉に先祖の墓をつくった。こうしたことが、幕末において「島津幕府」を狙う原動力にもなった。

最初に薩摩での根拠地となったのは北西部の出水地方だが、やがて島津家は薩摩を地盤とする総州《そうしゅう》家と大隅にあった奥州《おうしゅう》家に分かれ、南北朝の終わりごろには、勝利を収めた奥州家が鹿児島市周辺に移ってきた。

建武の新政にあたっては、比企一族に連座《れんざ》して北条氏から疎《うと》まれた鎌倉初期以来の経緯もあり、これに呼応した。その後、今川了俊《りようしゆん》の九州探題就任にあたって起きた少弐冬資《しようにふゆすけ》謀殺事件で幕府方と対立したこともあったが、だいたいは北朝側にあった。

戦国期にあって、奥州家は、出水地方にあった薩州《さつしゆう》家と対立し、伊作《いざく》家（南西部の日置市吹上町《ふきあげ》が本拠）の貴久《たかひさ》を養子とした。これが、義久《よしひさ》や義弘《よしひろ》の父である。この貴久が実父の忠良《ただよし》とともに戦国大名としての基礎を固めた。ザビエルが鹿児島に上陸したのは、この貴久の代の一五四九年だが、貴久は領内混乱の可能性を危惧《きぐ》して布教を認めなかった。このために、薩摩は南蛮貿易の基地になり損《そこ》ねた。

それがよかったかどうかは別の話だが、もし、薩摩がキリスト教を受け入れていたら、この最強の連合は、日本、あるいは、アジアに一大帝国を現出させていたかもしれない。

鉄砲のおかげか男爵になった種子島家

それを嗣いだ義久（一五三三〜一六一一年）は、大友宗麟（一五三〇〜八七年）や龍造寺隆信（一五二九〜八四年）とほぼ同世代だが、宗麟を耳川の戦いで、隆信を沖田畷の戦いで破り、一気に九州制覇に乗り出した。だが、筑前で高橋紹運《たかはしじょううん》の強い抵抗にあっているうちに、秀吉の九州攻めにあい、薩摩・大隅と日向半国に押し込められた。

そののち、弟の義弘が朝鮮遠征で活躍し、さらに、宗久《むねひさ》のときに琉球を保護下に置き、経済力、軍事力、世界情勢の知識をあわせもつ雄藩に成長した。他の藩では、加賀《かが》藩があえて軟弱であることで保身し、仙台《せんだい》藩が経済音痴《おんち》ぶりから脱却できなかったのを尻目に、薩摩藩は他を圧する存在であった。

島津氏以外の勢力としては、薩摩北部に渋谷《しぶや》氏、大隅に肝付《きもつき》氏があったが、義久の時代に島津氏の家臣として組み込まれた。連合艦隊司令長官の東郷平八郎《とうごうへいはちろう》は、この渋谷氏の一党から出ている。

また、種子島の領主・種子島時堯《ときたか》は、一五四三年の鉄砲伝来のおかげで歴史に名を残した。この島には難破船などが漂着することも多く、もともと造船技術があったことが、技術受容に役立ったらしい。時堯は、一三代将軍義輝《よしてる》の求めに応じて火薬の調合を教えるといったこともした。

鉄砲の「家元《いえもと》」としての権威があってのことかどうかは分からないが、種子島氏は島津重臣として生き延び、明治になって男爵になったことはすでに書いたとおりである。

戦国観光案内　鹿児島県歴史資料センター黎明館《れいめいかん》には、島津氏勃興《ぼっこう》についてのよい展示がある。出水《いずみ》、入来《いりき》（薩摩川内市《せんだいし》）、知覧《ちらん》（南九州市）には麓《ふもと》の雰囲気が残る。西之表市《にしのおもてし》の種子島開発総合センター（鉄砲館）には鉄砲伝来についての展示がある。

宮崎

伊東マンショが天正遣欧少年使節の団長になったわけ

日向《ひゅうが》の国を代表する戦国大名で幕末まで生き残った伊東《いとう》氏は、飫肥《おび》城（日南市《にちなん》）を居城としたが、もとはといえば、児湯《こゆ》郡（西都《さいと》市）が本拠だった。

伊豆《いず》半島の温泉地・伊東にその名が由来する伊東氏は、藤原武智麻呂《むちまろ》（北家《ほっけ》）の流れをくんでおり、富士の巻狩《まきが》りの際に曾我《そが》兄弟に仇討ちされた工藤祐経《くどうすけつね》の子孫である。伊東氏は日向に地頭として送り込まれ、都於郡《とのこおり》城（西都市）にあったが、義祐《よしすけ》の一五六八年に飫肥を獲得した。

だが、のちに島津氏に逐《お》われ、豊後に逃げた。天正《てんしょう》遣欧少年使節の伊東マンショは、この義祐の孫で、大友宗麟の縁戚であったため団長格に選ばれた。義祐の跡を嗣いだ伊東祐兵《すけたか》は畿内に亡命して秀吉に仕え、九州平定の先導を果たしたことから、旧領である飫肥を奪回した。

室町時代から戦国時代にかけての日向では、大ざっぱには、北部に土持《つちもち》氏、中部に伊東氏があり、南部は北郷《ほんごう》氏なども含めた島津家の諸分家が割拠していた。

島津・大友の二股膏薬も最後には剝がれて

土持氏は古代豪族・田部《たべ》氏の流れをくみ、六世紀に宇佐《うさ》神宮が創立されたときに九州に来たといわれる。日向にあった広大な宇佐神宮荘園の管理者として力を伸ばし、県《あがた》（延岡《のべおか》）を本拠とし、財部《たからべ》（高鍋《たかなべ》）などにも分家が展開した。

応仁の乱以前から、伊東氏は盛んに勢力拡大を図り、土持氏や島津氏と抗争し、財部や飫肥を抑え、今日の日向市にある門川《かどかわ》・日知屋《ひちや》を窺《うかが》った。土持氏は、これに対抗するために、島津氏と大友氏の両方に頼った。

一五七二年、伊東義祐は木崎原《きざきばる》の戦いで土持氏に惨敗し、豊後の大友氏を頼って佐土原《さどはら》城から脱出した（一五七七年）。ところが、これで、土持氏は島津か大友かどちらかに決めることを迫られる羽目になった。勃興する島津氏を抑えるのはこの機会をおいてほかにないと意を決した大友宗麟は、薩摩に使者として赴《おもむ》いた土持相模守《さがみのかみ》を豊後にも来させて申し開きを要求するなど強硬だったので、土持氏は島津を選んだ。そして松尾《まつお》城（延岡市）で大友軍と戦うが、落城して土持氏は滅んだ。土持氏を血祭《ちまつ》りに上げた大友氏は、この直後の耳川《みみかわ》の戦いで大敗し、転落への道を歩んだのは皮肉である。

大友宗麟は、日向を征服したら、これをキリシタンの国にしようとしていたらしい。だが、神への祈りは役に立たず、キリスト教も評判を落とすことになった。秀吉は、伊東氏を飫肥に復帰させたほか、延岡に筑前の高橋氏、高鍋に秋月《あきづき》氏を配した。島津氏は諸県《もろかた》郡などを保持し都城《みやこのじょう》はその中心都市として栄えた。

戦国観光案内　飫肥城（日南市）と城下町は戦国時代の雰囲気をよく残し、歴史資料館もある。宮崎県総合博物館に耳川の戦いなどについての展示あり。

沖縄

源為朝の琉球国創始説は伝説ではなく正史

琉球王家の始祖である舜天《しゆんてん》王は、源頼朝の叔父で、保元《ほうげん》の乱に敗れた為朝《ためとも》の子だということになっている。そんな突拍子もない伝説があるというのでなく、これが「正史」の世界での公式見解なのである。

そういう伝説は島津支配以前からあり、島津氏が琉球に侵攻したのちの一六五〇年、琉球王国摂政《せつしよう》だった羽地朝秀《はねじちようしゆう》によって編纂された『中山世鑑《ちゆうざんせいかん》』によってこのような見解が正史とされたのだ。沖縄の人々は中国人でなく間違いなく南九州と同系であり、そういう意識が反映された伝説である。

朝鮮遠征のとき、秀吉は琉球王国に対しても派兵を求めた。だが、中国人官僚に牛耳《ぎゅうじ》られていた琉球は、明《みん》にこれをご注進《ちゅうしん》する一方、派兵の要求には応じなかった。そこで、薩摩藩はこれを肩代わりして、その代替に兵糧米《ひょうろうまい》や金銭的な負担を求めた。

さらに、関ヶ原の戦いが終わったあと、琉球の船が本土に漂着することがあって、幕府や薩摩藩ではこれを丁重に送り返したにもかかわらず沖縄側からの返礼がないことや、薩摩の使節に対する非礼があったなどの事件もあった。そこで、徳川家康の許可を受けた薩摩藩は、ついに沖縄を制圧した（一六〇九年）。

樺山久高《かばやまひさたか》が率いる総勢三〇〇〇余りを乗せた一〇〇余艘《そう》の軍船が、山川《やまがわ》港を出帆。奄美大島《あまみおおしま》を制圧したのち、本部半島の運天《うんてん》港に上陸し、北部の拠点である今帰《なき》仁《じん》城を落とした。首里《しゅり》城が降伏するまでに、上陸から十日もかからなかった。

尚寧王《しょうねいおう》は薩摩へ連れ去られ、翌年には江戸で将軍秀忠に謁見した。しかし、このちも、琉球王国は明や清への朝貢を続け、実質的には薩摩に支配されながらも、独立国として中国との外交関係を維持した。貿易を通じての利益は、薩摩も望むところだったからである。

一方、琉球を支配した薩摩は過酷な支配を行った。そこで、羽地は、日琉同祖《にちりゅうどうそ》論を展開することで、平等な関係を求めたのである。いうまでもなく、島津氏は源頼朝の子孫と称している。琉球王家が頼朝の叔父である為朝に始まるという伝説を利用して、薩摩との関係改善を策《さく》したというわけだ。

万国津梁の時代を終わらせた倭寇と南蛮船

沖縄に古代はないといわれる。クニらしきものが成立するのは十二世紀のことで、元《げん》から明に代わった直後に、察度《さつと》王が明の洪武帝《こうぶてい》の求めに応じて入貢している（一三七二年）。そののち、北山《ほくざん》、中山《ちゆうざん》、南山《なんざん》の三つの王国に分裂した時代があるが、一四二九年に再統一された（第一尚氏《しようし》）。そののち、一四七〇年に王朝が交替して、これを第二尚氏と呼ぶ。

明帝国との関係は仰々しいもので、織田信長が全盛のころ、琉球王尚永《しようえい》のもとへ明の皇帝が遣わした冊封使《さくほうし》が来琉し、「琉球はよく進貢のつとめを果たしており『守礼之邦《しゆれいのくに》（帝国に忠実な心がけのよい国）』と称するに足る」という神宗《しんそう》（万暦帝《ばんれきてい》）からの勅諭《ちよくゆ》を伝えた。

これを喜んで尚永王は「守礼之邦」という扁額《へんがく》をつくらせ、城門に掲げさせた（一五七九年）。これが「守礼門《しゆれいもん》」のおこりで、守礼とは、もっぱら中華帝国への忠誠を意味しているのである。観光パンフレットなどには「守礼之邦というのは、礼儀が重んじられている道徳的に立派な国という意味」などと書かれていることがあるが、そういう意味ではまったくない。

琉球王国は明帝国から厚遇され、非常に多くの朝貢船の派遣を許されたため、中継《ちゅうけい》貿易で莫大な通商利益を上げた。このころが、「万国津梁《ばんこくしんりょう》（世界の架《か》け橋）」の時代といわれる琉球王国の全盛期である。だが、倭寇の跋扈《ばっこ》で朝貢貿易の枠外の自由貿易が盛んとなり、また、南蛮船が到来してより本格的な中継貿易を始めるに至って、この繁栄は下火《したび》になっていった。

この間、室町幕府との関係は、書状や使節のやりとりはあったものの、よりインフォーマルなものであった。こうした書状は仮名《かな》で書かれていたため、琉球側で十分に保存されていないようだ。中国との外交は那覇《なは》市内の久米《くめ》に住む中国人たちが独占したので、幕府とのやりとりは別の部署が担当したのだろうか。いずれにしても、幕府を上位とし、王国が下位となる関係であって、対等の国として扱われたことはない。

この時期、島津氏は、徐々に日本と沖縄との交易権の独占を図り、六代将軍義教《よしのり》から琉球を領地とすることを認められた（一四四一年）。のちに、足利義晴《よしはる》は備中の三宅国秀《みやけくにひで》に沖縄遠征の許可を出し、豊臣秀吉は亀井茲矩《これのり》に琉球を与えたのだが、島津氏はいずれの企《くわだ》ても妨害し、窓口の独占を図り、ついには、軍事的に制圧したのである。

戦国観光案内 首里《しゅり》城は国営公園として整備復元された。沖縄県立博物館もある。世界遺産には、今帰仁、勝連《かつれん》、座喜味《ざきみ》、中城《なかぐすく》の各城《ぐすく》跡も指定されている。いずれも十五世紀のものだ。

コラム NHK大河ドラマ好みの主人公は

NHKの大河ドラマは、豪華キャストや本格的な歴史考証で、すでに半世紀近くも安定した人気を誇っている。もちろん、フィクションにすぎない小説を原作に、さらに脚色を加えているのだから、史実だと誤解されることも困りものだが、ほかの時代劇よりは史実に近いのも確かである。

ところが、歴史にそこそこ忠実でも面白いとなると、題材は限られてくる。第1号の「花の生涯」から2016年に予定される「真田丸」まで入れると、「春日局」「春の坂道」「武蔵 MUSASHI」「琉球の風」「花の乱」といったところまで広く含めれば55作のうち23作が戦国ものである。

戦国もののなかで、信長・秀吉・家康を少なくとも主人公の一人にしたのは、「太閤記」「国盗り物語」「徳川家康」「信長 KING OF ZIPANGU」「秀吉」「葵 徳川三代」である。この3人の周辺人物が主人公なのが、「黄金の日日」「おんな太閤記」「利家とまつ〜加賀百万石物語〜」「功名が辻」「天地人」「江〜姫たちの戦国〜」「軍師官兵衛」「真田丸」だ。

地方の戦国大名のなかでは、武田信玄と上杉謙信に人気が集中して「天と地と」「武田信玄」「風林火山」と3本ある。それ以外では、「独眼竜政宗」「毛利元就」「天地人」「真田丸」だけだ。

関東が皆無なのが不思議なところだが、北条五代のなかのスターである北条早雲は、戦国でも初期の人物だけに、室町時代は分かりにくいというのがネックか。また、時代は新しくとも、三好長慶とか松永久秀も分かりにくい。

西日本の武将たちは、朝鮮出兵がNHK的にはネックだといわれている。たしかに虎狩り抜きの加藤清正では面白くない。「軍師官兵衛」ではどうするのだろうかと思ったら、日本軍が負けたところしか画面には出ず、碧蹄館の戦いなど名前もさけて通られた。大友宗麟あたりも面白いと思うのだが、キリシタン大名は宗教の扱いが難しくて躊躇されるのだろう。

第五章

関東――東日本独立の夢ならず

鎌倉（関東）公方

鎌倉の栄華は一四五五年に終わった

鎌倉《かまくら》がその栄華を失ったのは、新田義貞《にったよしさだ》が稲村ヶ崎《いなむらがさき》から攻め上って幕府を倒したときではない。鎌倉公方《くぼう》だった足利成氏《しげうじ》が、古河《こが》に追いやられた一四五五年こそが、関東の首都としての鎌倉の終焉《しゅうえん》のときである。足利義政《よしまさ》の命で進駐した今川範忠《のりただ》の駿河勢が、放火略奪の限りを尽くし、社寺《しゃじ》の多くはそののち再建されなかった。応仁の乱で京都が灰燼《かいじん》に帰す十二年前のことである。

それから半世紀してこの地を得た北条早雲《そううん》は、「枯《か》るる樹に　また花の木を植《う》えそへて　もとの都《みやこ》に　なしてこそみめ」と詠《よ》んだが、この地が再び関東の都としての賑《にぎ》わいを取り戻すことはなかった。

室町時代から戦国にかけて、関東は準独立国であった。足利時代、鎌倉は第二首都としての地位を維持し、足利尊氏《たかうじ》の子の基氏《もとうじ》の子孫が、鎌倉（関東）公方、つまり東日本担当将軍代理として君臨した。関東管領《かんれい》としてこれを助けたのが上杉家で、東国の守護たちは鎌倉に住んだ。また、鎌倉五山《ござん》も置かれた。

ここでは、まず、鎌倉公方に焦点を当てて、室町時代から戦国時代にかけての関東の政治史の概略を眺めてみよう（四一ページ系図参照）。
鎌倉公方と幕府との抗争は、基氏の子の氏満《うじみつ》の代に始まる。それは一三七九年に、彼が、三代将軍義満《よしみつ》に反旗を翻《ひるがえ》そうとしたので、これを諫《いさ》めるために管領の上杉憲春《のりはる》が自害した事件のときから始まる。一四一六年には、前管領の上杉禅秀《ぜんしゅう》が、鎌倉公方・持氏《もちうじ》の政治を批判し、排斥しようとした上杉禅秀の乱が起きた。この乱は、関東の諸将を広く糾合《きゅうごう》したもので、一時は持氏も鎌倉から逐《お》われたが、幕府はこの乱が四代将軍義持《よしもち》の弟で不仲の義嗣《よしつぐ》と連携したものだと断じ、持氏に肩入れしたために、鎌倉公方の勝利に終わった。

関東の戦国史

年	関東での主な出来事
1379	足利氏満が義満に叛意
1416	上杉禅秀の乱
1439	永享の乱で鎌倉公方敗北
1440	結城合戦
1454	享徳の乱で鎌倉公方古河に
1457	堀越公方が伊豆へ
1486	太田道灌が殺される
1491	北条早雲が伊豆制圧
1538	第一次国府台合戦
1546	河越夜戦で上杉氏敗北
1553	甲相駿三国同盟
1584	沼尻の戦い（北条 vs 佐竹）
1590	北条氏が滅亡し家康江戸へ

これは文字どおり関東武士を二分する乱であったが、さらに、残党狩りにことよせて、持氏はかねてより幕府に近かった小笠原《おがさわら》、佐竹《さたけ》、那須《なす》（京都扶《ふ》持衆《ちしゅう》）らを圧迫する挙《きょ》に出た。このために、関東武士団に深刻な傷を残すことになる。すでに書いたように、徳川氏の祖先も、「上杉禅秀の乱のみぎり関東を去り」、一五九〇年に江戸に復

帰するまで二世紀近い日々を三河《みかわ》で過ごしたのだということになっている。

そののち、持氏は、五代将軍義量《よしかず》の後継者となるチャンスがあると信じていたので少し自重《じちょう》もしていたが、六代将軍は籤《くじ》引きで決められ、持氏にはそれに参加することすら許されなかった。これに怒った持氏は、六代将軍義教《よしのり》への対抗心を隠そうとしなくなった。

そして、持氏は嫡子《ちゃくし》の元服のとき、将軍職から一字を賜《たまわ》る先例を破って義久《よしひさ》と名乗らせたことから、持氏と自重を求める管領上杉憲実《のりざね》（山内家《やまのうち》）との間に戦端《せんたん》が開かれ、敗れた持氏は自刃させられた（永享《えいきょう》の乱、一四三九年）。

遺児の安王丸《やすおうまる》・春王丸《はるおうまる》の二人は、結城氏朝《ゆうきうじとも》に迎えられて挙兵するが（結城合戦、一四四〇年）、幕府勢の攻撃で翌年落城、二人の子は捕らえられ、京都へ護送される途中に殺害された。

この永享の乱のあと、鎌倉公方はしばらく空席だったが、関東の混乱に業《ごう》を煮やした幕府は九年後になって、持氏の遺児で寺に入っていた成氏《しげうじ》が鎌倉公方として復権することを認めた。ところが成氏は、「親の仇《かたき》」とばかり上杉憲実の子の憲忠《のりただ》を殺したので幕府から追討を受けた（享徳《きょうとく》の乱、一四五四年）。幕府方の今川勢の略奪で、鎌倉が再起不能に陥《おちい》ったのはこのときである。

小田原落城まで古河公方は健在だった

　こうして鎌倉を逐われた足利成氏は茨城県の古河《こが》に逃げて「古河公方」といわれるようになった。八代将軍義政《よしまさ》は弟の政知《まさとも》を京都から鎌倉に送り込もうとしたが、政知はどうしても鎌倉に入れず、伊豆《いず》の堀越《ほりこし》に留まったため、「堀越公方」と呼ばれて古河公方と対立した。

　関東管領の上杉家は、多数の系統に分かれているが、とくに山内、扇谷《おうぎがやつ》の両家が有力だった。享徳の乱では、両上杉氏は手を組んで古河公方と戦った。このころ、扇谷上杉氏の重臣として活躍したのが太田道灌《おおたどうかん》であり、江戸城は古河公方陣営への防御のために築城されたものだった。

　その後、将軍義政が堀越公方に伊豆を与えることを条件として古河公方と和解し、「都鄙《とひ》合体」といわれたが、それでも古河公方は鎌倉に復帰できなかった。将軍家がしばしば京都を空《から》にしたのと同じことで、大都市に入ると治安を維持するだけでも多くの人員と予算が必要になるので、郊外の防御しやすい陣地にこもったのである。

　上杉家でも、実力者として台頭してきた太田道灌が、主君・上杉定正《さだまさ》（扇谷家）に疎《うと》まれて暗殺された。この事件のあと野心満々の定正は、古河公方と組んで山内側と戦端を開いた（長享《ちょうきょう》の乱、一四八八年）。

そうこうしているうちに、今川家の駿河の客分《きゃくぶん》だった伊勢新九郎《いせしんくろう》（北条早雲）が、堀越公方の内紛に乗じて伊豆を奪い（一四九一年）、さらに、小田原《おだわら》に進出した（一四九五年）。このころから、古河公方は山内側に近づき、一方、扇谷側は、伊勢氏改め北条氏と連携する構図になるが、山内氏優位のもとで講和がなされた（一五〇五年）。

一五一〇年ごろ、北条氏は相模《さがみ》制圧に乗り出したため、ここに至ってようやく、古河公方と山内上杉、扇谷上杉の三者は北条氏への対抗体制を整えるかにみえた。だが、古河公方家では、成氏の曾孫である晴氏《はるうじ》が北条早雲の子・氏綱《うじつな》の娘（芳春《ほうしゅん》院《いん》）を正室に迎え、叔父である義明《よしあき》（小弓《おゆみ》公方、のちの喜連川《きつれがわ》氏）の排除を北条氏に要請、国府台《こうのだい》合戦（千葉県市川《いちかわ》市）となり、義明らは討ち死にした（一五三八年。二〇九ページ系図参照）。ところが、古河公方の晴氏は、一五四五年の河越《かわごえ》夜戦に山内・扇谷両上杉氏の再三にわたる要請で出陣したため、戦後、北条氏に詰問《きつもん》される立場となり、子の義氏《よしうじ》に家督を譲った。

義氏は小田原に移され、北条氏の庇護《ひご》の下に置かれた。一方、山内上杉氏から名跡《みょうせき》を譲り受けた上杉謙信は義氏の弟である藤氏《ふじうじ》を擁立し、古河公方宿老《しゅくろう》の簗田《やなだ》氏も藤政《ふじまさ》を擁立するなどしたが、北条氏の優位のもとでは功を奏《そう》しなかった。

北条早雲の孫娘を母とする義氏は一五八三年に没し、その娘である氏姫《うじひめ》が九歳で古河公方家の家督を嗣《つ》いだ。氏姫は、小田原落城後に鴻巣《こうのす》（埼玉県）へ退去させられたが、豊臣秀吉は、小弓御所系の足利国朝《くにとも》と結婚させた。これが、江戸時代を通じて下野《しもつけ》喜連川藩（東北自動車道矢板《やいた》インターチェンジの東）として残り、実質は五〇〇〇石ながら一〇万石格とされた。明治になって喜連川から足利に復姓《ふくせい》し、子爵となり、足利宗家として扱われている。

このように、鎌倉・古河公方による関東支配は、形式的には、徳川家康が清和《せいわ》源氏の宗家として関東支配を始めるまでは継続していたというわけで、北条氏による実質支配下にあったとしても、一五九〇年までは、関東の足利時代は終わっていなかったのである。

埼玉

戦国時代には東関東と西関東に分かれていた

中世においては、関東を二つに分けるときは、東関東と西関東とすることが普通で、現代のように北関東と南関東という分け方はしなかった。利根《とね》川が現在の隅田《すみだ》

関東地方南部

各国の守護と大名の推移(南北朝合一〜天下統一)

武蔵:◎上杉→北条→徳川
下総:◎千葉→北条・古河公方・結城→北条→徳川
上総:◎上杉・千葉→里見・武田→北条・里見→徳川
安房:◎上杉・結城→里見
相模:◎扇谷上杉・三浦→北条→徳川
常陸:◎佐竹

〈上杉家系図〉

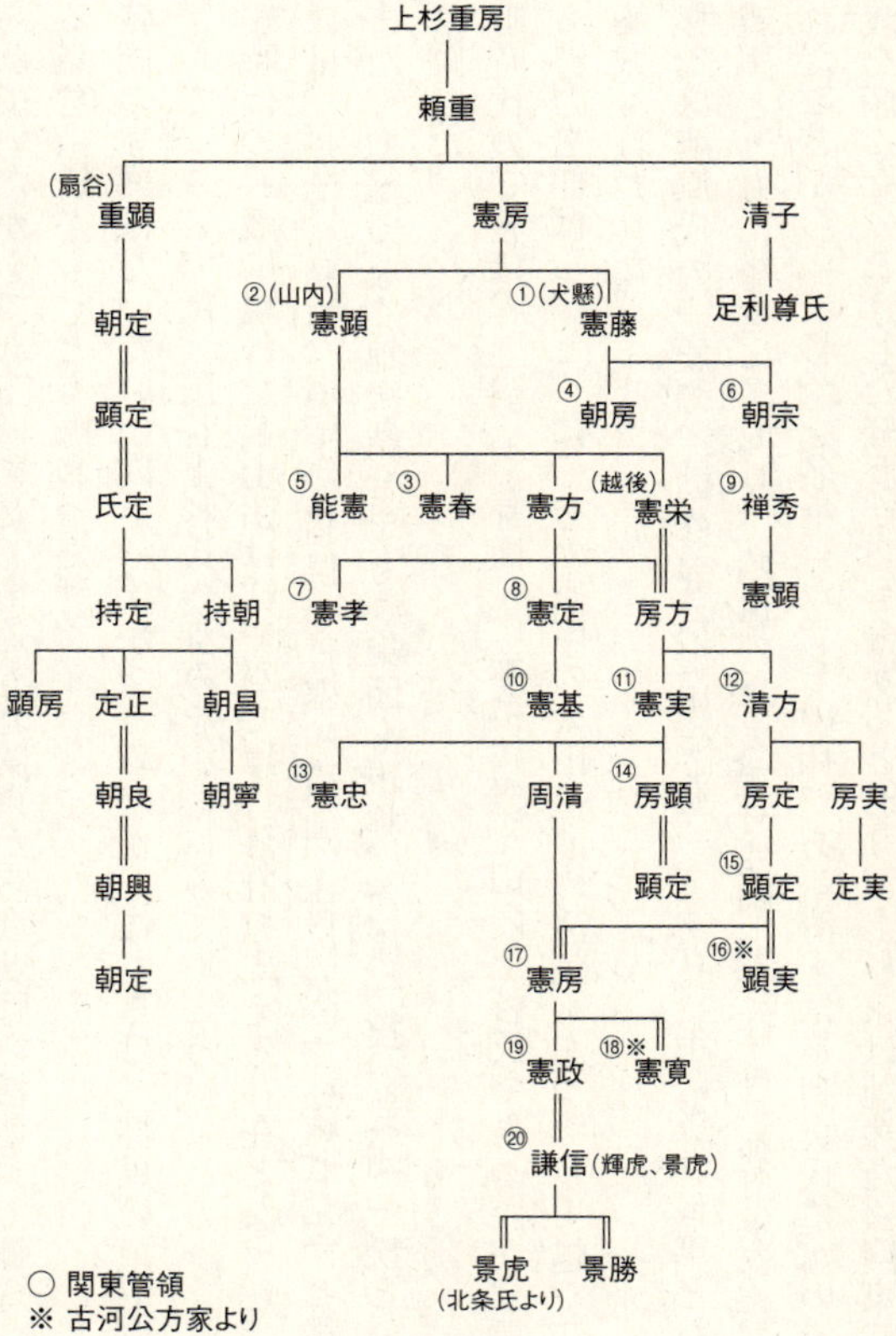

○ 関東管領
※ 古河公方家より

川の河口に、渡良瀬《わたらせ》川が中川《なかがわ》に流れ込み、関東平野は、南北に流れる二本の大河で区切られていたからである。また、街道も北関東から武蔵野《むさしの》を横切って鎌倉へとつながる鎌倉街道がもっとも賑わった。

武蔵国の守護はだいたい山内上杉氏がつとめたが、こちらは、群馬の項で取り上げるとして、ここでは、扇谷上杉氏の歩みを中心にみていこう。

平安時代の武蔵に現れた武士団は、やがて鎌倉幕府を支える存在となった。室町時代には、丹治《たんじ》、私市《きさい》、児玉《こだま》、猪俣《いのまた》、日奉《ひまつり》、横山《よこやま》、村山《むらやま》が「武蔵七党《しちとう》」と称された。また、血縁でなく地縁《ちえん》結合をもつ集団も現れ、白旗《しらはた》一揆、武州《ぶしゅう》一揆といった形で活躍した。

室町時代の守護は、上州《じょうしゅう》（上野《こうずけ》国）に本拠に置く山内上杉氏であったが、扇谷上杉氏も勢力を伸ばし、とくに、その家臣の太田道灌《どうかん》の活躍もあって、川越《かわごえ》や江戸などの築城も行われた。

上杉氏は藤原氏の一族で、勧修寺《かじゅうじ》系に属する。一二五二年に鎌倉将軍となった宗尊《むねたか》親王とともに鎌倉に下向《げこう》し、始祖の重房《しげふさ》が丹波《たんば》国上杉荘（京都府綾部市）を与えられたことから「上杉」を名乗った。その孫である清子《きよこ》は足利貞氏《さだうじ》に嫁《とつ》いで尊氏と直義《ただよし》を産んだ。こうした経歴からも分かるとおり、上杉家は純然たる関東武士というより、公家との中間的な存在であり、京都のつながりが強いということもあって、室町幕府からのお目付役として最適であった。

鎌倉の扇谷に館を構えた扇谷上杉が本家筋《すじ》であるが、尊氏とともに活躍した憲房《のりふさ》の系統が山内系で、関東管領もそちらによって占められた。扇谷系は初め京都にあったらしいが、永享の乱では扇谷持朝《もちとも》が山内系とともに持氏と戦い、結城合戦の功で相模守護となった。

享徳の乱では、持朝の子の顕房《あきふさ》が武蔵・分倍河原《ぶばいがわら》（府中《ふちゅう》市）で成氏方と戦って討ち死にした。このころ、扇谷上杉の執事だったのが太田資清《すけきよ》・道灌父子で、山内上杉の内紛にも介入するなど、おおいに声望《せんぼう》を高めたが、これが主君となった定正《さだまさ》をも警戒させることとなり、道灌は定正に討たれた。一四八六年、定正は山内上杉の顕定《あきさだ》にそそのかされて道灌を相模国糟屋《かすや》の館に呼び出し、入浴中を襲わせて殺害した。道灌はこのとき「当方断絶」と叫んでこときれた。

北条早雲は扇谷上杉の助っ人として関東に来た

道灌の死後、山内顕定は実家である越後上杉氏と結び、扇谷定正は古河公方と組んで争う長享の乱が起こり、関東は大混乱に巻き込まれた。ところが、古河公方が裏切って山内上杉と手を組んだため、扇谷上杉は北条氏と連携した。神奈川県のところで詳しく書くが、北条早雲は扇谷上杉家の協力者、いわば助っ人として関東に進出したのである。だが、戦況は不利なままであったため、扇谷朝良《ともよし》は川越《かわごえ》を退去して江戸城に隠退し、長享の乱は終わった。

やがて、北条氏綱《うじつな》は扇谷上杉に敵対し、江戸城、翌年には岩付《いわつき》城と川越城を落としたので、扇谷上杉は松山《まつやま》城（吉見町）に移った（一五二四年）。そして、両上杉と古河公方の旧勢力大連合八万騎が、八〇〇〇の軍勢を率いた北条氏康《うじやす》に敗れた河越夜戦で扇谷朝定《ともさだ》は討ち死にし、扇谷上杉氏の嫡流《ちゃくりゅう》は絶えて武蔵は北条氏の領国となり（一五四六年）、秀吉の小田原攻め（一五九〇年）まで支配が続いた。小田原攻めの際には、忍《おし》城で石田三成の水攻めを失敗させた戦いがよく知られる。このときの城主・成田氏長《なりたうじなが》の娘は、秀吉の側室・甲斐殿《かいどの》となり、氏長も下野国烏山《からすやま》城主として生き残った。

北条氏滅亡のあと、武蔵の戦国武士たちは、大名にはあまりなれなかったが、旗本になったり親藩《しんぱん》譜代大名に仕えた者は多かった。

たとえば、水戸《みと》藩付家老で常陸松岡《ひたちまつおか》藩主の中山氏は、武蔵七党のうち丹治氏の一党である。高麗《こま》郡中山（飯能《はんのう》市）にあったが、秀吉の北条討伐の折の当主・家範《いえのり》は、八王子《はちおうじ》城攻防戦で勇猛に戦って戦死し、子の中山信吉《のぶよし》はのちに水戸頼房《よりふさ》の守役《もりやく》となった。久留里《くるり》三万石の黒田氏も同族である。

また、宇都宮《うつのみや》氏の一族で深谷《ふかや》にあった秋元長朝《あきもとながとも》は、関ヶ原の戦いで東軍に属し、かつて上杉氏に属していた縁《えん》から、上杉景勝《かげかつ》が徳川家康の背後を襲わないようにするための交渉に当たった。秋元家は、幕末には館林《たてばやし》藩主だった。

県内の要地である川越は、古くは源義経の岳父《がくふ》である河越重頼《かわごえしげより》がいたところであり、扇谷上杉の本拠地のひとつだったこともある。もし、秀吉に江戸に本拠を置くことを強制されなかったら、家康の趣味からすると川越あたりを居城に選んでいたかもしれない。川越は、江戸時代、幕閣《ばっかく》の有力者が次々と封じられたが、そのなかで、「知恵伊豆《ちえいず》」と呼ばれた松平信綱《のぶつな》は、名君として名を残している。また、川越の喜多院《きたいん》は、家康のブレーンだった会津芦名《あしな》氏出身の天海僧正《てんかいそうじょう》が本拠としたところである。

戦国観光案内　川越には、江戸城御殿《ごてん》を移築した喜多院や太田道灌などについての展示がある市立博物館がある。行田《ぎょうだ》市の忍城跡には天守閣風の行田市郷土博物館がある。

東京

関西系インテリ、やり手専務だった太田道灌

江戸、東京を誕生させた恩人は誰かというと、太田道灌《どうかん》、徳川家康、前島密《まえじまひそか》を挙げる人が多いだろう。戦国時代に江戸城を築いた太田道灌、それを関東の首府《しゅふ》とし、さらに幕府を開いた徳川家康、浪速《なにわ》遷都をもくろんでいた大久保利通《としみち》を翻意《ほんい》させて東京遷都を実現した前島密というわけだ。

だが、本当の恩人は、豊臣秀吉と三条実美《さんじょうさねとみ》だ。太田道灌が築いたのは粗末な田舎城に過ぎないし、江戸を小田原の役のあとの家康の居城とする指示をしたのは豊臣秀吉である。また、京都から動くことをしぶる公家たちを説得して東京遷都を主導したのは三条実美である。大久保の浪速遷都案の中止と東京遷都の決定は時期的にも別の話で、司馬遼太郎による東京遷都秘話はまったくのフィクションに過ぎない。

さて、話を江戸誕生のころに戻すと、最初に築城した太田道灌は、扇谷上杉氏の家臣だった。太田氏は摂津《せっつ》源氏の一党で、源平時代に以仁王《もちひと》とともに挙兵して死んだ源頼政《よりまさ》の子孫である。丹波《たんば》国桑田《くわだ》郡太田荘にあったので太田氏と名乗った。同じ

丹波出身の上杉氏の先祖と一緒に関東に下ったらしい。そういう意味で伝統的な関東武士でなく畿内から来て日が浅い家系だったので、道灌が和漢《わかん》の学問に通じ、和歌の達人だったのもごく自然なことだった。

太田道灌のイメージは、よく知られる僧形《そうぎょう》の肖像彫刻や、旧都庁の正面にあった古風な狩《かり》装束の印象から温和にとらえられることが多いが、実際には、切れ者で自信に溢《あふ》れたやり手専務そのものだった。

子供のころから才気《さいき》走った少年で、父から「昔から知恵者は偽《いつわ》りが多く、偽りのある者はわざわいにあうことも多い。たとえば障子《しょうじ》はまっすぐだからこそ立つのであって、あれが曲がっていては立ちはしない」と諭されたところ、「屏風《びょうぶ》は曲がっているから立ちますが、まっすぐでは立ちません」と言ったとか、謀反を起こして立てこもった家臣の館に突入するとき、後方から「あの者は殺すな」と叫んだところ、謀反した家臣は「もしかして自分だけ助けてもらえるのではないか」と思い、剣先が鈍《にぶ》くなり、すべて討たれてしまった、などというエピソードこそ道灌らしいのだ。

叔母が家康の側室になって大名になれた道灌の子孫

道灌の声望が頂点に達したのは、山内家の家宰《かさい》になりそこねて反乱を起こした長尾景春《かげはる》の乱を、扇谷・山内両勢力を糾合して押さえ込んだときである。景春は家宰としての事務能力には疑問があったらしいが、勇猛な武士で地侍たちの支持を集めていた。これを巧みな戦術で押さえ込んだのである。東京都下でも石神井《しやくじい》城や北区中里《なかざと》の平塚《ひらつか》城にあった地元の名族豊島《としま》氏に対して、道灌は、いったん講和するとみせかけてさらに攻撃し、現在の横浜市神奈川区にあった小机《こづくえ》城に滅ぼした。

だが、あまりものやり手ぶりのため、一四八六年、主君の上杉定正に殺された。七歳年上の道灌定正は、無能な人物ではなかった。そこそこ有能だったからこそ、上杉家から独立して自分で関東の覇者になりたくなったのだろう（埼玉の項参照）。もしかすると、定正がもっとバカ殿だったら、道灌は上杉家を戦国大名として飛躍させていたかもしれない。

道灌が八代将軍足利義政《よしまさ》に会うために上洛《じようらく》したとき、江戸のことを聞かれて、「わが庵《いお》は　松原《まつばら》つづき　海近く　富士の高嶺《たかね》を　のきばにぞみる」と詠んだ美しい歌が残っている。東京のルーツについての、このうえなく美しいメモワールである。

道灌の死から三十年ほどして、道灌の孫の太田資高《すけたか》の内応を得た北条氏綱は、江戸城を落とした。氏綱は遠山《とおやま》氏を城代とし、太田資高には娘と縁組みさせて江戸城三の丸に住まわせた。その子の康資《やすすけ》は北条氏康《うじやす》に仕えたが、やがて離反して里見《さとみ》氏ともに北条氏と戦った。

小田原城が落ちたあと、水戸にあった江戸氏の娘で太田康資の養女となっていたお梶《かじ》が徳川家康の側室となり、そのおかげで、康資の子の資宗《すけむね》は大名に取り立てられ、幕末においても遠江掛川《とおとうみかけがわ》五万石として生き残った。

戦国観光案内　江戸東京博物館の展示は江戸時代中心だが、いちおう、必見。八王子城、石神井城などの跡もわずかに面影あり。正福寺《しょうふくじ》（東村山市）地蔵堂は室町期のもので都内唯一の国宝建築。

神奈川

幕府の超エリート官僚だった北条早雲

北条早雲《そううん》といえば、斎藤道三《どうさん》と並んで下剋上《げこくじょう》を象徴する奸雄《かんゆう》だということになっている。他国から流れてきて、一代で国盗《くにと》りに成功したのだから、そういわれるのにも理由はある。だが、北条早雲の場合には、中年以上の人が少年時代に読んだ歴史物語に書かれていたような、素浪人《すろうにん》などでは決してない。それどころか、九代将軍義尚《よしひさ》の取次衆《とりつぎしゅう》、いってみれば首相秘書官のような職に就いていた第一級のエリート官僚だったのである。

そもそも、早雲が駿河《するが》に関わりをもったのは、妹が今川義忠《よしただ》の正室だったからである（二四九ページ系図参照）。それも最初から駿府《すんぷ》に居を構えたのではなかった。義忠の死後、早雲は取次衆の立場を利用して、今川家の家督と駿河守護の跡目《あとめ》争いを甥の氏親《うじちか》に有利にすることを策した。まず、甥のために今川家の家督を確保し、ついで一門で守護となった範満《のりみつ》を追い落とすのに成功し、甥の後見役として駿河東部に領地をもらって乗り込んできたのだ。

そして、早雲が伊豆にあった堀越《ほりこし》公方茶々丸《ちゃちゃまる》を滅ぼしたのも、正当な理由があった。茶々丸が、父・政知《まさとも》の正室とその子（のちの一一代将軍義澄《よしずみ》の母と兄）を殺して公方を名乗ったのを処罰するという、幕府の意向に添《そ》った行動だった（四一ページ系図参照）。

小田原攻略についても、扇谷上杉配下の有力者だった大森《おおもり》氏が、山内上杉に近づいたために、扇谷上杉の支持のもとで追い落としたのであって、将軍義澄からもその支配を認められており、早雲がかすめ取ったというようなものではない。

だが、これをみた山内上杉も、管領だった細川政元《まさもと》に接近し、義澄が早雲の勢力拡大に、これ以上、荷担しないように楔《くさび》を打った。

そこで、早雲は大内氏のもとに亡命していた、のちの一〇代将軍義稙《よしたね》と連携し、細川政元の横死《おうし》や義澄の近江《おうみ》への退去という状況を利用しつつ、扇谷上杉に近い三《み》浦《うら》氏を追い詰めて、相模の統一に成功したのである。

将軍側近としての経験からもっていた中央とのパイプ、そして、熟練した宮廷《きゅうてい》政治の技術を駆使した成功であった。また、治政でも、畿内ではその必要性がいわれながらも実効が上げられなかった検地《けんち》や、中間領主の排除など、当時としては、時代の最先端をいくやり方を導入している。

ただ、伊勢氏が、いつから北条氏を名乗ったのか、また、どういう経緯だったかは判然としない。早雲の死から間もないころあたりのようだが、伏線は北条時政《ときまさ》（源頼朝の妻・政子《まさこ》の父）の出身地である伊豆韮山《にらやま》を領地にしたことにある。北条氏と同じ平氏一門である伊勢氏が、源氏の足利将軍を盛り立てたいという名目で、将軍家や朝廷の承認のもとで改姓したらしい。

〈伊勢・北条家系図〉

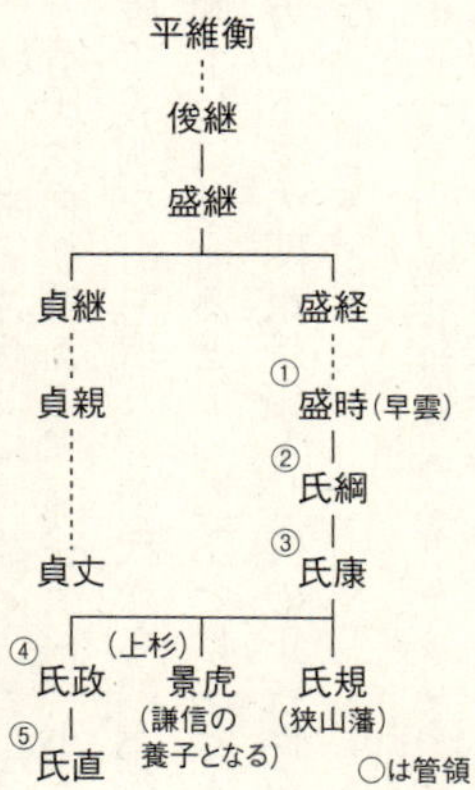

だが、北条氏を名乗ったことは、関東管領としての上杉家と同列に並ぶことと

なった。扇谷上杉氏とともに小弓《おゆみ》公方義明《よしあき》を支持していたはずの北条氏綱《うじつな》は、古河《こが》公方晴氏《はるうじ》に乗り換えて、扇谷上杉、小弓公方、里見《さとみ》氏などの連合軍と戦い、国府台《こうのだい》合戦で義明を討ち取り、晴氏から関東管領に任じられる。その後、河越夜戦で晴氏が両上杉に与《くみ》するといったことはあったが、一五九〇年の滅亡まで、北条氏は古河公方の下での関東管領としての正統性を確保して行動したのは、すでに紹介した通りだ。

そして、河越夜戦が決着してから四年後である一五五〇年、北条氏康は今川義元《よしもと》、武田信玄と甲相駿《こうそうすん》同盟を結ぶ。氏康の娘が今川氏真《うじざね》に、義元の娘が武田義信《よしのぶ》に、武田信玄の娘が北条氏政《うじまさ》に、という婚姻が行われた。それから、武田信玄が駿河を侵略するまで十五年、今川は三河方面、武田は信州、北条は上野《こうずけ》や房総《ぼうそう》半島というように、甲相駿の三大勢力が互いに背後を気にせず侵略に専念できる時間が与えられたのである。

紀伊藩家老になった名門・三浦氏

北条氏政は愚鈍な四代目とされがちだが、版図《はんと》からみれば、房総半島では里見氏を半島南部に追い込み、下野《しもつけ》や常陸《ひたち》でも勢力を拡げている。上野東部では武田勝頼《かつより》の進出が活発になったが、これに対抗して、氏政は織田信長の天下のもとで関東全域を任される可能性を模索した。

本能寺の変ののち、北条氏政は上野東部を接収し、さらに信濃《しなの》から甲斐《かい》に軍勢を進めた。だが、徳川家康に行く手を阻まれ、上野だけで満足せざるをえなかった。

こののち、氏政は徳川家康に接近し、小牧長久手の戦い前後には、徳川・織田・北条が連携したのに対して、越後の上杉や常陸の佐竹、下野の宇都宮《うつのみや》氏などが、秀吉と連絡を取り合うという構図があった。北条氏は秀吉の天下に異を唱えるつもりなどなかったが、関東のことは切り取り次第にしてほしいという野望を捨てきれなかった。だが、秀吉がそんな甘い望みをかなえようはずもなく、いったん真田《さなだ》氏に渡すことを約束した上州の名胡桃《なぐるみ》という、取るに足らない土地を取ろうと未練《みれん》を出したのを口実に攻められて、滅亡したのである。

京都の幕閣で鍛えられた早雲は、情報や新しい状況に敏感であるがゆえに成功した。それが、四代目となって、すっかり田舎大名として誇りばかり高くなってしまったのが、北条氏の失敗の原因だ。

いま、小田原城を訪れても、北条時代の面影は皆無に近い。家康の関東入国ののち、小田原城は大久保忠世《ただよ》に預けられた。だが、子の大久保忠隣《ただちか》の失脚により破却された。現在の城と城下町は春日局《かすがのつぼね》の子である稲葉正勝《いなばまさかつ》が城主のとき再建されたものである。

相模で北条早雲に抵抗した三浦《みうら》氏は桓武《かんむ》平氏で、鎌倉幕府の創建時にも重きをなした。足利尊氏の挙兵に協力し、相模国守護となったが、足利持氏《もちうじ》にその母の実家である一色《いっしき》氏にすげ替えられた。このため三浦氏は、永享の乱の際、鎌倉の持氏の御所《ごしょ》を攻撃する軍の先頭に立った。

だが、北条氏に追い詰められ、扇谷上杉家から養子に入った義同《よしあつ》（道寸《どうすん》）のときに滅びた。義同は、岬の先端にあり、現在は油壺《あぶらつぼ》マリンパークとなっている新井《あらい》城での三年間の籠城戦の末に、城門から打って出て「討《う》つものも　討たれるものも　かわらけよ　くだけて後は　もとの土《つち》くれ」という辞世《じせい》の句を残して戦死した。その遺児は、正木《まさき》氏を頼って里見《さとみ》氏に属したが、のちに、正木氏出身の母をもつ徳川頼宣《よりのぶ》の紀伊藩重臣となり、明治維新後には男爵になった。

戦国観光案内　小田原城は江戸時代に大きく改変されているが、城跡には小田原城歴史見聞館がある。早雲寺《そううんじ》は北条五代の菩提寺《ぼだいじ》。横浜の神奈川県立歴史博物館にも北条氏についての展示がある。鎌倉公方の屋敷は北東部の浄明寺《じょうみょうじ》地区にあった。円覚《えんがく》寺舎利殿《じしゃりでん》や長勝寺法華三昧堂《ちょうしょうじほっけさんまいどう》は室町期の建築。

千葉

房総半島では意外に新参者の里見氏

里見《さとみ》氏は、鎌倉公方持氏と関東管領上杉憲実《のりざね》が争った永享の乱の混乱のなかで、房総半島に姿を現した一族である。新田義重《よししげ》の三男義俊《よしとし》が上野国碓氷《うすい》郡里見郷に住んだのが始まりである（二二七ページ系図参照）。結城合戦ののち、里見義実《よしざね》は安房《あわ》に逃れ、地元の安西《あんざい》氏のもとに身を寄せたが、孫の義通《よしみち》の代になってこの安西氏などを滅ぼし、安房の国主となった。

小田原の役で北条氏が滅びたとき、下総《しもうさ》の千葉《ちば》氏や上総《かずさ》の武田氏など、房総半島の豪族たちのほとんども運命をともにした。だが、安房の里見氏は参陣が遅れたために、上総の領地を召し上げられはしたが、辛《から》うじて安房一国は確保した。

ところが、大坂夏の陣を前にした一六一三年、里見忠義《ただよし》は、岳父で徳川秀忠側近の大久保忠隣《ただちか》の失脚に連座して伯耆倉吉《ほうきくらよし》に移され、その死後、里見家は廃絶させられた。このとき、八人の家臣が殉死《じゅんし》しており、これが『南総里見八犬伝《なんそうさとみはっけんでん》』に着想を与えたといわれている。

甲斐武田氏の一族で、上総で勢力を張った武田信長《のぶなが》も、結城合戦のときに幕府から関東に派遣され土着化した。武田氏は享徳の乱では足利成氏《しげうじ》につき、千葉氏を攻略するために房総半島に入って上総に勢力を築いた（一四五五年）。

一五三八年の第一次国府台《こうのだい》合戦（市川市）は、武田氏や里見氏が支援する小弓御所と北条氏綱《うじつな》の間で戦われたが、ここで小弓公方義明は討ち死にし、武田氏をはじめとする房総半島の諸豪族は北条氏の傘下《さんか》に入った。

一方、里見氏は敗れはしたものの、小弓御所や武田氏の圧迫を受ける心配がなくなり、上総において支配地の拡大がやりやすくなるという漁夫の利を得た。里見氏は、本拠を安房稲村《いなむら》城から上総久留里《くるり》城へ移し、上杉謙信と同盟して上総での勢力拡大を狙ったのである。そして一五六四年には、岩付《いわつき》城の太田三楽《さんらく》と連携して、国府台で北条軍に決戦を挑んだが、謙信の軍勢は常陸土浦《つちうら》で小田《おだ》氏と対峙したまま動けなかった。このため、両軍合わせて一万近い戦死者を出した、戦国時代でも指折りの規模の第二次国府台合戦は、北条側の勝利に終わった。

房総半島に豊臣秀頼移封案

下総に強力な地盤をもつ千葉《ちば》氏は、鎌倉時代に全国各地に所領を得て、磐城《いわき》の相《そう》馬《ま》氏や美濃《みの》の東《とう》氏も出した。足利尊氏の挙兵にも呼応し、下総の守護の地位を得たが、内紛が相次ぐなかで勢力を減退させていった。また、里見氏の圧力も増すなかで、一五六〇年前後に千葉を捨てて佐倉《さくら》に移った。しかも、北条氏政は七男直重《なおしげ》を養子として千葉家に送り込んだが、小田原に住まわせたので、小田原陥落とともに千葉氏も滅亡したのである。

家康は関東入国後、とりあえずは里見氏への抑えとして、本多忠勝《ただかつ》を大多喜《おおたき》に置いた。また、佐倉は江戸の北東の要地として、代々、幕閣の最有力者クラスの居城となった。

ただ、興味深いのは、大坂夏の陣を前にして、豊臣秀頼に上総、安房《あわ》両国を与え、移す案があったという記録があることだ。真偽はともかく、水戸《みと》藩と同じように江戸常駐のような形なら豊臣家存続を許すというのは、ありうる解決策だっただろう。その場合に、居城地がどこになったかと想像を巡らせるのも楽しいことだ。

戦国観光案内　佐倉の国立歴史民俗博物館には戦国時代の京都や一乗谷《いちじょうだに》についての充実した展示がある。館山《たてやま》市立博物館には里見氏についての展示がある。千葉市には、県立中央博物館、市立郷土博物館がある。

群馬

最高の軍司令官だった滝川一益

滝川一益《たきがわかずます》は、柴田勝家《しばたかついえ》、丹羽長秀、羽柴秀吉、明智光秀とならぶ、信長の五人の宿老の一人でありながら、気の毒なほど影が薄い存在である。滝川氏は、近江甲賀《こうか》郡でも伊賀《いが》との国境あたりの地侍だったらしい。織田信長の生家《せいか》は尾張西部を地盤としていたから、信長に仕えたのはそう不思議な話ではない。

勇猛であったことはいうまでもないが、一益は大軍団をまとめ動かすのに才能があったようだ。長篠《ながしの》の戦いで大功を上げ、武田攻めを鮮《あざ》やかに成功させ、余人をもって代えられない人材だったらしい。そんなことから、高齢にもかかわらず、関東制圧の最前線である廏橋《うまやばし》（前橋《まえばし》）に送り込まれた。このとき、領地よりも茶器「珠《じゅ》光小茄子《こうこなすび》」を望んだといわれるが、少し疲れていたのかもしれない。武田氏の滅亡後、廏橋に入って「関東管領《かんれい》」を名乗ったともいうが、当時の肩書きはいまひとつ分からない。だが、国人たちの掌握も十分でないうちに本能寺の変が起こり、北条氏に逐われて伊勢長島《ながしま》に逃げ帰った。

関東管領をつとめていた山内上杉氏の本拠は、現在の藤岡《ふじおか》市南西にあたる平井《ひらい》城

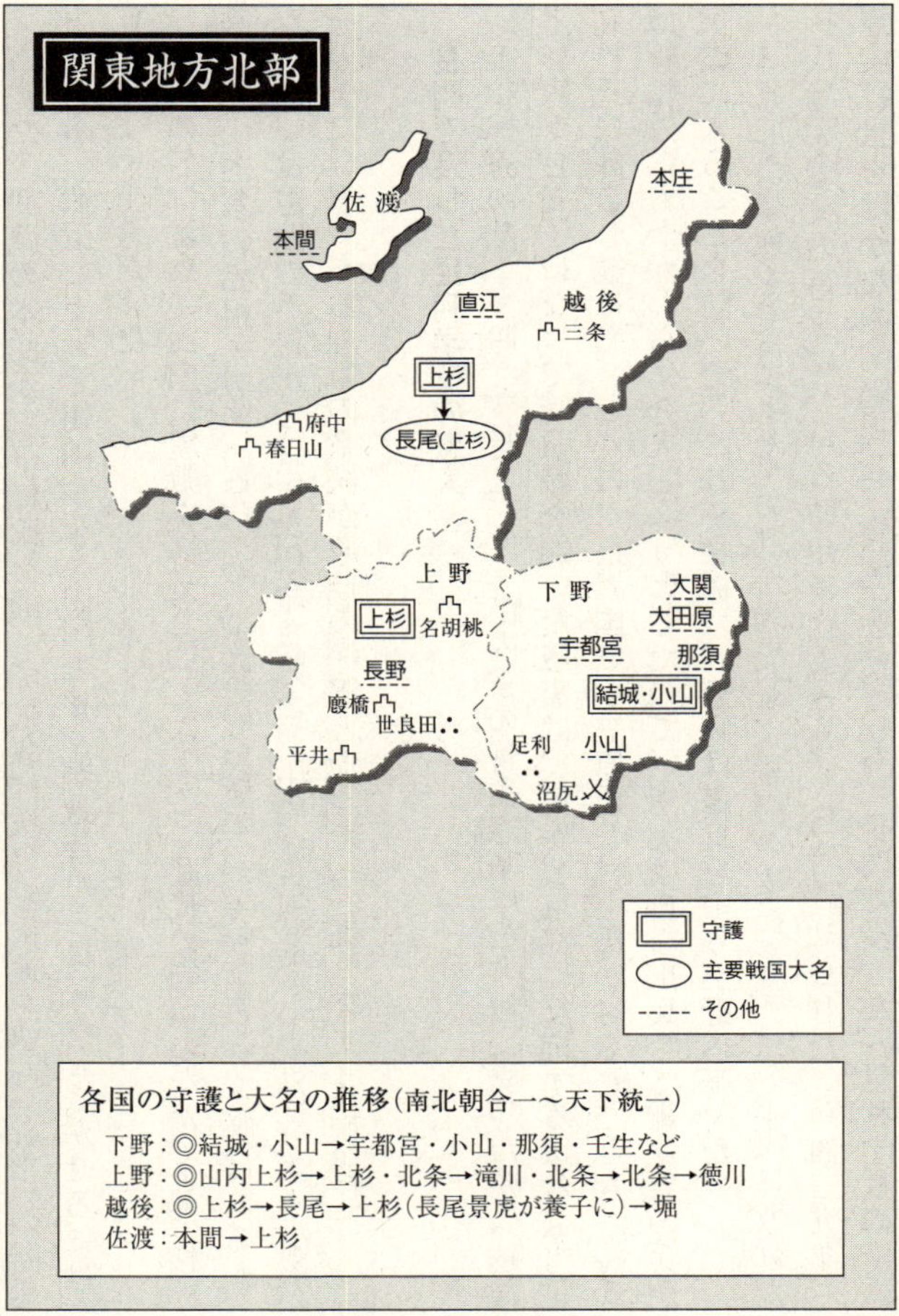

各国の守護と大名の推移（南北朝合一〜天下統一）

下野：◎結城・小山→宇都宮・小山・那須・壬生など
上野：◎山内上杉→上杉・北条→滝川・北条→北条→徳川
越後：◎上杉→長尾→上杉（長尾景虎が養子に）→堀
佐渡：本間→上杉

であった。武蔵の本庄《ほんじょう》から下仁田《しもにた》を通って佐久《さく》に抜ける街道を望む、鮎《あゆ》川の断崖《だんがい》上にある。武蔵と上野を領国とする山内上杉家が地侍たちに睨《にら》みをきかせるには、都合のよい土地だった。

山内の名は鎌倉の山内に屋敷を構えたことによる。歴代の管領のなかでも上杉禅《ぜん》秀《しゅう》は、山内家の始祖・憲顕《のりあき》の兄である憲藤《のりふじ》の系統で、「犬懸《いぬかけ》上杉」と呼ばれるが、だいたいは憲顕の系統から管領が任命された。山内家は武蔵と上野の守護を兼ね、そのまた分家である憲栄《のりよし》の系統が越後の守護となった（一九九ページ系図参照）。

長門で没した足利学校の恩人

上杉禅秀の乱（一四一六年）では、山内家の管領憲基《のりもと》は公方《くぼう》側に立ったが、越後上杉家から養子になって管領職を嗣いだ憲実《のりざね》は、何かと京都に反抗する鎌倉公方足利持氏に諫言《かんげん》し続けた。とくに、信濃国で小笠原氏と村上《むらかみ》氏が対立したとき、持氏は管轄外にもかかわらず介入しようとしたので、憲実は自ら出兵して鎌倉方の兵が信濃に入ることを防いだ。これを契機に、憲実は鎌倉を去り上野へ下った。

こうした事態を受けて永享の乱が勃発し、幕府の支援を受けた憲実に敗れた持氏は、憲実の再三にわたる助命嘆願も空しく自害させられた（一四三九年）。憲実は世をはかなみ、隠退し、諸国流浪《るろう》ののち、長門《ながと》で没した。足利《あしかが》学校の隆盛の基をつくったのも憲実である。

憲実の跡を嗣いだ憲忠《のりただ》は、公方となった持氏の子の成氏《しげうじ》に仕えたが誅殺《ちゅうさつ》され、これを機に享徳の乱となり、成氏は古河《こが》に移った。

河越夜戦ののち、上野平井城に退いた山内上杉憲政《のりまさ》は、箕輪《みのわ》城主の長野業政《ながのなりまさ》らの諫言を聞かず、信濃で武田信玄と対決するなどしているうちに、武蔵や上野の武士たちは続々と北条氏に降《くだ》った。一五五二年に憲政は、わずかの供《とも》を従えて平井城を脱出し、越後の長尾景虎《かげとら》（謙信）を頼り上杉家の家督を譲った。

平井城には嫡子の龍若丸《たつわかまる》を残して、目加田《めかた》兄弟と九里采女正《くりうねめのかみ》を後見としたが、彼らは龍若丸を北条氏康に差し出して降伏した。龍若丸は小田原の一色松原で斬られ、目加田、九里らも「不義不忠」を責められて磔《はりつけ》にされた。

そののち、上杉謙信と北条氏の対決は、新潟の項で述べるとするが、謙信の死後、上杉氏は上野から後退し、西部は武田氏の支配下に置かれた。

家康の入封後は、高崎（初めは箕輪《みのわ》）に井伊直政《なおまさ》、廏橋に平岩親吉《ひらいわちかよし》、館林《たてばやし》に榊原康政《さかきばらやすまさ》が入った。江戸時代になって、前橋（廏橋が改称）では利根川の氾濫で城が壊れ、城が川越に移転したこともあったが、幕末に松平大和守家が復帰した。明治になって県令楫取素彦《かとりもとひこ》（吉田松陰《よしだしょういん》の妹婿）の尽力で県庁所在地となった。

県北部の利根郡、吾妻《あがつま》郡は、真田《さなだ》軍団が活躍した場所であるが、これについては、長野の項で扱う。

戦国観光案内　太田《おおた》市の世良田《せらだ》東照宮は徳川家発祥の地だけあって幕府から大事にされた。長野氏が拠った箕輪城跡や山内上杉氏の本拠平井城跡は比較的よく残る。高崎《たかさき》市の群馬県立歴史博物館には、真田信幸《のぶゆき》が建てた日向《ひなた》見《み》薬師堂が再現されている。

新潟

五〇〇〇の兵を率いて上洛していた上杉謙信

戦国の武将たちは、しばしば、上洛《じょうらく》して将軍や天皇に拝謁している。敵陣のなかをどうして旅行できるかと不思議だが、建前として将軍の権威が全国を支配していた以上は、そのもとへ参上するというのを止める大義名分がなかったのだろう。もちろん、少人数の場合には、偽名を使い変装してということもあった。

上杉謙信は二度も上洛しているが、とくに、一五五九年には五〇〇〇の軍勢を連れている。三好・松永と短い蜜月《みつげつ》期にあった一三代将軍義輝《よしてる》に会って、関東管領としての地位を認められた。

謙信は、その翌年、この成果をひっさげて関東に遠征し、鎌倉の鶴岡《つるがおか》八幡宮で関東管領就任式を行った。北条氏が擁《よう》した古河公方に対抗する新公方として足利藤氏《ふじうじ》を押し立てたりもしたが、そのまま関東を支配する力はなく、早々に越後に引き上げた。

もともとの長尾《ながお》氏は桓武《かんむ》平氏で、相模国高座《こうざ》郡長尾郷を本貫《ほんがん》とした。鎌倉初期、仕えていた三浦氏が宝治《ほうじ》合戦で滅びたときに、長尾郷を没収されてしまった。そののち、六代将軍として宗尊《むねたか》親王が迎えられたとき、上杉重房《しげふさ》に仕えた。

南北朝時代になって、上杉氏が越後《えちご》守護に就任すると、長尾景忠《かげただ》は守護代となったが、弟の景恒《かげつね》にまかせて自らは上野国白井《しろい》城で山内上杉氏に仕え、白井長尾氏の祖となった。越後では、謙信の実父である為景《ためかげ》の代になって、守護をすげ替え、救援に駆けつけた関東管領上杉顕定《あきさだ》を戦死させて実権を握った。越後は本来、関東公方や関東管領の管轄ではないが、上杉氏分家が守護だったころから、関東の戦乱に巻き込まれることが多かった。そこで、本書でも関東のなかで扱うことにする。

越後の国府《こくふ》は京都に近い直江津《なおえつ》（上越市《じょうえつ》）にあったが、守護の館も引き続きここに置かれ府中と呼ばれた。長尾氏の本拠はその郊外の山城である春日山《かすがやま》である。

為景の子でのちに上杉謙信と呼ばれることになる長尾景虎が、兄の晴景《はるかげ》に代わって家督を嗣いだのは、守護である上杉定実《さだざね》の調停によるものだった。その定実は、曾孫の伊達実元《さねもと》を養子にしようとしたが、伊達家の内紛と越後国内での反対とで実現せず、一五五〇年に越後上杉家は断絶した。

しかも、その二年後には、山内上杉家の憲政が北条氏に逐《お》われて越後に移り、景虎改め輝虎《てるとら》（謙信）を上杉家の後継者とした（一九九ページ系図参照）。そこで、謙信は一五六〇年からしばしば越山して関東に出兵し、小田原城下にまで迫ったが、北条氏は持久戦で持ちこたえた。

これと併行して謙信は、信濃から村上義清《よしきよ》らが救援を求めて頼ってきたのに応えて川中島《かわなかじま》で武田信玄と対決したが、この二つの作戦を同時に進めるには、やや無理があった。

謙信は織田信長とも、ある時期は手を結んでいた。信長は武田信玄と友好関係にあったが、今川滅亡後は対立した。そこで、ともに北陸で一向一揆に手を焼いていた事情もあり、謙信と手を結ぶことにした。いまも米沢《よねざわ》にある狩野永徳《かのうえいとく》筆「洛中《らくちゅう》洛外図屛風《らくがいずびょうぶ》」は、信長からこのころ謙信に贈られたものだ。

だが、謙信が能登《のと》制圧に乗り出し、本願寺と和解するなどしたため、利害が相反するようになり、信長は小田原との連携を選んだ。加賀の手取《てどり》川で両軍は争い、上杉側優位となるが、本格的な衝突をしないまま謙信は急逝《きゅうせい》した。

欲望が渦巻く戦国にあって、損得抜きの「義」をもって行動した謙信の生き方は、一服の清涼剤《せいりょうざい》である。いかに彼が尊敬されていたかは、上杉氏が会津《あいづ》、米沢に移るときもその遺骸《いがい》を持ち運び、米沢城本丸に謙信を祀《まつ》った神社が鎮座することでも分かるだろう。だが、天下を取るとか、関東を制圧するといった大きな目標を実現するには、選択と集中、それに「策」も必要だったようである。

謙信の後継者争いの影で滅んだ関東管領家

謙信の跡目《あとめ》は、甥の景勝《かげかつ》と、北条氏政の弟である景虎《かげとら》で争われた。三条《さんじょう》にあって「御館《おたて》」と呼ばれていた上杉憲政は景虎を支持し、景勝の優位で戦局が展開するなか、春日山城に赴《おもむ》いて調停を試みようとした。だが、途中の山中で景勝の手下に討ち取られ、名門山内上杉家は、越後の山中に消え去った。

景虎を後継者にすれば、謙信時代のように、関東の問題に深入りすることになり、越後の土豪たちにしてみれば、それが嫌だったのだろう。

一方、越中で柴田勝家率いる織田軍と上杉軍がにらみ合うなかで本能寺の変となった。こののち謙信の跡を嗣いだ景勝は、柴田勝家と対立する秀吉から好条件で誘われ、友好関係確立に成功し、豊臣政権では五大老《たいろう》の一角を占め、蒲生氏郷《がもううじさと》のあとを受けて会津一二〇万石の太守となった。

秀吉死後の関ヶ原の戦いは、まさに、関東の支配権をめぐるものであり、鎌倉公方の継承者たる清和《せいわ》源氏の徳川と、関東管領・上杉との決戦の場であった。

そして、この賭けに負けた上杉家は、辛うじて米沢三〇万石を確保した。お家断絶の危機を亡き正室の父である保科正之《ほしなまさゆき》に領地半減というお手盛りの超法規措置発動で救われたり、藩主の実父である吉良上野介《きらこうずけのすけ》の事件に巻き込まれそうになったり、高鍋《たかなべ》藩から養子に来た上杉鷹山《ようざん》の活躍があったりしながら、江戸時代をなんとか生きぬいた。

そして、戊辰《ぼしん》戦争では、あわよくば越後の旧領を回復しようとして微妙な動きをみせたが、ほどほどに諦めて新政府に降《くだ》った。維新後、旧藩主・上杉茂憲《もちのり》は、沖縄で名県令として名を残し、藩医の子だった平田東助《ひらたとうすけ》は、山県有朋《やまがたありとも》の懐刀として活躍し伯爵となった。

一方、越後のほうは、上杉氏が去ったあと、堀《ほり》氏に与えられた。堀氏は内紛もあって早くに改易されたが、小大名として残った重臣の堀直寄《なおより》は、長岡《ながおか》や新潟の町の基礎をつくった。堀氏改易ののちは、松平忠輝《ただてる》が封じられて高田《たかだ》城を築いたが、兄の二代将軍秀忠に反抗して改易、越前から移ってきた結城秀康《ひでやす》の嫡孫・松平光長《みつなが》も越後騒動で除封《じょほう》され、あとは大藩がないまま明治を迎えた。

佐渡《さど》国は、承久の変で大仏《おさらぎ》北条氏が守護となった。そのもとで、相模国海老名《えびな》氏の一族とみられる本間《ほんま》氏が佐渡に渡った。室町時代に守護は頻繁に替わったが、いくつもの支流に分かれた本間氏が代官として治めた。引き続き流人《るにん》が多かったが、そのなかに世阿弥《ぜあみ》がおり、この島の文化水準を大いに向上させた。

そうしたなかで、徐々に越後長尾氏の力が伸び始め、とくに、上杉顕定と対決した為景《ためかげ》はここで勢力を回復して越後の支配者としての地位を固めた。だが、本間一族の内紛も頻発し、一五八九年、秀吉の支持を受けた上杉景勝が本格的に掃討に乗り出し、完全に領国化した。景勝は秀吉の指示で金山の経営にあたり、石見《いわみ》から招かれた技術者が製錬《せいれん》方法を改善し、世界を代表する金山として、安土桃山時代末期から江戸時代にかけて繁栄した。とくに幕府領としての代官所が置かれた相川《あいかわ》は、全国屈指の大都市だった。

戦国観光案内 上越《じょうえつ》市には春日山《かすがやま》城跡、春日山神社（宝物館あり）などがあり、上杉謙信をテーマにした観光開発に熱心に取り組む。長岡市の県立歴史博物館にも上杉謙信などについての展示がある。

栃木

上方と連携して鎌倉と対抗する図式

宇都宮《うつのみや》氏の始祖は、藤原道兼《みちかね》（道長《みちなが》の兄）の流れをくむ藤原宗円《そうえん》であるとされ、前九年の役で凶徒《きょうと》誅伐の祈禱《きとう》をしたことから、下野《しもつけ》の国主となったということになっている。だが、やや不自然な点も多く、むしろ、二荒山《ふたらさん》神社の祭祀《さいし》を受け継いできた古代毛野《けの》氏の流れを受ける一族らしい、といったほうが今日的にはロマンがありそうだ。

「関八州《かんはっしゅう》」とひとことでいうが、北条の支配も下野や常陸《ひたち》にはほとんど及ばなかったし、駿府から移った徳川家康に与えられた封土も同じである。

だが、秀吉の天下統一が完成に近づき惣無事令《そうぶじ》が出て、領土拡大を狙う戦いが禁止されても、北条氏は、なお、常陸の佐竹《さたけ》氏や下野の小豪族を相手に、小競り合いを繰り返していた。

こうした北条氏の圧迫の下で、北関東の諸氏の多くは、秀吉に誼《よしみ》を通じていた。そのおかげで、かなりの家系が江戸時代にも大名として生き残ることができたのだ。だが、いくつもの名家が、新しい時代の支配者を甘くみて、つまらない手続きの誤りで断絶したのも事実である。その典型が、宇都宮氏だった。

宇都宮氏は観応《かんのう》の擾乱《じょうらん》で尊氏につき、上杉氏に代わって上野や越後の守護となったが、上杉氏の復帰によりその地位を失った。その後、上杉禅秀《ぜんしゅう》の乱では幕府に従って、上総《かずさ》守護の地位を得た。さらに、鎌倉公方持氏の専横を警戒した幕府は、宇都宮氏をはじめ、山入《やまいり》佐竹、常陸大掾《だいじょう》、小栗《おぐり》、真壁《まかべ》らの各氏を「京都扶持《ふち》衆」として取り立て、持氏に対抗させた。だが、宇都宮持綱《もちつな》は、「小栗満重《みつしげ》の乱」で持氏に討たれてしまった。なお、このとき、小栗満重が落ち延びる途中、照手《てるて》姫《ひめ》なる遊女に救われたというエピソードが自由に脚色されて浄瑠璃《じょうるり》の名作「当流《とうりゅう》小栗判官《はんがん》」になった。

那須与一の子孫も健在

北条氏の勃興にあたって宇都宮氏は、越後の上杉謙信や常陸の佐竹氏と組んで、北条寄りの壬生《みぶ》氏らに執拗に対抗した。その努力のかいがあって、北条氏にのみ込まれてしまう前に秀吉が関東へやって来た。宇都宮国綱《くにつな》は、佐竹義重《よししげ》とともに一族や国人衆を従えて小田原に参陣し、豊臣秀吉から本領一八万石を安堵され、従四位下に叙《じょ》せられた。だが、浅野長政《ながまさ》から子の長重《ながしげ》を宇都宮氏の養子にという申し出を断ったのに加え、太閤《たいこう》検地の結果、三九万石となり、申告に意図的な誤りがあったという理由で改易されてしまった。その子孫は、水戸藩に仕えた。

また、源平合戦・屋島《やしま》の戦いで扇《おうぎ》を見事に射落とした那須与一《なすのよいち》で知られる那須氏は、小田原攻めへの参陣の遅れを理由に烏山《からすやま》城を奪われたものの小大名として生き残ったが、江戸時代に無嗣《むし》断絶した。そのため、四代将軍家綱《いえつな》の生母の弟にあたる資弥《すけみつ》が名跡を嗣いだが、それも断絶し、旗本として名を残したのみである。

大田原《おおたわら》の大田原氏は、丹治氏の一党で、那須氏の配下にあった。黒羽《くろばね》の大関《おおぜき》氏は、幕末に軍備強化に努め、戊辰戦争では官軍のなかでも際だった活躍をして正統派関東武士としての面目をほどこした。

このほか、松平忠輝の守役だった皆川《みながわ》氏、あるいは、佐野《さの》氏、壬生氏もいったん生き残ったが江戸時代に断絶した。

宇都宮氏が取り潰されたあとの城主には、会津若松《わかまつ》から蒲生秀行《がもうひでゆき》が移った。だが、関ヶ原の戦いののち、会津に復帰し、宇都宮には家康の長女・お亀《かめ》の方の嫁ぎ先である奥平《おくだいら》家、ついで家康側近だった本多正純《まさずみ》が入ったが、宇都宮釣天井《つりてんじょう》事件で改易された。そのあとは、小大名が頻繁に交替しながら在城し、かつての栄光が取り戻されることはなかった。

ただ、日光《にっこう》に東照宮《とうしょうぐう》が営まれたことから、奥羽《おうう》街道、日光街道、京都から中山道《なかせんどう》を経ての最短距離になる例幣使《れいへいし》街道など、街道が整備されたのは幸いであった。

戦国観光案内　足利市では、足利家の屋敷の跡にある鑁阿寺《ばんなじ》、足利学校など中世の雰囲気がよく残っている。宇都宮市の栃木県立博物館には宇都宮城下復元模型などがある。

茨城

最後は笑った佐竹の殿様

戊辰戦争のとき、久保田《くぼた》（秋田《あきた》）藩の佐竹家中では、官軍として南部《なんぶ》藩や庄内《しょうない》藩と戦った恩賞として、常陸に復帰できるのではないか、との期待がふくらんだらしい。越後に進出を試みた米沢藩上杉氏の場合もそうだが、幕末維新の戦乱を関ヶ原の戦いのリターンマッチとして受け止め、働きによっては加増《かぞう》が受けられるという感覚で臨んだ大名も多かったのである。

翻《ひるがえ》って、関ヶ原の戦いのとき、もし、上杉と佐竹が結束して家康を追撃したらどうなっていたのだろうか。ひとつの可能性としては、徳川旧領は上杉氏に与えられ、会津を佐竹氏が得たというのも考えられる。

佐竹氏は甲斐《かい》の武田氏と同じく、清和源氏の新羅三郎義光《しんらさぶろうよしみつ》の系統に属する。常陸国久慈《くじ》郡で佐竹郷を拝領して佐竹氏を名乗ったが、頼朝につくのが遅かったので鎌倉時代には守護になれなかった。だが、一族の月山周枢《がっさんしゅうすう》が夢窓疎石《むそうそせき》の高弟だったこともあり、足利尊氏と強い結びつきを得て常陸守護となった（八七ページ系図参照）。

北条氏が台頭してきたころは、常陸南部で北条氏と連携する土浦《つちうら》の小田《おだ》氏との争いがあり、これを抑えるためにも、積極的に上杉謙信の越山（関東侵攻のこと）を要請し、手を組んで戦った。

佐竹義宣《よしのぶ》は、北関東の土豪をまとめて秀吉との連携をとり、下野沼尻《ぬまじり》の戦いで北条軍八万騎を二万の軍勢で押し戻すことに成功した（一五八四年）。一方、弟である義広《よしひろ》が会津の芦名《あしな》氏に養子に入ったこともあり、伊達《だて》家と福島県方面の支配をめぐって戦った。しかし、会津を伊達政宗《まさむね》に落とされ、芦名氏は滅亡して佐竹氏に寄《き》食《しょく》することになった。

小田原の役にあっては、義宣は石田三成の仲介で佐竹義久《よしひさ》ら一族や、宍戸《しど》、太田、真壁、長倉《ながくら》など常陸の諸氏、宇都宮国綱《くにつな》ら下野の反北条派とともに秀吉のもとに参じ本領を安堵されたのに対して、参陣しなかった小田、江戸《えど》、大掾《だいじょう》氏らは所領を没収された。

佐竹氏は太田《おおた》城を本拠にしていたが、江戸氏の水戸《みと》城を接収し、本拠とした。こうして、豊臣政権で好位置を確保した佐竹氏だが、北条氏の立場を継承した徳川家康とは、関東で両雄並び立てなかった。そして、佐竹氏には上杉家とも謙信以来の連携があった。そして、石田三成とは早くから懇意《こんい》だったので、三成が加藤清正《きよまさ》らに襲われたときもこれを保護し、関ヶ原の戦いに際しては、西軍寄りの中立の立場をとった。

戦後、家康は出羽《でわ》への移封を命じ、石高すら明示しない不安定な扱いだったが、上洛中の義宣はこれに従い、水戸に立ち寄ることもなく秋田《あきた》に移った。左遷ではあったが、ともかくも大大名として生き残り、明治になってからは、新田開発のおかげで石高の割に実収が多かったことから東北で唯一、侯爵になった。戦国のライバルだった上杉氏や伊達氏（仙台）は伯爵、北条氏（狭山《さやま》）は子爵だから、そういう意味では立派な勝ち組である。

佐竹氏退去のあとの水戸には、家康五男の武田信吉《のぶよし》（信玄の娘の養子）などを経て、徳川頼房《よりふさ》が御三家のひとつとして封じられた。ただ家臣団の中核は信吉のものを引き継いだので、武田旧臣が中核だった。二代目藩主、水戸黄門《こうもん》こと光圀《みつくに》の強烈な個性で独特の藩風《はんぷう》を築いた。

古河が関東の首都だった理由

茨城県でも下総北部は、古くは平将門《まさかど》の、戦国時代には古河《こが》公方の本拠があり、結城《ゆうき》合戦の舞台ともなった。江戸時代中ごろまでは東京湾に注いでいた利根川が、いまは消えた常陸川と合流して銚子《ちょうし》を河口としていたことから、同じくいまは利根川の北にある古河も、南関東からもそれほど不便ではなく、一世紀以上にもわたって古河公方の本拠地として、関東の首都ともいうべき存在だった。さらに、明治になって渡良瀬《わたらせ》川の治水工事で、城跡は河川敷《じき》のなかに取り込まれてしまい、昔をしのぶことは難しいのが残念だ。

また、結城氏は、藤原秀郷《ひでさと》の流れをくむ小山《おやま》氏の支族である。一貫して鎌倉公方に忠実で、持氏が幕府に討たれたあと、結城氏朝《うじとも》は遺児である春王丸・安王丸を擁して「結城合戦」を戦った。これに山川、小山、宇都宮、那須、佐竹、筑波《つくば》、宍戸、岩松《いわまつ》、大井《おおい》などの各氏が味方した。だが、上杉、千葉、小笠原、武田、長尾、朝倉《あさくら》、土岐《とき》、今川氏まで加わった一〇万の大軍によって結城城は攻め落とされた。

その後、結城成朝《しげとも》は復活した鎌倉公方・成氏《しげうじ》の近臣となり、上杉憲忠《のりただ》の暗殺に関わって享徳の乱のきっかけをつくった。そして、成氏が鎌倉を退去したのちは結城に近い古河に居所を確保し、古河公方側の重鎮として重きをなした。また、結城政勝《まさかつ》は「結城家新法度《しんはっと》」を制定して領国経営の近代化に努めたことでも知られる。

やがて、結城氏は佐竹氏とともに上杉謙信と結び、これが、小田原の役において結城氏が積極的に豊臣方につく伏線となっていく。結城晴朝《はるとも》には実子がなかったので、秀吉の養子となっていた徳川家康の次男・秀康《ひでやす》を嗣子《しし》とした。関ヶ原の戦いのあと、秀康は越前六七万石に転じたので、晴朝も福井に移った。のちに秀康は松平に復姓したが、結城家の祭祀は大和守家（前橋藩）が引き継いだ。

結城氏の重臣のうち、下妻《しもつま》の多賀谷《たがや》重経《しげつね》は、関ヶ原の戦いに先立ち小山《おやま》で家康を襲撃しようとしたが、実現せず改易された。常陸下館《しもだて》の水谷《みずたに》氏は備中松山《まつやま》藩主となったが、一六九三年に無嗣断絶した。

戦国観光案内　常陸太田《ひたちおおた》市には佐竹寺など佐竹氏をしのぶ遺跡がある。古河公方の館跡は河川流路変更で面影をとどめないが、いくつかの寺院などが残る。

コラム　戦国美女列伝

美人の基準は時代とともに変化するから、戦国の美女たちが現代に甦っても同じようには評価されないだろう。

戦国の美女たちの遺骸が容貌を推定できるような状態で発掘されたというのは聞いたことがない。肖像画もリアルなものは少ないが、お市の方は良質の肖像が残っている珍しい例である（高野山所蔵）。切れ長で蠱惑《こわく》的な眼、生き生きした口元、漆黒の髪など凛とした品位を感じさせ、戦国を代表する美女であったことを窺わせる。

織田一族は美男美女揃いといわれるが、信長の叔母の「おつや」の逸話は、ルネサンス時代のイタリアにでもありそうな話だ。美濃岩村城主・遠山景任の妻だったが、信長の五男・勝長を養子に迎え武田軍に立ち向かったとき、どうしたことか攻め手の秋山信友に降りその妻になってしまう。結局は信長に包囲され、許すという言葉を信じて開城したものの逆磔にされてしまった。

秀吉の側室は美人揃いだといわれるが、むしろブランドお嬢様指向だから本当に容姿優先かは疑問である。美女ナンバー１は、松の丸殿と呼ばれる京極高次の妹だったらしい。若狭守護・武田元明と結婚したが、元明が明智光秀に呼応して自害したので、秀吉の側室になった。醍醐の花見では従姉妹の淀殿とナンバー２争いを演じて敗れたが、この恨みからか、関ヶ原前夜には東軍について兄とともに大津城に籠城した。大砲の音で気絶したというのがお嬢様らしい逸話だ。

勇猛な美女といえば、北条家家臣で忍城主だった成田氏長の娘・甲斐姫だ。小田原攻めの際、父の氏長が留守の忍城を、石田三成による攻撃から自ら鎧兜を着けて守り小田原城陥落まで持ちこたえたが、美女であることを聞いた秀吉は彼女を側室に加えた。

阿波の小少将（徳島の項参照）とか、宇喜多秀家の母なども美女だといわれるが、多くの男性に愛されたからそうだっただろうという域を出ない。

第六章 中部——「風林火山」の旗指物が行く

山梨

衰退期には脆い人の城

「人は石垣《いしがき》、人は城」と「武田節《ぶし》」にもあるように、武田信玄は、大規模な居城を造らなかった。配下の部下を信用してのことだが、信長の攻撃を受けたとき、武田武士たちはろくな抵抗もせずに逃げ去った。

大名でも企業でも成長期には、社員を信頼することが成功の秘訣である。だが、下り坂になったときは、情緒《じょうちょ》的なものでなくシステマティックな安全装置がないと裏切られやすい。信玄の自信たっぷりの「人の城」は、彼の死後、実にもろかった。

八幡太郎義家《はちまんたろうよしいえ》の弟である新羅三郎義光《しんらさぶろうよしみつ》は、京都で笙《しょう》の名人としても高名だったが、奥州での兄の苦難を聞き、官職を捨てて馳せ参じた。義光の子で甲斐《かい》源氏の祖である義清《よしきよ》は、もともと常陸国那珂《なか》郡武田郷（ひたちなか市）にあったが、地元の土豪と折り合いが悪く、甲斐市河荘《いちかわ》（市川三郷《いちかわみさと》町）へ配流された。だが、源平合戦のころ、信義《のぶよし》は富士川《ふじかわ》の合戦で功を上げるなどし、甲斐の守護となった（八七ページ系図参照）。

室町時代になり、武田信満《のぶみつ》は、娘婿だった上杉禅秀《ぜんしゅう》の乱に荷担して敗死した。

そののち、鎌倉公方の足利持氏《もちうじ》は、同じ甲斐源氏で武田家のライバルである逸見《へんみ》氏を守護としようとしたが幕府の同意が得られず、やがて、将軍から指名された武田一族の信元《のぶもと》が、小笠原《おがさわら》一族の後押しでやっとのことで入国した。

それを嗣いだ信満の子の信重《のぶしげ》も、守護代だった跡部《あとべ》氏と折り合いをつけてやっとのことで着任した。その後、一四六五年になり、信重の孫の信昌《のぶまさ》が跡部氏を追放して守護権力を確立し、信玄の父にあたる信虎《のぶとら》になって、強力な戦国大名として統治を開始した。甲府《こうふ》北方の躑躅ヶ崎《つつじがさき》の館が本拠になったのもこのころである。

〈武田家系図〉

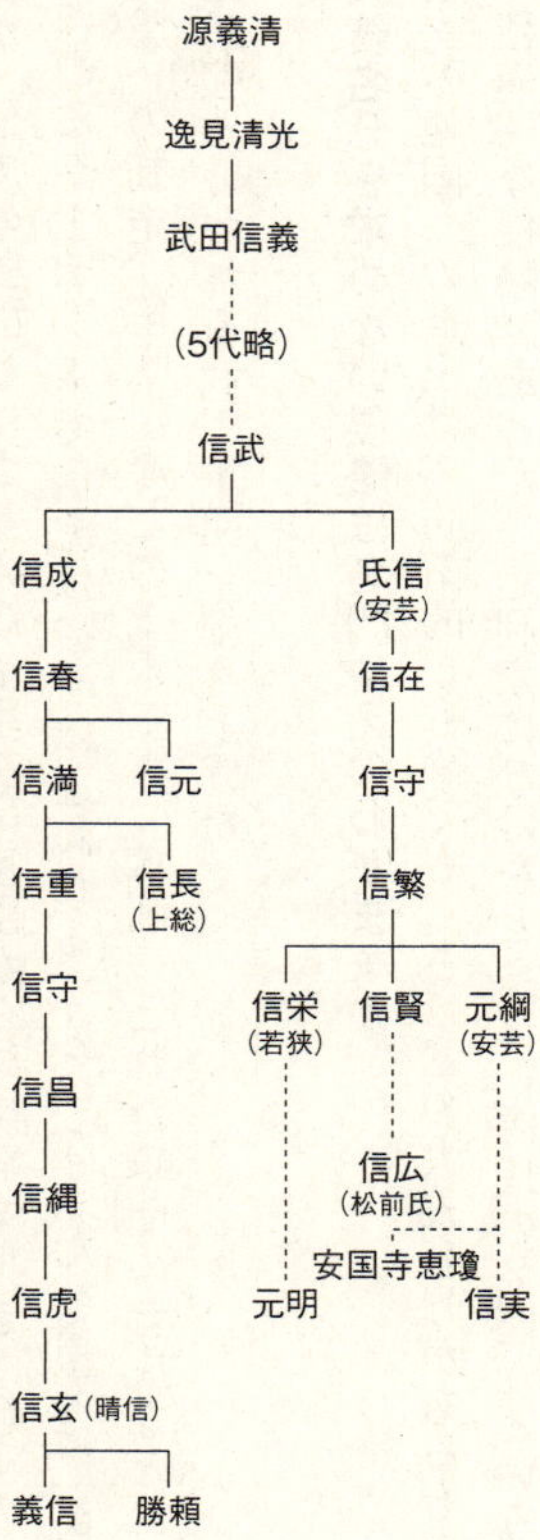

だが、信虎の強引なばかりの政治手法は家臣からの反発を招き、嫡子の晴信《はるのぶ》（信玄）によるクーデターで信虎は駿河《するが》に逐《お》われることになった。信玄は「甲州法度《こうしゅうはっと》之次第《のしだい》」の制定、笛吹《ふえふき》川などの土木工事、統制のとれた軍団の育成などに成功し、全国最強といわれる武田軍団を創り上げた。

大義名分を求めない侵略は名門ゆえのわがままか

信玄の他国への進出は、防衛的なものでも、さほどの大義名分があるものでもなく、積極的な侵略であった。足利家にひけをとらない源氏の名門だという自信が、あまり小うるさい理屈の必要を感じさせなかったのかもしれない。

信濃では、諏訪《すわ》氏をはじめ、松本《まつもと》付近の小笠原氏などを逐い、北信海津《かいづ》城（松代城）の村上氏を討ったことから、越後の上杉謙信の介入を招き、五度にわたる川中島《かわなかじま》の戦いの原因となった。そして、北条、今川との同盟関係を背景に、美濃《みの》や飛騨《ひだ》、さらには、上杉謙信を牽制して上野《こうずけ》東部へもじわじわと進出していった。

さらに桶狭間《おけはざま》の戦いのあとには、今川義元《よしもと》の娘婿だった長男義信《よしのぶ》を殺すまでして駿河を奪い取り、織田・徳川との接近を図った。だが、足利義昭《よしあき》と信長の関係悪化、義昭からの救援要請、信玄自身が大僧正《だいそうじょう》としての地位をもっていた天台宗の本山・比叡山延暦寺の焼き討ちへの反感などから、「瀬田《せた》の唐橋《からはし》に旗指物《はたさしもの》をかける」

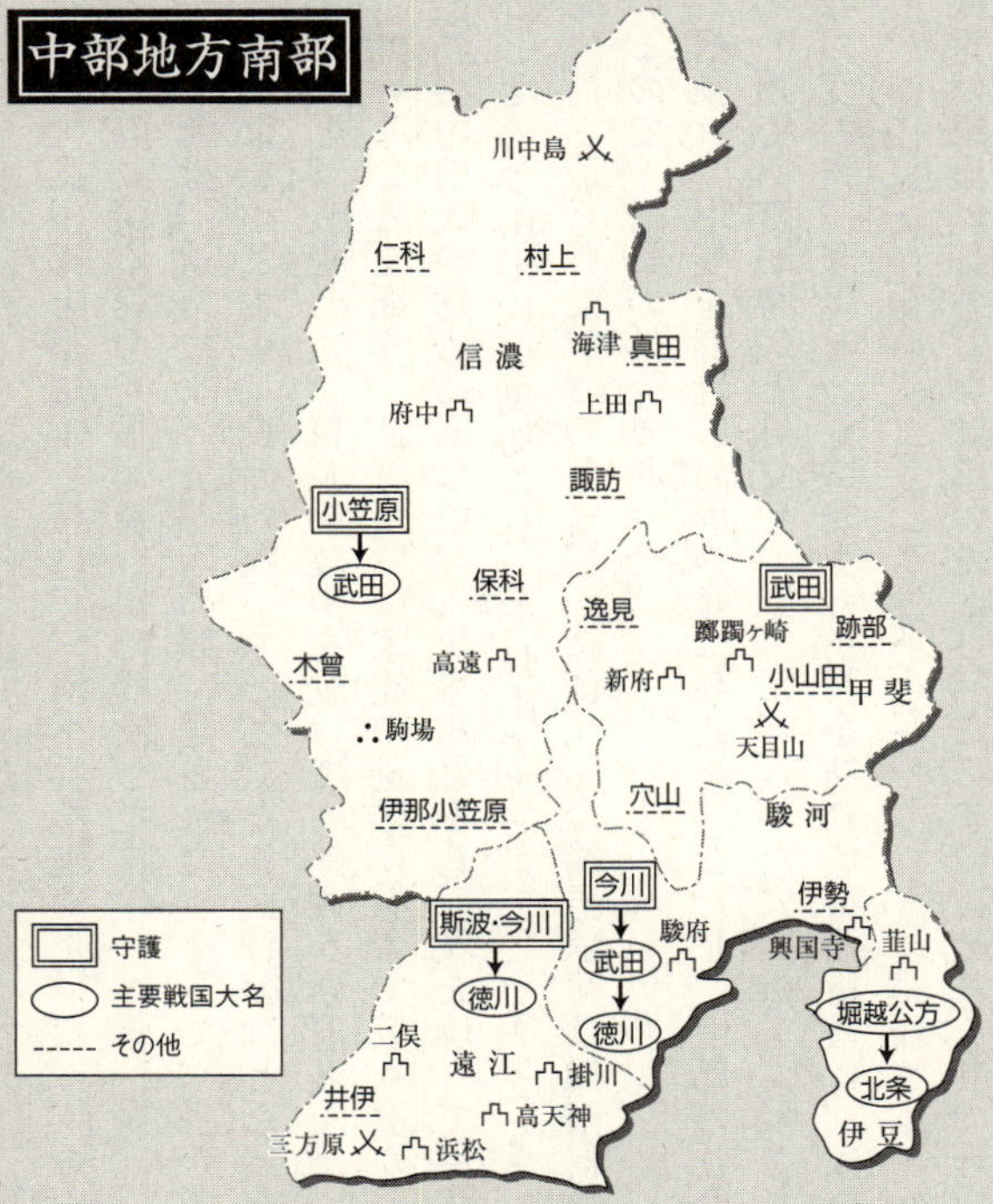

各国の守護と大名の推移（南北朝合一～天下統一）

甲斐：◎武田→河尻→浅野
信濃：◎小笠原→武田→滝川・森など→徳川→石川など
伊豆：◎山内上杉→堀越公方→北条→徳川
駿河：◎今川→武田→徳川→中村
遠江：◎斯波・今川→徳川→山内・堀尾

ことを最晩年になって決意した。死の前年である一五七二年には、三方原《みかたがはら》の戦いで徳川・織田軍を撃破、さらに、三河へ兵を進めた。だが、野田《のだ》城包囲中に病を得て、甲府に戻る途中、信州駒ヶ根《こまがね》で病没した。

その死は、遺言により三年もの間、隠された。そして、喪《も》が明けたのち、勝頼《かつより》は再び上京をめざすが、長篠《ながしの》の戦いで、名だたる武将のほとんどが戦死するという大敗を喫《きっ》し、衰退した。信長の攻勢を受けて、堅固な新府《しんぷ》城を築いたが、織田軍が迫っていることを聞き、武将たちは家族の避難に懸命で散り散りとなった。勝頼は家臣の小山田《おやまだ》氏の勧めに応じて、人質もろとも新府城を焼いて甲斐東部へ逃げたものの、その小山田氏に裏切られ、天目山《てんもくざん》で近習《きんじゅう》のみになったところを滝川一益《たきがわかずます》の部隊に討ち取られた。このとき、一緒に死んだ嫡男信勝《のぶかつ》は織田信長の養女を母としているので、信長の外孫であった。

信長は、甲斐を側近の河尻秀隆《かわじりひでたか》に与えた。ただし、南部の巨摩《こま》郡だけは、武田信玄の甥であるが勝頼と対立して家康に寝返った穴山梅雪《あなやまばいせつ》に残された。ところが本能寺の変の際、家康とともに安土の信長を訪れていた梅雪は、家康一行と別行動をとり、南山城《みなみやましろ》の山中で殺されてしまったので、家康はまず梅雪の領地を回収した。梅雪は家康の与力《よりき》となっていたから、ここまではそれなりの理屈があった。

河尻秀隆は、信長から武田の旧臣を雇い入れることを禁止され、強面《こわもて》で甲斐を経営するように指示されていた。信長が生きておれば反乱を起こさせてあとは一網打尽《いちもうだじん》ということもあるかもしれないが、いまや、信長は亡《な》い。そこで、家康は秀隆に協力を申し出る一方、おそらく、後ろで糸を引いて甲州武士たちに反乱を起こさせた。こうして、徳川軍は、そこそこ歓迎されつつ入国し、織田家からこの国を簒奪《さんだつ》した。

家康の関東移封ののち、甲斐は浅野長政《あさのながまさ》のものとなった。現在の甲府の町の基礎をつくったのは、彼である。関ヶ原の戦いのあとは、駿河大納言忠長《ただなが》とか甲府宰《さい》相綱豊《しょうつなとよ》（のちの六代将軍家宣《いえのぶ》）など錚々《そうそう》たる領主の居城となったこともあるが、領主として業績を上げたのは、武田旧臣であった柳沢吉保《やなぎさわよしやす》・吉里《よしさと》親子だけである。また、甲斐で信玄を称揚《しょうよう》することがおおっぴらにできるようになったのは、彼らのおかげである。

ほかに、甲斐の武田旧臣では、天目山で勝頼とともに死んだ土屋昌恒《つちやまさつね》の子孫が土《つち》浦《うら》藩主となり、長篠の戦いで討ち死にした米倉重継《よねくらしげつぐ》の子孫が現在の横浜郊外にあたる武蔵金沢《かねざわ》藩主となった。

徳川家康は、軍事面だけでなく、領内統治についても、信玄から多くのことを学んだ。また、大名としては少ないが、旗本や譜代大名各藩の上級武士には、武田旧臣がかなりの割合で含まれている。会津藩や彦根《ひこね》藩がその典型である。そういう意味では、信玄のＤＮＡはかなりの度合いで江戸時代の日本に受け継がれた。

もし、信玄が信長を破って京に上っていたらどうなったのだろうかといえば、やはり、一時的に細川《ほそかわ》氏に替わるような形で幕府の実力者になっていたにすぎないとみるべきだろう。

むしろ、信玄が信長との同盟を最優先として、上方《かみがた》には干渉せずに関東を狙っておれば、もしかすると、豊臣政権における徳川家康のような立場になり、そこから、いずれ、信玄の在世中《ざいせい》かどうかはともかく、あわよくば天下を狙うというシナリオがあったかもしれない、と考えるほうがまだしも現実性が高かったように思う。

いずれにせよ、武田信玄は過大評価されている。なにしろ、信玄の領地は太閤《たいこう》検地の数字で計算して三方原《みかたがはら》の戦いのころで一〇〇万石程度。同じころ信長は四〇〇万石以上だったのだ。それでは、なぜ、高い評価がされているかというと、徳川幕府に武田武士が多く仕官し、とくに軍学では支配的になったからだ。ＮＨＫ大河ドラマ「風林火山」の主人公だった山本勘助《やまもとかんすけ》は、その実在が辛《かろ》うじて確認されているだけだが、『甲陽軍鑑《こうようぐんかん》』という軍記物語でヒーローとして扱われて有名になった。その意味では、信玄は遺臣《いしん》たちのおかげでその名をなしたといえるかもしれない。

戦国観光案内　甲州市塩山《えんざん》の恵林寺《えりんじ》には信玄公宝物館がある。大月《おおつき》市の猿橋《さるはし》は小山田氏が一五二〇年に架けたもの。甲府《こうふ》市内では躑躅《つつじ》ヶ崎の館跡には武田神社がある。また、豊臣時代に築かれた天守台が残る。甲斐《かい》善光寺は信玄創建のもの。四月に甲府で行われる信玄公祭の武者行列は華やか。

長野

織田家の財産を横領した徳川家康

「木曾義昌《きそよしまさ》には筑摩《ちくま》に安曇《あづみ》郡を加えよう。毛利秀頼《ひでより》には伊那《いな》郡だ。森長可《もりながよし》には北信濃の四郡をつかわす。滝川一益は上州と小県《ちいさがた》、佐久《さく》の二郡を与え関東管領とする。河尻秀隆《かわじりひでたか》には甲斐一国をまかすが、巨摩《こま》郡には穴山梅雪《あなやまばいせつ》があるので、信濃の諏訪《すわ》郡をつけてやろう」などという科白《せりふ》が時代小説によく出てくる。荘園が崩れてきた戦国時代の地理観だと、国の下は郡で、その下は郷だ。

ただし、江戸時代と違って、領主として認められても、地侍《じざむらい》たちがいないわけではないから、彼らをどう扱うかは頭の痛いところであった。滝川一益がもらった領内でも、真田昌幸《まさゆき》のようなうてのうるさい土豪がいたのだから、統治は甘くなかった。

信濃の国は、武田氏がほぼ抑えており、長篠の戦いでの敗戦ののちも、信長は総攻撃をかけることには慎重だったが、木曾義昌が織田に寝返ったのを機に行動を起こした。

征服後は、織田家の家臣団によって山分けされた信濃だが、本能寺の変のあと、北条と徳川の争奪合戦の場となった。上野《こうずけ》の廏橋《うまやばし》にいた滝川一益は、とうてい持ちこたえられぬとみて、信濃、美濃を横切って伊勢《いせ》に逃げ帰ったので、その旧領は北条氏が素早い行動で抑えた。川中島の森長可も上杉景勝《かげかつ》に追われて、亡き弟・蘭丸《らんまる》の領地である美濃岩村《いわむら》に退いた。そうなると、諏訪、筑摩（松本市付近）、伊那といったところが家康にとっての草刈《くさか》り場になったので、家康はこの地方の占領を進めていった。

ところが、上野から佐久地方に入った北条軍は、五万の兵で甲斐に侵入してきた。五万の北条軍に対して徳川軍はわずか八〇〇〇。家康にとって大試練《しれん》であったが、関東で弱小大名相手に小競《こぜ》り合いはやっているが、上杉とか武田といった大軍団がやって来ると、小田原城に貝のように籠もって防戦し、我慢比べをしてしのいでいただけの北条軍は、本気で白兵戦《はくへい》などやりたくなかった。

北条側でも、関八州《かんはっしゅう》の外にはそれほど関心があるわけでないから、上野は確保したいが、あとはむしろ徳川と友好関係を結んでおくことを選んだ。そこで、甲斐や信濃は徳川にまかせるので、家康の次女督姫《とくひめ》を北条五代目氏直《うじなお》の嫁に迎えたいという条件で手を打った。氏直の叔父である氏規《うじのり》が、家康と駿府《すんぷ》時代の人質同士、いわば留学仲間だったことが交渉のパイプとして役に立った（二〇九ページ系図参照）。いこうして北条は撤兵し、信濃のかなりの部分と甲斐は家康の手に帰した。この織田家の領地を横領《おうりょう》したことは、家康の生涯では珍しいあからさまな犯罪行為である。このことが、秀吉との対決につながっていったのだった。

信濃は、鎌倉時代には北条氏の領国だったが、諏訪神社の神職らも武士団化し、禰津《ねつ》、望月《もちづき》、海野《うんの》、知久《ちく》、仁科《にしな》氏らが神党《しんとう》として連合した。北条氏滅亡後も彼らは北条残党による中先代《なかせんだい》の乱の中核だった。その後、彼らは南朝に与《くみ》し、守護となった甲斐源氏の一党・小笠原氏や村上氏などは北朝について対立した。このうち小笠原氏が守護をつとめた時期が長く、武田信玄の信濃侵略には、諸豪族が連携して抵抗したが、諏訪頼重《よりしげ》は殺され、小笠原長時《ながとき》と村上義清《よしきよ》は、越後の上杉謙信を頼って落ちていき、これが川中島の戦いを引き起こした（八七ページ系図参照）。

会津武士は信州人そのもの

小笠原長時の子の貞慶《さだよし》は、分家筋にあたる三好長慶《ながよし》を頼った。ついで、信長に仕えて東国への調略に活躍し、本能寺の変ののちは徳川家康の麾下《きか》で松本（深志《ふかし》）城主となった。そして、嫡子秀政《ひでまさ》の正室として信康《のぶやす》の娘を迎え、徳川一族に属することになった。家康も、信濃の支配を安定させ、また、家格《かかく》を飾るためにもよい縁組みと考えたのだろう。

秀政は、家康の関東移封により古河《こが》に移ったが、その後、松本に戻った。だが、大坂夏の陣で戦死。その子孫は、小倉《こくら》、唐津《からつ》、安志《あんじ》の各藩の藩主となり、徳川時代を通じて隆盛を誇った。また、いわゆる小笠原流の家元《いえもと》でもあったが、こちらは、分家の旗本小笠原家が引き継いだ（詳しくは拙著『江戸三〇〇年「普通の武士」はこう生きた』ベスト新書参照）。

信濃の四大勢力のうち村上氏は滅びたが、諏訪頼水《よりみず》は徳川家康から諏訪高島《たかしま》を与えられ、幕末まで一貫して父祖の地にあった。木曾義昌は、信長から信濃南西部を与えられたが、家康には冷遇され、下総蘆戸《あじと》で一万石を与えられたのみで、それも内紛で改易された。千葉県旭《あさひ》市の名称は、この木曾家の先祖、旭将軍義仲《よしなか》にちなむ。

もう少し小さい土豪たちのなかでの成功者は、古くからの土豪滋野《しげの》一族で、信濃国小県《ちいさがた》郡真田荘にあった真田氏である。これについては、章末のコラム「全国最強といわれた信濃の真田軍団」で扱う。

また、保科《ほしな》家は、新羅三郎義光の叔父にあたる源頼季《よりすえ》から出て、信濃国高井《たかい》郡保科（長野市）にあったが、伊那谷に移り、武田氏に属して高遠《たかとお》城主となった。関ヶ原の戦いののち、保科正光《まさみつ》は高遠に復帰し、武田信玄の娘・見性院《けんしょういん》から秀忠の隠し子である正之《まさゆき》を預かった。この正之は会津二八万石の太守となったため、信濃以来の家臣たちは太平《たいへい》の世で戦功もないのに法外《ほうがい》な加増に与《あず》かる幸運を得た。幕末まで会津武士から正之が崇《あが》められた所以《ゆえん》である。会津藩士の中核は信州人だったし、会津魂といわれる性格も信州人らしさそのものである。正光の実子は、これと別に大名となり、幕末には下総飯野《いいの》藩主だった。

信濃のほうは、松本城に石川数正《かずまさ》、小笠原秀政《ひでまさ》が封じられたが、その後は、禄高《ろくだか》の低い藩主が続き、中心都市が形成されないまま信濃は幕末を迎えた。

戦国観光案内　長野市の松代《まつしろ》には真田宝物館があり、川中島の古戦場には信玄・謙信の銅像や案内板などが多くある。松本城、上田《うえだ》城、高遠城などは後世に改造されてはいるが、戦国時代をまったくしのべないわけではない。上田市には真田氏歴史館がある。

それほど名門ではなかった今川義元

今川義元《よしもと》という人物について、ともすれば、織田信長との対比で、「名門」「貴族趣味」というイメージばかりが過度に強調される傾向がある。あるいは、桶狭間《おけはざま》で不覚をとらなければ、義元は京に上り、天下に号令したといわんばかりの説明もされる。

だが、今川家はそれほどずば抜けた名門というわけではないし、信長を撃破したとしても、そう簡単に京都へ上って政権につけたとも思えないのである。なにしろ、このころ京都では、一三代将軍義輝《よしてる》と三好長慶《ながよし》によるそれなりに安定した政治状況があり、義元を最高権力者として喜んで迎えるような雰囲気《ふんいき》などはなかった。せいぜい、尾張《おわり》を制圧したら、上杉謙信のように、周辺大名の了解を得て、数千くらいの兵を率いて将軍のもとに挨拶に参上するのが限界だったのではないか。

この今川氏は、忠臣蔵《ちゅうしんぐら》でおなじみの吉良《きら》氏の分家なのだ。鎌倉時代に三浦《みうら》氏の乱や承久の変で活躍した足利義氏《よしうじ》が三河守をつとめ、その地の吉良荘に息子の長氏《ながうじ》を残した（八七ページ系図参照）。その長氏は吉良氏を名乗り、その子の国氏《くにうじ》が、今川荘に拠って今川氏を名乗った。その孫の範国《のりくに》は足利尊氏に仕え、駿河と遠江《とおとうみ》の守護になった。領国の経営は嫡子の範氏《のりうじ》が担当し、その弟の了俊《りょうしゅん》は九州探題として活躍した。

その後、遠江守護の地位は失ったが、応仁の乱になって、今川義忠《よしただ》は斯波《しば》氏が守護になっていた遠江に侵入した。だが、横地《よこち》、勝間田《かつまた》といった在地の勢力と戦って敗死し、その収容に現れたのが、義忠夫人の兄である北条早雲《そううん》こと伊勢盛時《もりとき》である。

北条早雲に後見された甥の氏親《うじちか》は傑物《けつぶつ》で、「今川仮名目録《いまがわかなもくろく》」を制定するなど領国経営に力を入れ、また、歌人としても知られるなど文化の振興《しんこう》にも成功した。氏親

〈今川家系図〉

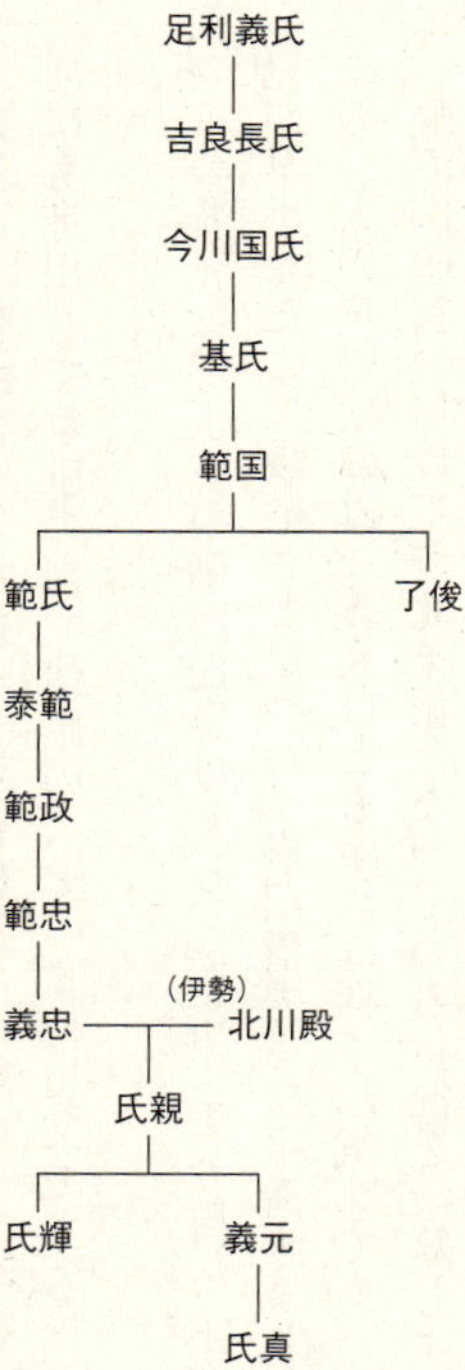

は尾張の斯波氏、信濃の小笠原氏などを撃破し、念願の遠江守護としても認められ、三河にも進出して家康の祖父清康《きよやす》の、そのまた祖父である松平長親《ながちか》を圧迫した。

氏親の子の義元は、正室中御門《なかみかど》氏を母とし、僧籍に入り梅岳承芳《ばいがくしょうほう》と名乗っていたが、兄が早世《そうせい》したので後継者となった。織田信秀《のぶひで》や松平清康より少し下の世代であり、この二人の全盛期には、義元はともすれば押され気味であった。駿河国の富士《ふじ》川以東が北条領となっている状況を清算《せいさん》しようとして北条領に侵入したが、その間に、織田信秀が三河への攻勢を強めたので、義元の後見人的な存在だった太原崇孚《たいげんすうふ》雪斎《せっさい》が、信玄・氏康・義元の三者会談を駿府で設営し、甲相駿《こうそうすん》三国同盟を成立させたとされる。

一方、雪斎は自ら兵を率いて、安祥《あんしょう》城を奪って守っていた信長の兄信広《のぶひろ》を捕虜とし、信秀に奪われていた竹千代《たけちよ》を奪取した。駿府に移された竹千代の教育係もこの雪斎であった。もし、家康が岡崎《おかざき》にそのままいたら、天下人としての資質は磨《みが》かれなかっただろう。

そして、清康が暗殺され、信秀や清康の子の広忠《ひろただ》も死去し、信長や家康は若いという状況の下で義元は全盛期を迎え、武田や北条との関係も良好であることを見極めて、尾張に侵攻したのである。

今川旧臣の出世頭は彦根・井伊家

義元の死後、三河と遠江は家康が、駿河は信玄がかすめ取ったが、義元の嫡子の氏真《うじざね》は長生きし、子孫は旗本として生き残った。武田滅亡の折には、信長から駿河を与えようと申し出られた家康は、いちおうは、今川氏真に譲りたいというポーズを示して、簒奪《さんだつ》者といわれないように気を配った。このあたりが家康らしさである。

家康は、岡崎から浜松《はままつ》、駿府と居城を移したが、小田原の役のあと関東へ去り、中村一氏《なかむらかずうじ》（駿府）、山内一豊《かずとよ》（掛川《かけがわ》）、堀尾吉晴《ほりおよしはる》（浜松）らが封じられた。そののち、駿府は徳川家康の隠居《いんきょ》城となり、同時にお気に入りの息子である徳川頼宣《よりのぶ》が居城したが、家康の死後、秀忠は頼宣を紀伊《きい》に追いやり、次男の忠長《ただなが》に与えた。だが、家光《いえみつ》は忠長を改易させ、さらに自害させた。そののち当地は幕府領となったが、明治初年には、江戸を去った徳川家達《いえさと》の居城となって、浜松・掛川・沼津《ぬまづ》などの各藩は房総《ぼうそう》半島に移封され、それぞれ、一万五〇〇〇人から二万人の大移動があった。

ところで、今川旧臣のなかで大名になったものが何人かいる。ここでは、幕末まで続いたものだけを挙げるが、その出世頭は、遠江の井伊直政《いいなおまさ》である。勇猛な武将でもあったが、田舎侍ばかりの徳川譜代《ふだい》を補完するように、洗練《せんれん》された外交術で秀吉に信頼され、その指名で実質的に譜代筆頭の地位を得た。その子の直孝《なおたか》は若くして大坂の陣で大功を上げ、三代将軍家光を支えて、足利幕府の細川頼之《よりゆき》に比すべき存在といわれた。

王政復古《おうせいふっこ》以降は、官軍の先頭に立ったが、そのとき、先祖が遠江で南朝《なんちょう》側で戦ったことを主張して神社まで建て、徳川はもちろん、今川氏の遠江進出以前からの名門であることを強調した。

また、駿河の岡部長盛《おかべながもり》は、甲州《こうしゅう》調略に活躍し、岸和田《きしわだ》藩祖となった。下総小見《おみ》川《がわ》藩の内田《うちだ》氏は遠江の名族・勝間田氏の一族である。同じく下総生実《おゆみ》藩の森川《もりかわ》氏は、近江《おうみ》源氏だが今川氏に仕えていた。

このほか、親藩譜代の藩士にも今川旧臣は多く、駿河から移封された紀伊藩などにとくに多かったようだ。

戦国観光案内　今川家菩提寺である臨済《りんざい》寺は、家康が雪斎から教えを受けた場所でもある。二俣《ふたまた》城跡（天龍浜名湖《てんりゅうはまなこ》鉄道二俣本町《ふたまたほんまち》駅下車）や高天神《たかてんじん》城跡（掛川《かけがわ》駅からバス）は戦国時代の雰囲気を残す。駿府城では巽櫓《たつみやぐら》が復元されて資料館になっている。

福井

幕府から守護として認められた朝倉氏の誇り

朝倉《あさくら》氏の城下町・一乗谷《いちじょうだに》は、発掘や復元が進み、中世都市がいかなるものであったかを示す数少ない遺跡のひとつとなっている。足羽《あすわ》川の支流一乗川の谷にあり、三方を険《けわ》しい山に囲まれているところで、鉄砲伝来前にはこういうところが要害の地として理想的だったことが分かる。京《きょう》風の美しい街が営まれ、将軍義輝の

〈斯波家系図〉

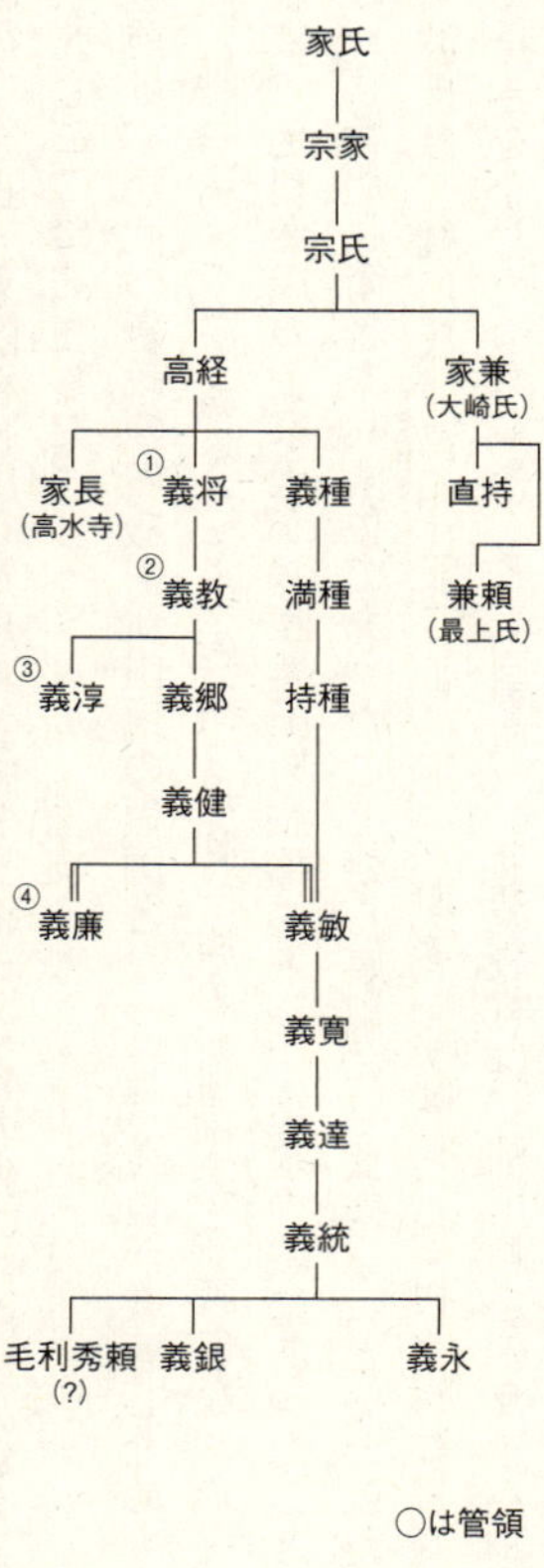

暗殺後に奈良一乗院を脱出した足利義昭《よしあき》も、近江から若狭《わかさ》の武田氏のもとを経て、三年間もここに滞在した。

越前は、建武《けんむ》の新政ののち、新田《にった》氏の領国となった。義貞《よしさだ》が戦死したのも、藤島《ふじしま》(福井市)でのことである。そののち、足利一族の斯波《しば》氏が守護になった。斯波氏の名は、足利泰氏《やすうじ》の子家氏《いえうじ》が、陸奥《むつ》国斯波郡に下り、高水寺《こうすいじ》城にあったことに由来する。官職が兵衛督《ひょうえのかみ》や兵衛佐《ひょうえのすけ》であったことから唐風に「武衛《ぶえい》家」といわれた。

斯波氏は、細川氏、畠山《はたけやま》氏とともに三管領家と呼ばれ、足利一族として室町幕府に重きをなした(八七ページ系図参照)。斯波義将《よしまさ》は、細川頼之《よりゆき》のライバルとして義満政権を支え、一時は、越前・若狭・越中・能登《のと》・遠江・信濃の守護職を兼ねた。

しかし、六代将軍義教《よしのり》の時代に跡目争いが激化し、越前の守護代をつとめていた甲斐常治《つねはる》は、傍系《ぼうけい》出身の斯波義敏《よしとし》をあなどったので、義敏が甲斐氏の越前敦賀《つるが》城(金ケ崎《かねがさき》城)を攻め落としかけたこともあった(一四五九年)。こののち、新たに養子に迎えられた渋川《しぶかわ》氏出身の斯波義廉《よしかど》と、八代将軍義政《よしまさ》側近の伊勢貞親《さだちか》の支持で復権した義敏とが争い、応仁の乱の原因のひとつになった。

この乱のなかで斯波氏重臣の朝倉孝景《たかかげ》が力を蓄えてきた。朝倉氏は、もともと但《たじ》馬国造《まのくにのみやつこ》の系統を引く国人で、尊氏挙兵のときに応じてその一族である斯波氏の下

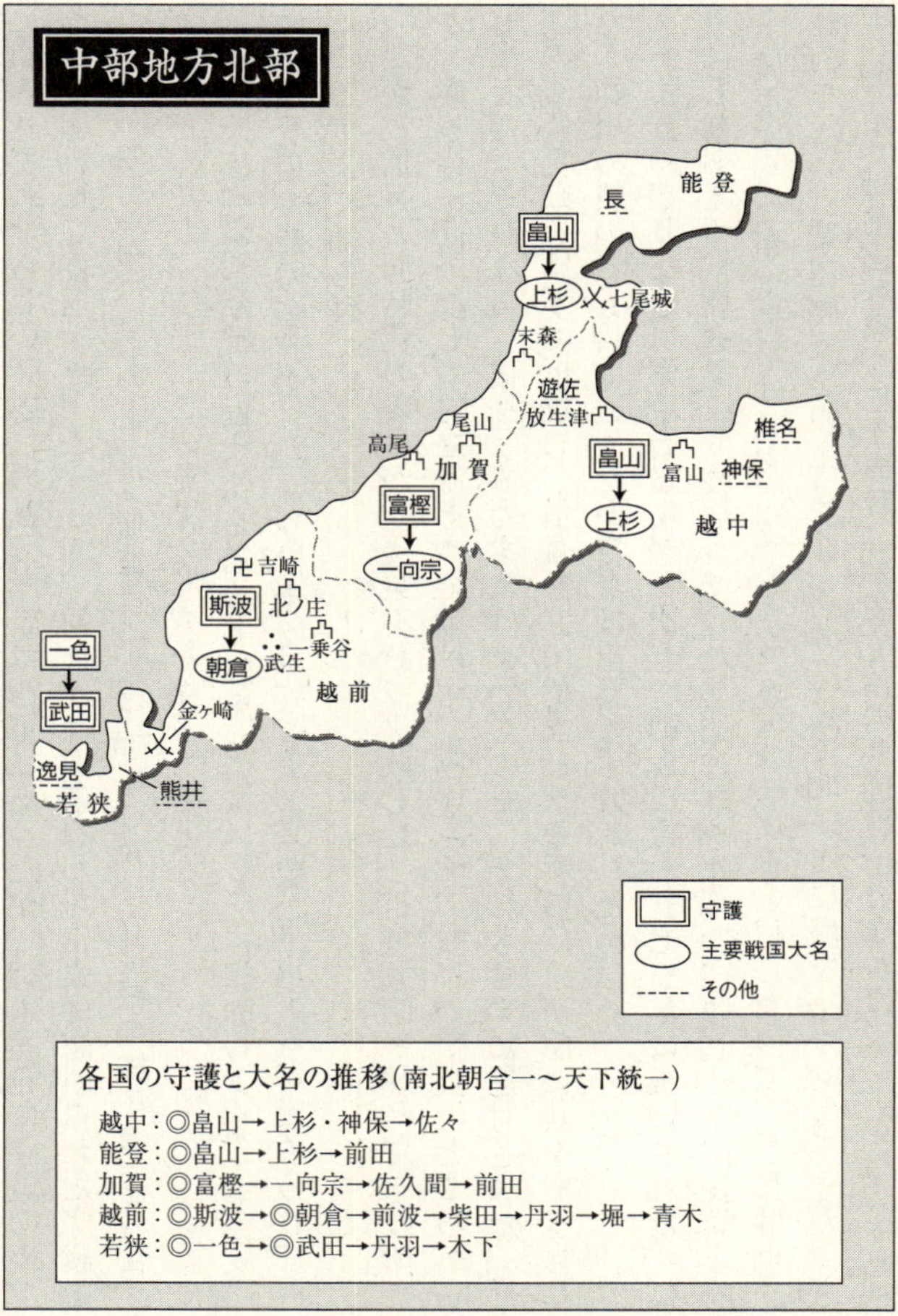

各国の守護と大名の推移（南北朝合一～天下統一）

越中：◎畠山→上杉・神保→佐々
能登：◎畠山→上杉→前田
加賀：◎富樫→一向宗→佐久間→前田
越前：◎斯波→◎朝倉→前波→柴田→丹羽→堀→青木
若狭：◎一色→◎武田→丹羽→木下

に組み込まれたらしい。応仁の乱で孝景は西軍にあったが、細川勝元《かつもと》に守護の座を条件に誘われて寝返った。こうして、朝倉氏は、幕府から正式に認められた守護となり（一四七一年）、形の上では斯波氏の家臣であり続けた尾張の織田家を「陪臣《ばいしん》」とあなどったが、結局、この見栄で墓穴《ぼけつ》を掘ることとなった。

朝倉氏は、領国経営の近代化を進めて成果を上げ、とくに「朝倉孝景十七箇条」は重臣登用《とうよう》の能力主義や、刀より槍《やり》を優先させた集団戦重視主義が定められていることでよく知られている。

だが、信長と同時代の義景《よしかげ》が、優柔不断で失敗した。足利義昭が頼ってきたのだが、義景は一向一揆との対立もあって動けず、みすみす、岐阜《ぎふ》の信長のところへ送り出した。それなら、信長と協力すればよいものを、それもせずに追討された。近江の浅井長政《あざいながまさ》を誘って抵抗し、信長を武田信玄と挟撃するはずが急に兵を引きもした。姉川《あねがわ》の戦いでも兵は送ったが自身は出馬せず敗北した。

あまりの頼りなさに家臣の離反が相次ぎ、朝倉氏は一五七三年に滅ぼされた。信長はとりあえず、朝倉遺臣で寝返っていた前波吉継《まえばよしつぐ》を守護に、同じく富田長繁《とみたながしげ》を府中《ふちゅう》城主にしたが、長繁は一向門徒とともに前波に反旗を翻したので、信長は再び越前を攻め、柴田勝家を領主として送り込んで北ノ庄《きたのしょう》に城を築かせた。また、武生《たけふ》（府中）は前田利家《としいえ》、佐々成政《さっさなりまさ》、不破光治《ふわみつはる》の共同統治となった。

淀殿とナンバー2を争った美女

柴田家の出自については不明である。斯波一族ともいわれるが当てにならない。若いころ、勝家は信長の弟・信行《のぶゆき》を担いで信長に反旗を翻したこともあるが、その後は、忠勤《ちゆうきん》一筋であった。剛直な性格が筆頭家老として適任とされたらしいが、どうしてそこまで評価されたのか、いまひとつよく分からないところもある。

本能寺の変ののちは、信長の三男信孝《のぶたか》を擁して秀吉に対抗したが、三男で生母の出自にも劣る信孝では正統性を主張するには弱かった。筆頭家老としての自分自身の権威を笠《かさ》に着て乗り切れるとみたのであろうが、甘かった。

その後の越前には、丹羽長秀《にわながひで》などを経て、関ヶ原の戦いののちには、家康の次男・結城秀康《ゆうきひでやす》が六七万石で入った。秀康は早世し、その子の忠直《ただなお》は乱行がたたって隠棲させられ、石高も減らされていったが、秀康の子だくさんのおかげで、津山《つやま》、前橋、松江、明石《あかし》といった諸藩を生んだ。

一方、若狭では一色《いつしき》氏が守護をつとめていたが、一色義貫《よしつら》が六代将軍義教に大和《やまと》の陣中で誅《ちゆう》され、この暗殺劇に協力した安芸《あき》武田氏の信栄《のぶひで》が守護となった。武田氏は丹後《たんご》にも進出し一色氏と争ったが、反攻されて朝倉氏を頼ることとなった。武田は従属的な立場にあったが、それでも足利義昭を一時保護したりもした（二三七ページ系図参照）。

最後の当主・元明《もとあき》は、信長によって越前から若狭に連れ戻され、丹羽長秀の統治下で神宮寺《じんぐう》（小浜市《おばま》）にあって三〇〇〇石をもらって生き延びた。だが、本能寺の変で明智光秀に呼応し、近江海津《かいづ》で自害した。その正室の京極竜子《たつこ》は、秀吉の側室松《まつ》の丸殿《まるどの》となり、醍醐《だいご》の花見では北政所《きたのまんどころ》に次ぐナンバー2の座を従姉妹《いとこ》の淀殿《よどどの》と争ったことはすでに紹介した。

関ヶ原の戦いののち、若狭は竜子の兄で淀殿の妹お初《はつ》の夫である京極高次《たかつぐ》に与えられ、高次は本拠を後瀬山《のちせやま》（小浜駅周辺）から海岸部に移して、小浜城を築いた。そののち、小浜には酒井《さかい》氏が入り、京都所司代《しょしだい》をしばしばつとめた。

戦国観光案内　朝倉氏の本拠・一乗谷は近世になって放棄されたおかげで、発掘調査によって全貌《ぜんぼう》が明らかに。町並みが復元され、遺跡資料館もあるので戦国ファンはここだけは訪れるべし（JR越美北線《えつみほく》一乗谷駅）。丸岡《まるおか》城天守は、戦国時代の様式をよく残す。柴田勝家の北ノ庄《きたのしょう》城跡には柴田神社がある。敦賀の金ケ崎《かねがさき》城跡は景勝地《けいしょう》でもある。

石川

加賀一向一揆は富樫氏を守護として守った

歌舞伎「勧進帳《かんじんちょう》」で繰り広げられる、義経、弁慶《べんけい》、富樫《とがし》の緊迫した安宅《あたか》の関（小《こ》松《まつ》市）でのやりとりは、史実に基づくものではない。あったとしても、『義経記《ぎけいき》』によれば越中《えっちゅう》での出来事である。

それでは、なぜ、このような舞台設定がなされたかというと、歌舞伎の原作になった謡曲《ようきょく》「安宅」が初演されたころ（一四六五年）、守護代・山川八郎の一族郎党が主君の安泰のために犠牲となって潔《いさぎよ》く果てた事件があって、これが美談として京都の人々の話題となり富樫氏の人気が高まったことが背景にあるらしい。

この主君は富樫泰高《やすたか》といい、もともと醍醐寺の喝食《かつしき》だったが、兄の富樫教家《のりいえ》が六代将軍義教によって罷免《ひめん》されたあと守護になった。ところが、わずか六日後に義教は嘉吉《かきつ》の変で殺され、教家の子の成春《しげはる》が守護への復帰を狙ってお家騒動となったのである。

この騒動は、結局、泰高が南半国守護として野々市《ののいち》城に、成春が北半国守護として高尾《たかお》城にということで結着した。ところが、成春の子の政親《まさちか》と幸千代《こうちよ》は、それぞれ、本願寺派と、同じ真宗《しん》の専修寺《せんじゅじ》派に支持されて抗争した。この争いは政親の勝利となったのだが、九代将軍義尚《よしひさ》に従って六角《ろっかく》攻めに参加した政親は、戦費調達で重税を課したために、味方だったはずの門徒たちに反乱を起こされた。政親はあわてて加賀へ帰り高尾城に籠もったが、衆寡《しゅうか》敵せず、自害して果てた(一四八八年)。

これを契機に、一向宗の門徒たちは、富樫泰高を守護として奉《たてまつ》りながらも、実質的に加賀の国を支配し、「百姓《ひゃくしょう》の持ちたる国」と呼ばれた。ただし、しばしば誤解されているように、守護がいなくなったのではない。泰高の曾孫である晴貞《はるさだ》が一揆勢と対立して敗死したのは、もはや戦国も終わりに近づいた一五七〇年のことであった。

そして、その十年後、佐久間盛政《さくまもりまさ》によって尾山御坊《おやまごぼう》は攻め落とされた。これがのちの前田一〇〇万石の居城・金沢《かなざわ》城となる。

ちなみに、富樫氏は、平安時代に北陸を地盤に勢力を張った藤原利仁《としひと》の子孫だとされ、鎌倉時代にも守護をつとめたことがあるという説もあるが、確かなことは分からない。

加賀藩家老として生き残った長続連の子孫

能登《のと》は、畠山《はたけやま》氏の領国だった。足利一族でもない畠山氏を三管領家のひとつに押し上げた基国《もとくに》の子の一人である満慶《みつのり》の子孫が、代々守護をつとめた。応仁の乱のとき、畠山義統《よしむね》は、本家の義就《よしなり》についたが、乱の沈静後、能登に入って一向宗の侵入を止めるとともに、文化的興隆をもたらした。十六世紀初めの義総《よしふさ》も、七尾《ななお》城を中心に能登中世文化の黄金時代を築いた。

だが、一五七〇年ごろになると、重臣の遊佐《ゆさ》氏が上杉謙信と、温井《ぬくい》氏が加賀一向一揆と、長《ちょう》氏が織田信長と組むことを画策し、畠山氏の後継者問題も混迷した。長続連《つぐつら》は最後の城主・春王丸《はるおうまる》を擁して謙信の城攻めに抵抗するが、力尽きて能登畠山氏は滅んだ。その次子である連龍《つらたつ》は、信長の能登攻めに協力し、仇《かたき》である遊佐氏一族を滅ぼすとともに、前田氏のもとで家老として三万五〇〇〇石を確保した。前田氏は半独立勢力である長氏の処遇に苦慮し、ようやく江戸中期の綱紀《つなのり》のときに岳父である保科正之の協力のもとで、能登以外にも所領を分散させて制御することに成功したが、その後も長氏は健在で、明治維新後に男爵になった。

一方、能登の畠山氏も江戸時代に高家《こうけ》として存続した（八一ページ系図参照）。

能登は、利家とまつの次男である利政《としまさ》の領国だったが、徳川に膝《ひざ》を屈することを潔しとしなかったために除封され、京都嵯峨野《さがの》に隠棲した。だが、利政は大坂夏の陣ののちまで生き、江戸での人質生活を終えてやっと自由の身となって上洛を許されたまつと、感激の再会をしたという、ちょっと心の安まる話もある。利長《としなが》のあと加賀一〇〇万石を嗣いだ利常《としつね》は、まつの子ではなく、利家と側室の子である。利政の子孫は前田土佐守家と呼ばれ、加賀藩家老となり、のちの加賀騒動では守旧派の頭目として登場し、明治になって男爵になった。

加賀藩の家老には、斯波氏もいれば、家康の懐刀であった本多正信《まさのぶ》の次男の子孫もいたり、なかなか豪華な顔ぶれが揃っていた。

能登のほうは、利政を最後に独自の領主を失い衰微《すいび》した。あまり知られていないが、横浜の鶴見《つるみ》にある総持寺《そうじ》も、明治時代の大火までは能登門前《もんぜん》町にあった。

戦国観光案内 金沢《かなざわ》城跡は金沢大学移転後、整備が進む。前田土佐守家資料館は利家次男の前田利政の家に伝わった家宝を展示。石川県立歴史博物館にも前田家についての展示がある。小松《こまつ》近郊には鳥越《とりごえ》一向一揆歴史館（白山《はくさん》市）がある。

富山

一〇代将軍義稙も亡命した放生津城

源平時代の越中では、木曾義仲や北陸宮《ほくろくのみや》を助けた宮崎太郎などの国人《こくじん》が活躍したが、鎌倉時代の守護は北条一門の名越《なごえ》氏で、射水《いみず》郡放生津《ほうしょうづ》を守護所としていた。南北朝時代には「越中宮」が下向して南朝勢力が優位だったこともあるが、やがて畠山基国《もとくに》が守護となって強力な領国支配を行った。

ただし、現地を統治したのは、遊佐《ゆさ》、神保《じんぼう》、椎名《しいな》の三家の守護代で、それぞれ、西部（砺波《となみ》郡）、中部（婦負《ねい》郡、射水郡）、東部（新川《にいかわ》郡）を支配した。

このうち、遊佐氏は越中より河内《かわち》守護代としての動きのほうが重要であるので、ここでは神保氏の動きを軸に戦国時代の越中情勢をみていこう。

神保氏は上野国多胡《たご》郡神保邑《むら》の出身で、確かではないが、惟宗《これむね》氏（秦《はた》氏が平安時代初期に改姓）の流れといわれる。いつのころからか畠山氏に仕え、六代将軍義教《よしのり》が殺された嘉吉《かきつ》の変の余波で畠山持国《もちくに》が勝ち、義教に気に入られていた畠山持永《もちなが》に与《くみ》していた遊佐氏が弱体化したことを機会に、越中第一の勢力となった。このとき、持永は越中に逃げたが、国人たちに嫌われ入国できずに殺されている。

応仁の乱での細川の主力は四国勢で、山名のほうは山陰《さんいん》勢だが、畠山軍は越中や能登の北陸勢であった。応仁の乱の原因となった畠山義就《よしなり》と政長《まさなが》の争いで、神保長誠《ながのぶ》は政長につき、その献策した作戦によって上御霊社《かみごりょうしゃ》に布陣し戦いが開始されたが、山名宗全《そうぜん》に支援された義就に敗れ、京都から逃げ去った。

その後、一〇代将軍義稙《よしたね》を擁した政長が河内で戦死したとき、畠山長誠が義稙を救出し、越中まで連れ、放生津にかくまった。将軍が滞在し、全国から人々が訪れたこの五年間は、越中の歴史でもっとも輝かしい年月だったかもしれない。

ここで力を回復した義稙と長誠は京都をめざしたが、近江坂本で六角《ろっかく》氏に阻止され、山口の大内氏のもとへ逃れた。

家光夫人になった佐々成政の孫娘

この間、越中では細川政元《まさもと》の工作が成功し一向一揆が起こったので、国人たちは越後の長尾《ながお》氏に救援を求めた。以降、長尾氏はたびたび越中に介入することになる。

こうしたなかで、神保、椎名、畠山、上杉（長尾）、それに一向宗に織田氏や武田氏の勢力関係が複雑に絡み合った。上杉氏と椎名氏が組み、降伏した神保氏を上杉氏が受け入れると、椎名氏は武田氏に走る。あるいは、織田信長と連携した上杉謙信と一向宗は激しく対立していたが、反信長に転じた謙信は一向宗と結ぶ、といった具合に合従連衡《がっしょうれんこう》を繰り返した。

そんななかで、神保長住《ながすみ》は、上杉氏との連携を主張する父・長職《ながもと》と対立して織田氏との同盟を主張したが、長職の死後も、家臣たちは上杉方につくことを主張したので、長住は越中を去った。のちに、信長の援助で富山《とやま》城に復帰したが、家臣たちに叛《そむ》かれ、信長からも見捨てられた。ただし、神保一族は旗本などとして多く生き残り、神田《かんだ》神保町の名もその屋敷所在地からきている。

こうした勢力の入り混じる越中を征服した信長は、当地を佐々成政に与えた。成政は小牧長久手の戦いで徳川家康・織田信雄《のぶかつ》方につき、その後も、厳冬の北アルプス・さらさら峠《とうげ》を越えて浜松《はままつ》の家康を訪ね、秀吉への徹底抗戦を主張したが、受け入れられなかった。秀吉は降伏した成政の勇猛ぶりを買って肥後《ひご》一国を与えたが、性急《せいきゅう》に国人たちを押さえ込もうとして反乱を起こされた成政が、その責任を問われて切腹したことは、熊本の項で紹介したとおりである。

ただし、成政の娘は鷹司《たかつかさ》家に輿入《こしい》れし、そのまた娘は三代将軍家光の正室・本理院《ほんりいん》となった。

その後、越中は前田利家に与えられ、富山には一〇万石の支藩が置かれた。高岡《たかおか》は利長の隠居城となり、のちには加賀藩領の中心都市として栄えた。

戦国観光案内　富山城天守閣はリニューアルされ富山市郷土博物館になって、富山城の築城以来の歴史を展示している。高岡市の瑞龍《ずいりゅう》寺は、前田利長の菩提寺で、山門、仏殿、法堂は国宝。

コラム 全国最強といわれた信濃の真田軍団

信州小県郡の土豪だった真田氏は、武田信玄の信濃攻略にあって服属し、長篠の戦いでは昌幸の兄2人が戦死している。武田滅亡のころは、浅間山の北側を上野の沼田方面へ進出していた。武田氏公認のもとで独自の行動をしていたのだが、なんとか、滝川一益の麾下に入った。

本能寺の変ののち、徳川家康に属したが、北条との和睦で上野の占領地を北条に引き渡せといわれて断り、徳川と戦い勝ち、豊臣に接近した。北条と豊臣の交渉では、真田領のうち沼田は北条に渡して真田に代償を別に与え、名胡桃というところは真田に保持させることになっていたのを、北条氏の家臣が名胡桃を攻撃したことが秀吉の小田原攻めの口実となった。

関ヶ原の戦いでは、沼田城主で本多忠勝の娘婿だった嫡子・信幸は東軍に与したが、上田にあった昌幸と大谷吉継の娘婿だった次男の幸村（信繁）は、西上する秀忠軍を上田城で食い止めた。信濃・甲斐をまかすと石田三成からもちかけられた昌幸は「百姓でも敵の首ひとつ取れば100石を知行させる」と百姓を動員してゲリラ戦を展開した。しかも、東軍に加わった信幸にもわざと功名を立てさせるなど余裕の戦いぶりだった。秀忠はここで一週間を空費し、関ヶ原の決戦に間に合わなかった。

榊原康政、本多忠政、本多正信、奥平信昌、大久保忠隣、石川康長、森忠政ら軍勢3万8000を率いながら、全軍がとどまって城攻めに時間を費やし、攻城をあきらめたのち、こんどは軍を後ろに残して秀忠が西上したのは、さらに非常識だった。家康も怒って、秀忠軍の諸将への恩賞は少なかった。信幸が上田領も引き継いだが、のちに松代に転封され、沼田城は分家で別の藩となった。

一方、昌幸と幸村は紀州高野山に近い九度山に追放され、昌幸は死んだが、大坂冬の陣のとき、西軍に幸村は加わった。幸村は冬の陣では惣構えの南側に真田丸を築いて東軍を撃退し、夏の陣では、家康の本陣を襲い、馬印を倒してあわや桶狭間の再現かというところまで追い込んだが討ち死にした。島津家久が「我が国で最強」と評するなど、勇猛ぶりは天下にとどろき、講談などでおなじみになった。

第七章

東北・北海道——中世武士たち最後の砦

奥州探題

北畠顕家と乱立した奥州探題

南北朝時代にあって、十六歳で陸奥守《むつのかみ》とされた北畠顕家《きたばたけあきいえ》は、義良《のりなが》親王を奉じて父親房《ちかふさ》とともに陸奥に下った。NHK大河ドラマ「太平記《たいへいき》」で、後藤久美子《ごとうくみこ》が男装して凛々しく演じた役柄である。奥羽《おうう》両国を平定して鎮守府《ちんじゅふ》将軍に任じられた顕家は、鎌倉で朝廷に反旗を翻して東海道を西上する足利尊氏を追討し、ついには九州に敗走させた。そののち、いったん、東北へ帰ったところ、戦局が悪化したため多《た》賀《が》城から霊山《りょうぜん》城（福島県伊達市）へ、さらに畿内に転戦したが、和泉《いずみ》で討ち取られた。このとき、わずか、二十一歳であった（三〇二ページ系図参照）。

一方、北朝側では、斯波家長《いえなが》、石塔義房《いしどうよしふさ》、吉良貞家《さだいえ》（奥州吉良氏）、畠山国氏《くにうじ》（二《に》本松《ほんまつ》を本拠とする）らを次々と奥州探題《おうしゅうたんだい》に任じて対抗し、北畠顕家の弟・顕信《あきのぶ》を宇《う》津峰《づみね》城（福島県郡山市）に滅ぼして南朝勢力の根を断った（一三五三年）。

その翌年、足利幕府は斯波家長の叔父・家兼《いえかね》（二五三ページ系図参照）を奥州探題として送り込み、陸奥北部の平定にあたらせた。これが、大崎《おおさき》氏と最上《もがみ》氏の祖となる。いずれにせよ、このころの、「奥州探題」という肩書きは乱発されていたようであるし、奥州管領《かんれい》という言葉が使われることもあったようだ。

東北では律令《りつりょう》制が確立される時代になっても、中央との戦いがまだ続いていたし、遠隔地でもあったことから、少し独立性が強い行政組織が必要とされた。そこで、陸奥と出羽《でわ》という二つの大国にだけ分けて多賀城などに鎮守府が置かれ、鎌倉や室町になっても「守護《しゅご》」という職はほとんどの時期は置かれなかったのである。

一三九二年、足利幕府は東北を鎌倉公方《くぼう》の管轄とし、当時、鎌倉公方であった満兼《みつかね》の弟二人を送り込ませ、それぞれ、御所の場所をとって稲村《いなむら》公方、篠川《ささがわ》公方と呼ばれた時期がある（四一ページ系図参照）。

だが、鎌倉公方の独走を嫌った幕府は、東北の武士たちに関東の牽制を期待するようになる。そんななかで、大崎氏は一四〇〇年ごろには「奥州探題乱立」を制して、しばらくは、将軍御教書《みぎょうしょ》の施行、所領の安堵・宛行《あてがい》、官職への推薦、幕府から割り当てられる内裏《だいり》造営費用の配分などを行い、「朔の上様」と尊称されて東北の王者として君臨した。その居城である大崎市古川《ふるかわ》の名生館《みょうだて》では、鎌倉幕府によって送り込まれていた各豪族に、

東北の戦国史

年	東北での主な出来事
1353	北畠顕信が宇津峰城で滅ぶ
1392	奥羽が鎌倉公方の管轄に
1400頃	大崎氏の全盛時代
1443	安東氏が十三湊から蝦夷へ
1457	コシャマインの乱が終わる
1525	伊達稙宗が陸奥国守護に
1589	芦名氏が会津から逐われる
1590	大浦（津軽）氏が南部から独立 豊臣秀吉による東北制圧

伊達・葛西《かさい》・南部《なんぶ》・留守《るす》・白河《しらかわ》・芦名《あしな》・岩城《いわき》といった席次《せきじ》が与えられていたという。

頼朝派葛西氏と尊氏派大崎氏

応仁の乱などの中央の戦いは、東北の政治にさほど直接的に反映されたわけでないが、南部氏と安東《あんどう》氏や蠣崎《かきざき》氏との争いなどに対して、大崎氏は有効な手を打てずに蚊帳《かや》の外に置かれた。また、大崎氏固有の領地である宮城県西北部の掌握《しょうあく》もさほど強くなかったこともあり、徐々に伊達氏の助力なしには権威を保つことができなくなってきた。

しかも、伊達稙宗《たねむね》が陸奥国守護職・左京大夫《さきょうのだいぶ》に任官したので、大崎氏の名目上の優位さえ失われてしまった（一五二五年）。そののち、伊達稙宗と晴宗《はるむね》が親子で争った伊達氏天文《てんぶん》の乱では伊達氏に一矢《いっし》報いたが、最後の当主大崎義隆《よしたか》のときには伊達政宗《まさむね》に従属した形となり、小田原にも参陣できず改易された。

このとき、宮城県の北東部を領する鎌倉以来の名門葛西《かさい》氏も同様に取り潰されたが、この大崎・葛西の両氏の残党は、新領主として乗り込んだ木村吉清《きむらよしきよ》の厳しい検地に怒って立ち上がった。吉清は、明智《あけち》旧臣ながら秀吉の母・大政所《おおまんどころ》のお気に入りで出世した男だが、急な出世で家来もろくにいなかったので、新しい領地の管理もまともにできなかったのである。

この反乱は、会津に封じられて新しい奥州探題というべき地位を得た蒲生氏郷《がもううじさと》らによって鎮圧され、ほぼ同時に起きた九戸《くのへ》の乱とともども、多くの土豪たちを没落させた。関ヶ原の戦いののちには、再び、東軍につかなかった諸家などが取り潰され、福島県や山形県には、徳川譜代大名などの領地が多くなった。

しばしば「東北は五回も中央から征服された」といわれる。平安初期に坂上田村麻呂《さかのうえのたむらまろ》が蝦夷《えみし》を、前九年・後三年の役では源頼義《よりよし》と八幡太郎義家《はちまんたろうよしいえ》の親子が清原《きよはら》氏らを討ち、源頼朝は平泉《ひらいずみ》の藤原一門を滅ぼし、豊臣秀吉が奥州仕置《しお》きをし、戊辰《ぼしん》戦争で官軍に攻められ賊《ぞく》軍扱いされたというわけである。

そうしたことは事実なのだが、五回も征服されたというと、同じ氏族が何度も討たれたとか、現在の東北の人々は被征服者の子孫であるとかいう誤解を与えかねないが、そういうわけではない。

実際、幕末に東北にあった二六の藩のうち、東北土着は蝦夷の血を引く三春《みはる》藩の秋田《あきた》氏だけで、一関《いちのせき》の田村《たむら》氏のように坂上田村麻呂とともにやってきたり、南部、相馬《そうま》などのように頼朝ゆかりの地頭《じとう》だったり、上杉、佐竹、保科《ほしな》（松平）、酒井《さかい》など徳川幕府によって送り込まれた大名であったりで、土着勢力と征服者という二分法は成り立ちえないのだ。戊辰戦争では、徳川譜代の諸侯《しょこう》はほとんどが同盟軍として戦ったが、土着の諸侯はほぼ二分されて官軍、同盟軍に分かれたことは象徴的である。

宮城

独眼竜政宗が天下を狙えなかったわけは

独眼竜《どくがんりゅう》伊達政宗といえば、遅く生まれすぎて天下取り合戦に参加できなかった名将といわれることが多い。だが、政宗が戦国ダービーの主役になれなかったのは、都《みやこ》から遠く離れた地にあったからである。奥州探題だった大崎家との関係でも書いたとおり、伊達家は鎌倉以来の名門であり、戦国初期から着実に勢力を拡張していたのであって、政宗の時代になって急成長したのではない。

政宗にとって、大飛躍をするチャンスは一度だけあった。秀吉の天下になって、政宗は葛西大崎の乱を扇動《せんどう》したとして蒲生氏郷に糾弾され、米沢《よねざわ》から岩出《いわで》山に移されたのだが、このとき、西国に移してしまおうかという案もあったらしい。もし、そうなれば、朝鮮戦線で大活躍し、南蛮人たちとの付き合いも隔靴掻痒《かっかそうよう》のものでなく、東アジアを舞台に世界史を変える人物になっていたかもしれない。

晩年の政宗が、秀吉から拝領《はいりょう》した刀剣を将軍に献上するよう老中に勧められた

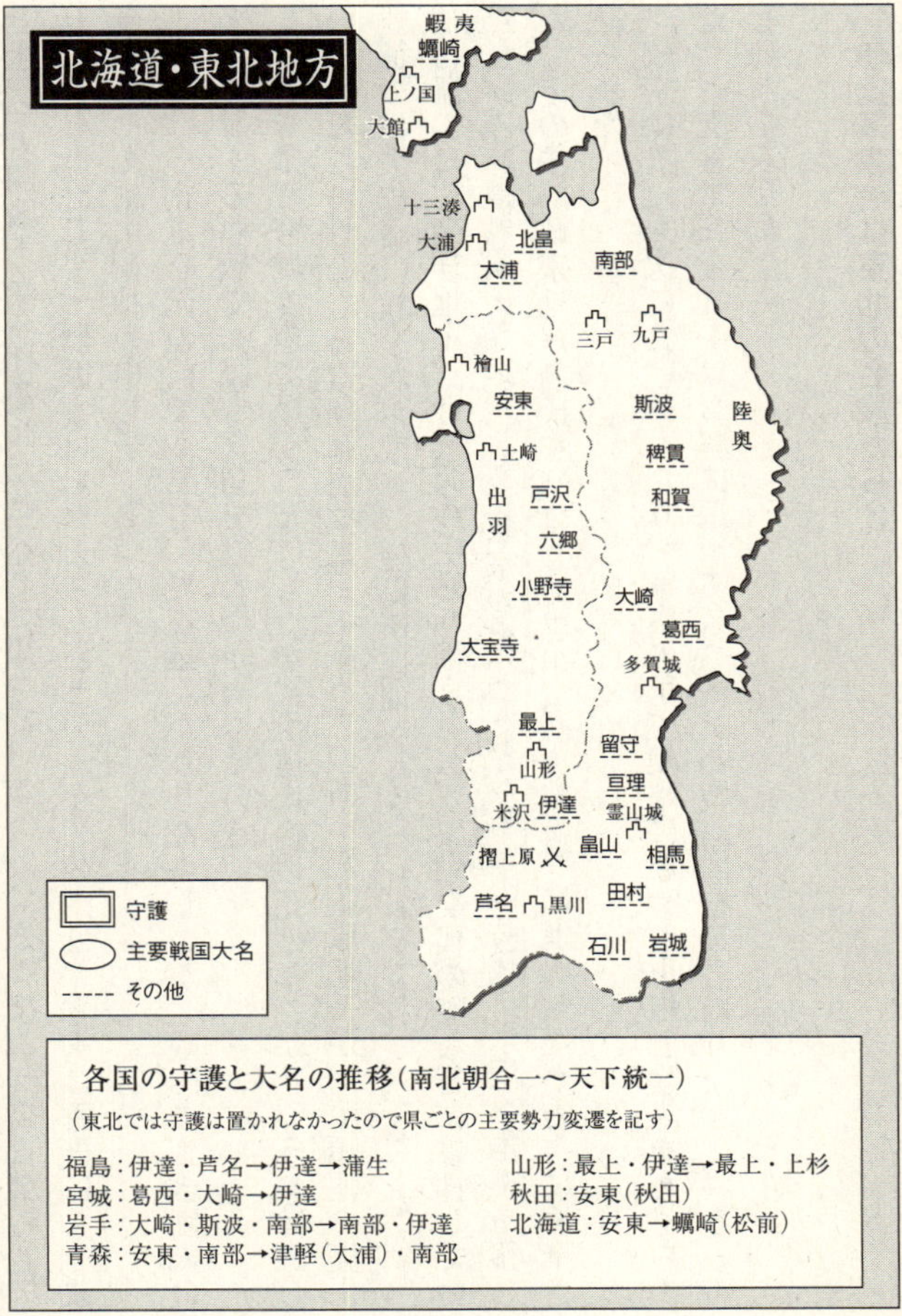

各国の守護と大名の推移(南北朝合一〜天下統一)

(東北では守護は置かれなかったので県ごとの主要勢力変遷を記す)

福島:伊達・芦名→伊達→蒲生
宮城:葛西・大崎→伊達
岩手:大崎・斯波・南部→南部・伊達
青森:安東・南部→津軽(大浦)・南部
山形:最上・伊達→最上・上杉
秋田:安東(秋田)
北海道:安東→蠣崎(松前)

とき、「太閤殿下から拝領したと天下が知っているのに、そんなことをしたら名折《なお》れだ」と激怒して、周囲をはらはらさせたというが、政宗は、本当は秀吉にこそ波長が合った桃山《ももやま》精神の申し子であった。

晩年は、将軍家光の前でも酩酊《めいてい》して寝込んだりしたらしいが、戦国の生き証人の老人に対する尊敬で、誰も文句を言わなかったという。

本書では、宮城の項で扱うことにしたが、伊達氏の地元はどこかというのは難しいところだ。もともと常陸《ひたち》国真壁《まかべ》郡（下館《しもだて》市）にあった藤原朝長《ともなが》が、源頼朝の奥州遠征で信夫《しのぶ》佐藤一族を討ち取り、陸奥伊達郡を与えられたとされている。ただし、仙台藩では、発祥地を下野《しもつけ》真岡《もおか》の中村八幡宮とし、参勤交代の際などに参拝していたという経緯もある。そして、政宗の祖父である晴宗《はるむね》の時代に米沢へ本拠を移した。その後、政宗は芦名氏を滅ぼして黒川《くろかわ》（会津若松《わかまつ》）に進出したが秀吉に放棄させられた。

政宗は豊臣秀次《ひでつぐ》に食い込んだり、家康の子で娘婿になった忠輝《ただてる》と陰謀をたくらんだり、支倉常長《はせくらつねなが》をヨーロッパに送ってスペインとの連携を策《さく》したりなど、いろいろと動きをみせた。

伊達藩家老は東北の名族だらけ

政宗の領国経営は中世的なもので、これが、のちに雄《ゆう》藩への飛躍の足かせになった。小田原にいる秀吉のもとへ政宗が単身向かったときも、伊達成実《しげざね》にもしもの場合に備えさせるなど、親族たちの実力者に大きな権限を与えて、自分が殺されても自立できる体制としたり、岩出山に移ってからも、傘下《さんか》に入れた土豪たちに、領地を与える条件で未開地開拓を競わせたりしていたのだ。

そのかわりに、白石《しろいし》（片倉小十郎景綱《かたくらこじゅうろうかげつな》の子孫）、角田《かくだ》（石川郡出身の石川氏）、亘理《わたり》（伊達成実の子孫）、水沢《みずさわ》（頼朝時代の奥州留守職だった伊沢《いさわ》氏が伊達氏に改称）、涌谷《わくや》（亘理氏が伊達氏と改名）、登米《とよま》（平安時代からの白石の名族刈田《かりた》氏が伊達に改名）などが、個性豊かなミニ城下町を維持した。

伊達政宗が入国するまでの宮城県の名族のなかで、先に紹介した大崎氏は、宮城県の北西部、いまは東北新幹線の沿線になっている大崎市古川を中心とする地域を地盤とした。それに対して、石巻《いしのまき》市や登《と》米《め》市など、北東部から岩手県南部にかけては、源頼朝から奥州総奉行とされた桓武《かんむ》平氏で、いまの東京のあたりに勢力を張っていた豊島《としま》氏の一族・葛西清重《きよしげ》の子孫が支配し、やはり、小田原の役の際に参陣せずに

〈伊達家系図〉

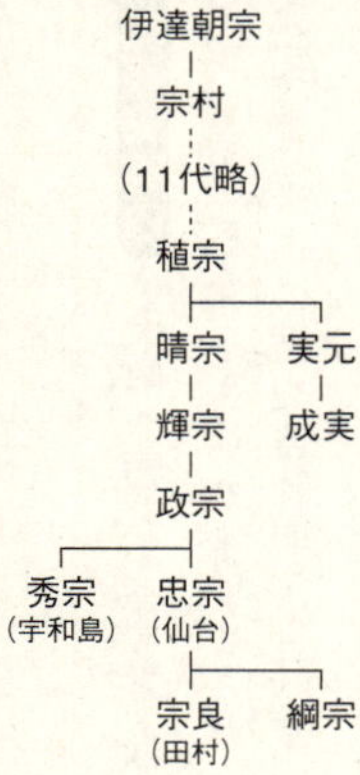

滅びた。

戦国観光案内　大崎《おおさき》八幡宮、瑞巌《ずいがん》寺は桃山文化を伝える全国的にも代表的遺産。青葉《あおば》城跡は観光資源としての整備が不十分だが、仙台《せんだい》市博物館の伊達政宗関係の展示は充実。登米《とめ》市の歴史博物館や香林《こうりん》寺山門は葛西氏の記憶を伝える。

福島

蒲生氏郷は信長次女の婿

会津若松《あいづわかまつ》を近世都市として開闢《かいびゃく》した蒲生氏郷が一五九五年に死んだのを、秀吉の差し金などという人がいるが、それには何の根拠もない。というのも氏郷の死は、豊臣政権にとって計り知れない打撃を与えたからである。

織田信長とその重臣たちは、企業の創業者とそれを支える役員のようなもので、ほぼ同世代であり、一五三〇年代生まれが中心である。だから、四〇年代とか五〇年代とかは、どうしても人材が希薄《きはく》になる。そんななかで、一五五六年生まれにもかかわらず、頭角《とうかく》を現していた珍しい存在が蒲生氏郷である。ほかには、堀秀政《ほりひでまさ》とか佐久間盛政《もりまさ》などがいるくらいで、氏郷は突出した存在だった。

蒲生家は安土の少し東にあたる日野《ひの》城主で、藤原秀郷《ひでさと》の流れを称し、六角氏支配下の近江でそれなりに有力な土豪だった。氏郷は人質として信長のもとに送られたのだが、えらく気に入られ、信長の次女（長女は徳川信康《のぶやす》室）の婿となった。もし、氏郷の早世がなければ、前田利家ら第一世代とそのジュニアたちをつなぐ格好の存在だったはずだ。

氏郷は、軍律を破った部下などには恐ろしく厳しかったらしいが、戦陣で先頭に立つ勇猛な武将で、利休七哲《しちてつ》の一人に数えられる文化人でもあり、そして、都市建設や殖産《しょくさん》興業にも力を発揮した。会津若松の「若松」という名は、彼が日野近郊の地名からとったものであるが、若松城とその城下町は東北きっての評価を得、特産品である会津塗《ぬり》も日野からの技術導入によって生まれた。前任地の伊勢松坂《まつさか》も、伊勢商人の故郷となり、のちに三井財閥を生んだ。

角館に消えた芦名一族

伝統的な奥州の中心は、多賀城のあった宮城県とか、平泉《ひらいずみ》がある岩手県である。古代、そこは、蝦夷との戦いの最前線だった。だが、鎌倉時代以降は、関東との接点である福島県あたりが政治的にも要地になっていた。経済的にも、軍馬、金、鷹《たか》の羽根といった産物より米作が北進したためにその地の重要性が増したということもあった。

政宗に滅ぼされた会津領主・芦名氏は、遡《さかのぼ》れば相模《さがみ》の三浦氏の一族で、芦名という名も三浦半島に由来する。鎌倉時代に地頭として会津に領地をもらった佐原《さわら》氏一門で、戦国時代には会津守護を名乗った。また、十六世紀中ごろに台頭した盛氏《もりうじ》は、二本松、三春、須賀川《すかがわ》などを攻略し、幕府の文書にも、伊達氏とともに大名衆として肩を並べて登場する存在となった。

しかし、嫡男が死んだため、その未亡人となった伊達家出身の女に須賀川の二階堂《かいどう》氏の子を娶《めと》らせてあとを託したのだが、内紛で家内を治められなかった。さらに、佐竹《さたけ》氏から養子・義広《よしひろ》を入れたが、これを不満とした伊達政宗は、一五八九年、摺上原《すりあげはら》の戦いでついに芦名氏を会津から逐《お》った。そののち、義広は佐竹家のなかで遇され、常陸江戸崎《えどさき》城主となり、秋田移封後は角館《かくのだて》に移り、そこで断絶した。この角館の武家屋敷の主には、かつての芦名重臣の名門で微禄《びろく》ながら生き延びた家があったそうだ。

会津若松は、蒲生氏郷の死後、上杉景勝《かげかつ》が入って一二〇万石の太守となった。景勝は関ヶ原の戦いのきっかけとなった会津攻めを引き起こしておきながら、家康軍を追撃しない中途半端な態度をとり、戦後、滅亡は免《まぬが》れたが米沢三〇万石に移された。そののち、若松には、復帰した蒲生氏や、豊臣恩顧《おんこ》でありながら家光が鎧着《よろいぎ》の儀式をしたときに戦国の生き残りとして介添役《かいぞえ》をつとめた加藤嘉明《よしあき》を経て、保科《ほしな》正之《まさゆき》に与えられたが、石高は二八万石に過ぎず、東北の中心都市としての地位を失った。保科氏は、のちに松平に改姓したが、信濃武士としてのストイックな気風を失わずに幕末に至った。

南北朝時代の激戦地である霊山城《りようぜん》、伊達家の本拠地である桑折《こおり》などは、福島市の北にある伊達郡、稲村《いなむら》御所は須賀川市、篠川《ささかわ》御所、宇津峰《うづみね》城は郡山市に所在した。

また、「野馬追《のまお》い」で知られる相馬《そうま》氏は、平将門の子孫と称して下総《しもうさ》相馬郡にあったが、頼朝から陸奥国行方《なめかた》郡を与えられた。のちに北畠顕家らと戦い、義胤《よしたね》が小田原の陣に参陣して本領を安堵された。

勿来《なこそ》の関を越えたところにあるいわき市にあった岩城貞隆《いわきさだたか》は、佐竹氏からの養子で、関ヶ原の戦いで西軍にあって改易されたが、のちに、出羽亀田《かめだ》で復活した。

滝桜《たきざくら》で知られる三春の田村氏は、坂上田村麻呂の末裔《まつえい》と称し、伊達政宗の正室愛姫《めごひめ》を出したおかげで、一関《いちのせき》藩主として生き残った。

戦国観光案内　会津若松城は改変されているが、蒲生時代の面影も残る。城内に千利休の子・少庵《しょうあん》による茶室「麟閣《りんかく》」が再移築されている。市内の福島県立博物館には伊達氏の本拠だった梁川《やながわ》城などについての展示もある。

岩手

南部信直は桃山時代最高の名君の一人

甲斐《かい》源氏の一党で、源頼朝に命じられて荒涼《こうりょう》たる八戸《はちのへ》付近に上陸した南部《なんぶ》氏が、幕末に至るまで本州最北端の地で生きながらえたことは、まことに奇跡的なことである。とくに、小田原攻め後の難しい時期にあって、南部信直《のぶなお》とその子の利直《としなお》は、確かな時代認識で近世大名として生き残る土台を築いたのである。

戦国時代には南部氏の基盤は青森県東部にあり、多くの支流が競っていた。信直は三戸《さんのへ》南部氏の傍流だったが、娘婿として跡目争いを制した。小田原の役についての正しい情報など不足がちな辺境にあり、しかも、うっかり参陣すれば一族内での反乱が必須という状況だったが、行商《ぎょうしょう》人を仲介に立てて前田利家と接触し、朱印《しゅいん》状《じょう》を得たという伝説もある。なにしろ、当時の交通網からすると、京都へは日本海まわりで行くので、青森より岩手のほうが遠隔地だったのだ。

一族の九戸政実《くのへまさざね》が信直の配下とされることを拒否して反乱を起こしたため、信直は危機に陥ったが、このとき、援軍に来ながら窮地に陥った浅野長政の軍を見捨てずに花巻《はなまき》で救援し、秀吉の信頼を得た。

津軽為信《つがるためのぶ》がいち早く秀吉に誼《よしみ》を通じていたために津軽の独立を認めさせられはしたが、信直はその代替として稗貫《ひえぬき》郡（花巻など）と和賀《わが》郡を封地《ほうち》に加えてもらったのだから、そんなに損をしたのではない。

ただ、こうして領地の重心が大きく南に移ったので、思い切って祖先伝来の青森県北東部から北上《きたかみ》川流域に本拠を移すこととし、近江商人らの助力を得て盛岡《もりおか》の町を創建した。市内にある「上《かみ》の橋《はし》」の青銅製の擬宝珠《ぎぼし》には慶長年間（一五九六～一六一五年）の銘《めい》が残っているが、これこそ、北国にあって新しい時代に果敢に立ち向かった南部藩の記念碑である。

〈南部家系図〉

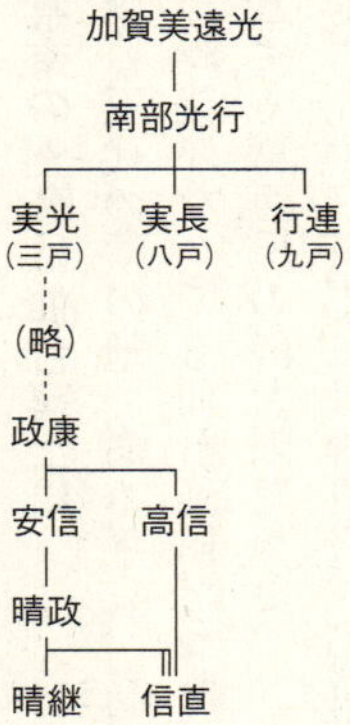

ただし、江戸中期以降の南部藩政は感心しない。名門の誇りばかりが空回りし、一揆が続発し、飢饉《ききん》の餓死者も多いなど、全国的にみてもかなり問題の多い藩政だった。

県南の土豪は仙台藩士に

藤原三代の夢の地である平泉、高野長英《たかのちようえい》の故郷である水沢《みずさわ》など岩手県の南部は、江戸時代になっても仙台藩領だったが、鎌倉時代から室町時代にかけては登米を本拠とする葛西《かさい》氏の勢力圏だった。

その北の稗貫《ひえぬき》郡には稗貫氏、和賀《わが》郡には和賀氏があったが、いずれも、小田原に参陣せずに改易され、それぞれ仙台藩士となった。

その北の紫波《しわ》郡は、斯波氏の名前のゆかりとなったところで、南北朝時代に活躍した斯波家長《いえなが》の流れを引く高水寺《こうすいじ》斯波氏があって「御所」と呼ばれていた。この斯波氏は、現在の盛岡周辺である岩手郡の支配をめぐって南部氏と争い、攻勢をかけたところ逆襲され、一五八八年に滅びた。最後の当主・詮直《あきなお》（詮元《あきもと》）は、しばらく潜伏ののちに南部藩に仕え、大坂の陣に参陣したものの、その身を恥じて京都に留まり、子孫は二条氏に仕えたという。

戦国観光案内　盛岡《もりおか》城跡の石垣はよく残る。「上の橋擬宝珠」は必見。南部家の家宝は二〇〇三年に盛岡市に寄付され、その展示も目的として二〇一一年に「もりおか歴史文化館」がオープンした。九戸の乱の後に豊臣政権によって大修築された九戸城跡（二戸市《にのへ》）は保存状態がよく戦国の面影を伝える。

青森

近衛家から親戚と認知された津軽家

戊辰戦争のとき、津軽《つがる》藩は官軍についた。藩主にとって本家筋である近衛《このえ》家の勧告に従ったのである。豊臣秀吉から朱印状をもらって独立大名となったのは津軽為信《ためのぶ》だが、彼より二代前の政信《まさのぶ》は、一四九七年に戦乱を避けて津軽へ下向した前関白近衛尚通《ひさみち》が、大浦《おおうら》（津軽）光信《みつのぶ》の娘に生ませた子だというのである。

なにやら荒唐無稽《こうとうむけい》のようでもあるが、このことについては、一六四一年と一八五〇年の二度にわたって近衛信尋《のぶひろ》、忠煕《ただひろ》から証明書が出ている。いってみれば、DNAの裏付けがあろうがなかろうが、社会的、法律的に認知されたのである。この公認された親戚関係を前提に、近衛家と津軽家は江戸時代に密接なつながりをもち、さらに天下分け目の戊辰戦争での旗幟《きし》に、決定的な影響も与えたのである。

のちに津軽氏と称した大浦氏は、普通には、南部庶流《しょりゅう》だと受け取られている。少なくとも、南部氏の配下にあって、安東《あんどう》氏から奪い取った津軽郡の有力者となっていたらしい。そして、為信は南部家の相続争いの間隙《かんげき》を縫《ぬ》って、南部信直の実弟で弘前《ひろさき》南方の石川《いしかわ》城にあった石川政信《まさのぶ》や、浪岡《なみおか》御所といわれた北畠氏（顕家《あきいえ》の弟である顕信《あきのぶ》の系統。三〇二ページ系図参照）を逐って津軽郡を押さえた。

京都の情勢にも早くから着目した為信は、鷹狩《たかがり》用の鷹などを贈り物にして知名度を上げ、豊臣秀次《ひでつぐ》などへの接近も図った。こうして、為信の南部氏からの独立運動は、本来、秀吉の惣無事令《そうぶじれい》に反するものだったにもかかわらず、強引に独立を認められたのである。

為信は弘前城を築いたが、いまも、城下町を含めてよい保存状態で残り、しかも、ゴールデンウィークのころに桜が楽しめる名所となっている。その子孫が積極的な開発を進めたことによって、五万石の表高《おもてだか》に対して実収はその一〇倍ほどといわれるようになり、やがて表高も一〇万石となった。だが、もともと米作には厳しい気候の地である。天明《てんめい》の飢饉では人口の三分の一を餓死させる大失態をしてしまった。

安寿と厨子王は青森県出身？

青森県の西部は、こうして津軽氏の領国になったが、それに先立つ南部氏の進出の前には、十三湊《とさみなと》が安東氏のもとで栄えていた。安東氏は、七世紀に阿部比羅夫《あべのひらふ》に帰服した蝦夷の族長恩荷《おが》（男鹿《おが》と同じ語源である）と、前九年の役で源頼義《よりよし》に滅ぼされた安倍《あべの》貞任《さだとう》を先祖にもち、十三湊を本拠に秋田から北海道渡島《おしま》半島までを勢力下においていた（安倍晋三首相は、貞任の弟宗任《むねとう》の子孫といわれる）。

北条氏は、この安東氏に蝦夷管領《えぞかんれい》の称号を与え、蝦夷を統率させるとともに、蝦夷を流刑地としても利用した。大陸との交流もあったらしいが、中国は蒙古《もうこ》を発祥の地とする「元」の時代だけに、北方の重要性は格別で、幕府としても重視する必要があったであろう。だが、一三二一年に、安東《あんどう》季長《すえなが》と季久《すえひさ》が惣領《そうりょう》争いをして「津軽大乱」となった。鎌倉幕府は派兵してこの収拾にあたるが、天下大乱の原因のひとつとなった。

十三湊は、「とさみなと」と読み、岩木《いわき》川河口の潟湖《せきこ》に開けた港町だった。自然が運んできた砂の防波堤が、北の海の烈風《れっぷう》から船を守っていたのである。鎌倉時代から十三湊は、大いに栄え、安東氏は「日の本将軍」と呼ばれた。この「日の本」は「日の下」で日本の東の果てを意味するらしい。ちなみに、『山椒《さんしょう》大夫《だゆう》』に出てくる「安寿《あんじゅ》と厨子王《ずしおう》」の父は日の本将軍ということになっている。だが、南部氏の勢力が津軽地方に伸びてきたために、安東家は、十五世紀のなかばになって十三湊を放棄して蝦夷地と秋田県北部に分かれて移り住んだ。すなわち、海上交易勢力が農耕勢力に負けたのである。

そして、県東部は南部氏の本拠となった。

戦国観光案内 十三湊については市浦《しうら》歴史民俗資料館（五所川原市）がある。弘前《ひろさき》城の本格築城は江戸時代だが、北の新興大名の意気盛んぶりが窺《うかが》える。

山形

駒姫の悲劇と最上義光の野心

豊臣秀次を「殺生《せっしょう》関白」などというのが正しいとも思えないが、無実の罪で抹《まっ》殺《さつ》された「悲劇の名将」などというのも、戦国時代の厳しさを知らない現代人的発想であろう。秀次がそれほど野心的な人物だったとも思えないが、秀吉の高齢を考えれば、青田《あおた》買いで秀次に取り入ろうとする輩《やから》がいくらでも出てくるのは当然だ。

第八章でも書くが、秀頼は秀吉の実子だというだけでなく、織田《おだ》家の血を引いているのだから、秀次に勝ち目があるはずがない。早々に身を引く姿勢が必要だったのに、未練がましい態度に出たのが命取りになったのだが、そうさせたのは、側近をはじめ、すでに秀次派が存在したためだ。

その一人が最上義光《もがみよしあき》である。九戸《くのへ》の乱の鎮圧のために東北へやってきた秀次に、娘・駒姫《こまひめ》を側室として差し出したが、秀次のほかの妻妾《さいしょう》や子供たちもろとも刑場の露《つゆ》と消えた。かつてのNHK大河ドラマ「独眼竜政宗《どくがんりゅう》」では、駒姫が十一歳のときに九戸政実《まさざね》の乱平定のため山形に立ち寄った秀次に見初《みそ》められ、十三歳で上洛して侍妾《じしょう》になり、十五歳で殺害されたことになっているが、年齢についての確かな記録はない。

ホームドラマ的悲劇として、史実から離れて自由に脚色すればお涙ちょうだいのお話だが、政治ドラマとしてみれば、野心満々の地方出身の武将が思惑違いから夢やぶれて娘を失ったのみならず、お家《いえ》存続の危機に陥ったということだ。ただ、この挫折が、関ヶ原の戦いの際に最上氏が東軍につき、上杉景勝を足止めすることにつながった。

もともと最上氏は、れっきとした斯波一族である。奥州探題・斯波（大崎）家兼《いえかね》の次男兼頼《かねより》が、一三五六年に南朝方を押さえるために出羽《でわ》国に入って山形に居城し、最上氏を称して、寒河江《さがえ》にあった南朝方の大江《おおえ》氏を押さえた（二五三ページ系図参照）。また、立石寺《りゅうしゃく》の根本《こんぽん》中堂を再建したりした。ちなみに、この立石寺に天台宗第三代慈覚《じかく》大師によってもたらされていた「不滅《ふめつ》の法灯《ほうとう》」は、比叡山延暦寺が再建されたときに分火《ぶんか》されて近江に里帰りした。

「水戸黄門」に登場する義光の遺児

最上氏にとって最大のライバルは伊達氏であった。最上氏は、米沢《よねざわ》を手に入れた伊達政宗の曾祖父である稙宗《たねむね》に大敗し（一五一四年）、稙宗の妹が輿入《こしい》れしてきたことによって伊達家の影響力が強まった。

だが、伊達氏で稙宗・晴宗《はるむね》親子が対立する伊達氏天文《てんぶん》の乱が起こり（二七五ページ系図参照）、また、伊達晴宗の正室、つまり政宗の母義姫《よしひめ》は最上義光の妹だったこともあって、逆に、最上氏の伊達家への影響力も出てきた。しかし、政宗を殺して弟を立てようとした義姫は、山形に帰されることになった。

義光は、領内にあっては、一族の天童《てんどう》氏、土着の大江氏らを制圧し、上杉景勝に属する大宝寺《だいほうじ》（武藤）氏の領する庄内《しょうない》地方の侵略にかかった。秀吉にいち早く通じ、養子を越後村上の本庄《ほんじょう》氏からとっていた大宝寺氏を駆逐することはできなかったが、最上氏も小田原に参陣し、所領を安堵された。

関ヶ原の戦いでは、最上氏は徳川方に立って直江兼続《なおえかねつぐ》と戦い、戦後処理のなかで念願の庄内地方を得て、五七万石の全国でも有数の太守となった。

最上氏は盛んに庶子《しょし》を土豪の養子として送り込み、勢力を拡大してきた。これは足利一族の得意とする手法で、貴種《きしゅ》であることからそれなりに歓迎された。ただ、このやり方は、一門衆が本家の当主を対等の関係と意識するデメリットもあり、義光時代にもそのままだったし、義光も長男と対立して廃《はい》するなど、安定性の確保より、揉《も》め事を起こしてそれを収拾することで権威を見せつけるという、室町時代的な政治手法から脱却することができなかった。

このために、一六二二年にはお家騒動に見舞われ、減封のうえ存続という案すら家内の合意を得ることができず、結局取り潰されてしまった。そして、近江大森《おおもり》（東近江市）一万石に、さらには、五〇〇〇石とされ、高家《こうけ》としてやっと存続することになった。

余談だが、テレビドラマ『水戸黄門』で、光圀《みつくに》の身を案じ、旅立ちを食い止めようと必死に諫言《かんげん》する家老役・山野辺義忠《やまのべよしただ》は、義光の四男である。藩主にという声もあり、お家騒動の原因になった人物だが、結局は水戸《みと》藩に仕えた。

小田原の役ののちの山形県は、いったん置賜《おきたま》（米沢）は伊達、山形は最上、庄内は上杉となったが、のちに、米沢も上杉領となり、大坂夏の陣ののちの最上改易後は、山形には鳥居《とりい》氏を経て松平氏が、庄内には酒井氏が入り、大宝寺改め鶴岡《つるおか》を居城とした。

この庄内藩領内では、酒田《さかた》の本間《ほんま》氏が藩政のかなりを代行するまでの力をもつという特殊な藩政が行われた。天保年間の酒井氏長岡《ながおか》移封反対闘争も、実質的には本間氏に扇動《せんどう》され、また、本間氏が藩主とともに移転することを領民が阻止したくて拡がったものだった。

一方、山形は、鳥居、保科《ほしな》の各氏のあと、小藩となり、それゆえ、山形城内には最上義光の銅像しか建たず、最上義光歴史館の主人公も駒姫となっている。

戦国観光案内 米沢《よねざわ》城跡には、上杉神社宝物殿・稽照殿《けいしょう》に加え、米沢市上杉博物館がオープン。「洛中洛外図屏風《らくちゅうらくがいずびょうぶ》」をテーマにした展示もあり、全国でも屈指の充実ぶり。山形城跡は復元が進み、なかなか充実した最上義光歴史館もある。立石寺・根本中堂は、斯波兼頼の再建になるもの。

秋田

織田信忠が秋田城介を名乗ったわけ

織田信長の嫡子・信忠《のぶただ》の官職は、秋田城介《あきたじょうのすけ》である。「どうして」といいたいところだが、出羽においてこの称号は、陸奥における征夷《せいい》大将軍と同じような重みをもつ、といわれるほどの伝統がある。信長は足利《あしかが》氏の伝統論理を否定するために、皇室や平氏、明智光秀に与えた惟任《これとう》といった古代の秦《はた》氏系の名前などを持ち出して、それなりに巧妙な権威付けを展開していたが、これもその一環であろう。

その秋田地方を根拠地にした戦国大名は秋田氏である。ただし、現在の秋田という町の名前は明治になってからで、江戸時代には久保田《くぼた》と呼ばれていた。秋田氏の居城は、秋田港に近い湊《みなと》城だった。秋田というのは、古代に蝦夷と対抗するために設けた柵《さく》の名前であり、秋田城介の名はそこの次官を意味する。大宰府で大弐《だいに》とか少弐《しように》とかいう官職が憧《あこが》れの対象になったようなものだ。また、秋田はこのあたりの郡名でもある。秋田氏も、もとは安東《あんどう》（安藤）氏と称していたが、郡名にちなんで改称したのである。

その安東氏の十三湊《とさみなと》での活躍と秋田に移ってきた経緯は、青森県のところで書いたとおりである。

そのうち蝦夷地に移ったものの歴史は北海道の項で書くが、蠣崎《かきざき》氏に敗れて秋田に戻り、能代《のしろ》と湊を根拠地にする二つの勢力に分かれて割拠した。だが、戦国時代末期に秋田愛季《よしすえ》のもとで合体し、南部氏と比内《ひない》や鹿角《かづの》の支配を争うなど、勢威を増すうちに、天下統一期となり、子の実季《さねすえ》は小田原に参陣して豊臣大名として生き残った。

関ヶ原の戦いで秋田氏は、どさくさ紛《まぎ》れに近隣の大名を攻撃し、東軍に協力したとしたが認められず、佐竹氏が秋田に入ったことに伴い常陸《ひたち》に移され、最後は三春《みはる》藩主として幕末に至り、戊辰《ぼしん》戦争では会津攻めで官軍として活躍した。

ただひとつの蝦夷出身の大名も官軍だったというのは、「五度征服された」といった史観《しかん》が恣意的なものであることの証左《しょうさ》でもある。

しぶとく生き残った出羽の土豪たち

羽後《うご》の伝統勢力では秋田氏のほかにも、近世大名としていくつかの家が生き残っている。戸沢《とざわ》氏は平氏一門で雫石《しずくいし》にあったが、南部氏に圧迫されて角館《かくのだて》に移り、最後は、現在の山形新幹線終点にあたる新庄《しんじょう》にあって官軍として戦った。

鎌倉幕府の事務官僚として重きをなした二階堂氏は、福島県の須賀川にも一族があったが、別の一族が秋田県横手《よこて》地方の六郷《ろくごう》荘の地頭となり、本荘《ほんじょう》藩主として存続した。

このほか、「かまくら」で有名な横手の小野寺《おのでら》氏は、藤原秀郷《ひでさと》の流れで、頼朝によってこの地に送り込まれたが、関ヶ原の戦いで西軍寄りだったので津和野《つわの》に流され、子孫は津和野藩士となった。また、仁賀保《にかほ》氏は、江戸時代に複数の分家に分割されて旗本として扱われた。

江戸時代になって久保田（秋田）藩主となった佐竹氏は、地味ではあったが領内の開発を進めたところ二〇万石の表高に対して実収五〇万石近くとなったので、明治になってこの表高としては異例の侯爵になった。
戊辰戦争で官軍として戦ったからという誤解もあるが、そのことと爵位は無関係である。俗説と違って、薩長土肥《さっちょうどひ》はほかの官軍諸藩には冷たく、むしろ旧「賊軍」の慰撫《いぶ》を重視した傾向があり、佐竹藩も爵位以外はひどいくたびれもうけだった。

戦国観光案内　久保田城跡に秋田市立佐竹史料館がある。湊《みなと》城跡は石碑のみ。角館は佐竹氏だけでなく、芦名氏の悲運もしのべる。

北海道

異民族ぶりを演出した松前氏

本格的な通史として人気が高い『日本の歴史』（講談社）というシリーズには、「周縁から見た中世日本」という巻があり、琉球や蝦夷地《えぞち》が扱われている。国境というのがはっきりして、日本は隔絶《かくぜつ》した島国だというとらえ方が極限まで推し進められたのは、江戸時代に鎖国してからで、それ以前は、曖昧《あいまい》な部分がかなりあったのである。

また、琉球のところでも少し書いたが、江戸幕府にしても、蝦夷地や琉球をあえて「外国」として扱いたがる傾向もあった。なぜなら、「服属民族」とか「朝貢国《ちょうこう》家」がないのが寂しかったのである。

そこで、蝦夷にあった松前《まつまえ》氏などは、異民族らしさをかなり強調した。松前氏が九戸の乱の鎮圧にアイヌ人たちを率いて参加したなどというのも、デモンストレーションとしての意味もあったのだろう。

蝦夷とかアイヌというのは、あえて定義付けをすれば、「北海道、サハリンなどに居住した縄文《じょうもん》系の人たちで、弥生《やよい》（ヤマトといってもいいが）文化を採り入れずに、狩猟採集生活を続けた人々」ということであろうか。

そして、北海道のアイヌ人は、鎌倉時代あたりから、縄文文化の基礎の上に立った高い独自の文化を育てていった。それがアイヌ文化である。ただし、熊の彫《ほ》り物は関係ない。あれは、尾張の徳川慶勝《よしかつ》が北海道に入植した旧藩士たちに、ドイツ土産の熊の置物を与えて真似するように示唆したのが始まりだ。

鷲の羽根から鰊に変わった経済の柱

蝦夷地の名産として高い評価を得たものに、鷲《わし》などの羽根がある。なにしろ、鉄砲の出現までは矢の質が軍事力を決める大きな要素だったから、蝦夷産の羽根は良質の矢の材料として珍重されたのだ。よってこの羽根は鉄砲の登場以降、急速に経済価値も低下したことはいうまでもない。

代わって重要性が増したのは、鰊《にしん》である。江戸時代の農業生産力の向上には、灌漑《かんがい》技術とともに肥料《ひりょう》の役割が大きいが、鰊は最高の肥料原料として珍重された。江戸時代の松前氏を支えたのは、この鰊漁《りょう》であった。

和人《わじん》の北海道での活動は鎌倉時代からあって、十三湊の安東氏がアイヌとの交易を統制し、渡島《おしま》半島あたりに住む和人も増えてきた。だが、一四五七年にコシャマインの乱が起こり、長い混乱が続いた。やがて、下北《しもきた》半島から南部氏に逐《お》われて移ってきた蠣崎氏の客分で、若狭《わかさ》守護の一党と称する武田信広《のぶひろ》がコシャマインを討取って、蠣崎氏を嗣《つ》ぐとともに和人の代表という地位を確立し、徐々に名目上の支配者である安東氏からも独立した（二三七ページ系図参照）。

そして、一五五一年には、交易の利益から取る税の一部をアイヌ側にも渡すという条件で交易権を蠣崎氏が独占するという取り決めが成立し、蠣崎慶広《よしひろ》は豊臣秀吉、徳川家康から蝦夷地の支配権を認められて姓を松前氏と改めた。

松前氏の蝦夷支配については、確かにひどい収奪をしたこともあるが、上方《かみがた》の文化を取り入れて松前をある種の文明のショーウィンドウ化し、和人が生活や経済活動をしやすい基盤をつくった功績は大きいものである。とくに松前は、東北地方を旅したあと、突然に現れる北の京都《きようと》として旅人たちを驚かした。

また、もし松前氏がなければ、北海道はカムチャツカなどと同じようにロシアに取られただろうし、それがアイヌの人たちにとって幸福だったとも思えない。

蠣崎信広の本拠地は、西海岸の上ノ国《かみのくに》・花沢《はなざわ》城だったが、子の光広《みつひろ》が松前地方に移り、慶広が現在の松前城の位置に移した。

戦国観光案内 松前城は幕末の築城だが、それ以前についての展示もある。松前藩屋《や》敷《しき》というテーマパークもできた。上ノ国町には花沢館跡などがある。

コラム　旗本八万騎は戦国大名の末裔だらけ

戦国時代の大名たちの子孫で徳川諸侯として生き残れた数はそれほど多くないが、それ以外がみんな滅ぼされてしまったわけではない。各大名の家臣や旗本として名跡を残すことができた名家も多いのだ。

将軍直参の旗本ともなると、超豪華メンバーが並ぶ。そのなかには、高家とか寄合旗本といった特別のステータスのものもいたが、ここでは、あまり細かい区別は抜きにして戦国武将末裔の旗本紳士録を紹介したい。

松平氏がその被官だった将軍側近の伊勢氏、三河一の名門だった吉良氏、家康が人質になっていた今川氏は、いずれも徳川家の主人筋だが、彼らも旗本となった。三管領家のひとつ畠山氏も、河内の本家、能登の分家のいずれもが幕末まで存続した。

守護クラスでは、甲斐の武田、越前の朝倉、近江の六角、播磨の赤松、因幡の山名、伊予の河野、豊後の大友といったところがいる。

織田・豊臣系の大名で改易されたものの多くも旗本としては残った。赤穂の浅野家もそうだが、生駒親正、福島正則、竹中半兵衛、佐久間信盛、柴田勝家、金森長近、平野長泰、小堀遠州、滝川雄利、山岡景隆、松下加兵衛、筒井順慶といった懐かしい名前の子孫たちが並ぶ。織田信長は兄弟も子供も多かったので、1000石以上だけでも10家の織田あるいは津田姓の家がある。このほか、尾張、美濃、近江出身などはことさらに多い。

徳川の勢力圏では、朝比奈氏など今川旧臣、信濃の土豪たち、それに跡部、逸見、秋山など多くの武田武士、関東では北条旧臣や那須与一の子孫もいる。

遠隔地の出身者は、それほど多くないのだが、最上、別所、筑紫、宇喜多旧臣の戸川や花房などの名前がある。変わったところでは今井宗久の子孫もいる。

ただ、旗本がこれだけ名門揃いであることは、将軍家への忠誠心を希薄にしたともいえる。幕末に旗本がまるで頼りにならなかった裏の事情がここにある。

第八章

東海地方と戦国ダービーの結末——天下人を生んだ風土

三重

豊臣政権のナンバー2は織田信雄

秀吉の天下統一がなった一五九〇年（天正十八年）の時点で、豊臣政権のナンバー2は誰であったかといって答えられる人はごくわずかであろう。「理想のナンバー2」と称《たた》えられる秀吉の弟・秀長《ひでなが》という人も多いかもしれないが、秀長は、いってみれば専務取締役兼社長室長といったところで、豊臣政権には、無任所《むにんしょ》ながら副社長がいたのである。

それが内大臣・織田信雄《のぶかつ》である。それに次ぐのが、秀長と徳川家康（権大納言《ごんだいなごん》）、秀次（左近衛少将《さこんえのしょうしょう》）、毛利輝元《てるもと》（参議《さんぎ》）、前田利家（筑前守《ちくぜんのかみ》から参議に昇進）である。

秀吉が信長の遺族を冷遇したという人が多いが、少なくとも、官位についていえば相当に配慮していた。

だが、この織田信雄というのは、まことに、どうにもならない男であった。兄の信忠《のぶただ》と同腹でいわば嫡出子であるのだから、まともなら清洲《きよす》会議ですんなりと後継者になっていたはずであろう。あるいは、小牧長久手の戦いのときにしても、大坂の陣のときの秀頼《ひでより》と違って勝つ可能性はあったのだから、織田恩顧《おんこ》の武将たちがほ

各国の守護と大名の推移（南北朝合一～天下統一）

伊勢：◎仁木・北畠→北畠・神戸・滝川→織田信包など
伊賀：◎仁木・山名→北畠信雄→脇坂→筒井
志摩：◎仁木・土岐→九鬼
美濃：◎土岐→斎藤→織田→池田→織田
飛騨：◎京極→姉小路→金森
三河：◎細川・一色→松平・吉良・今川→徳川→田中・池田
尾張：◎斯波→織田→豊臣秀次

〈北畠家系図〉

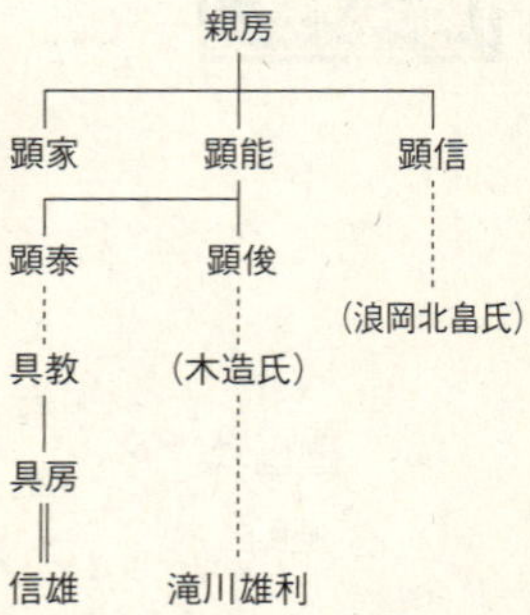

とんど味方しなかったというのはよほどのことである。

ろくでもない守役《もりやく》にでも育てられたのか、軽薄で疑い深く残忍と、いいとこなしである。歌《か》舞音曲《ぶおんぎょく》に才能があり、人に感謝しないところだけが生まれのよい人間らしいところだった。とくに、内通《ないつう》を疑って三人の家老をまとめて謀殺したのは愚の骨頂で、これでは人がまわりに集まるはずがない。

家康の関東移封《いほう》のあと、その旧領に移ることを断って失脚したのも、民間企業で創業者の馬鹿息子が担当替えを拒否し、サラリーマン社長から取締役解任の憂《う》き目にあったといったほどのことだ。

南朝の北畠氏が伊勢守護になったわけ

その信雄は、信長の伊勢《いせ》攻略のあと、しばらく伊勢国司・北畠具房《ともふさ》の養子になって、伊勢南半分と伊賀《いが》二郡を領していた。北畠氏については、南北朝時代に親房《ちかふさ》の嫡子顕家《あきいえ》、顕信《あきのぶ》が東北方面で大活躍したことはすでに書いたが、三男の顕能《あきよし》は伊勢国司となり、南部の一志《いちし》郡にあって多気《たき》御所と呼ばれていた。嘉吉《かきつ》の乱では旧恩がある赤松満祐《みつすけ》の遺児が頼ってきたが、北畠氏は、かくまうことを拒否するなど、幕府への忠誠を示し、守護であった時期もある。

だが、北畠家も具教《とものり》の代になって織田信長に攻められ、織田信雄を嫡男・具房の養子にしてなんとか生き延びた。しかし、武田信玄などと連絡を取ったのが露見《ろけん》してしまい、具教は隠棲していた多気郡大台《おおだい》町の三瀬《みせ》館で旧臣たちに討たれた。

一族の田丸具安《たまるともやす》は蒲生氏郷《がもううじさと》に仕え、一時は大名にもなったが、子孫は加賀藩に仕えた。また、滝川一益《たきがわかずます》の養子となった雄利《かつとし》は、もともと北畠一族の木造《こづくり》家の出身である。その家は幕末まで旗本として続き、滝川具挙《ともたか》は大目付として鳥羽伏見《とばふしみ》の戦いで幕府軍の先頭に立って薩摩と戦端を開いたが、木っ端微塵《こっぱみじん》に討ち負かされた。

一方、信雄と跡目を争った信孝《のぶたか》は、いまの鈴鹿《すずか》市にあった神戸《かんべ》氏を嗣いだ。伊勢北部三郡を領し、四国遠征が成功すれば讃岐《さぬき》をもらうはずだった。山崎《やまざき》の戦いで秀吉とともに明智光秀を討った信孝は、岐阜《ぎふ》城主となったが、秀吉、信雄と対立し、自害させられた。

信長の弟である信包《のぶかね》は、安濃津《あのつ》（津《つ》）の長野《ながの》氏を嗣いだ。織田家中の序列としては信雄と信孝の間に置かれていた。丹波柏原《かいばら》城主となったが、江戸時代の初期に廃絶した。長野氏の一門の分部光嘉《わけべみつよし》は、近江大溝《おおみぞ》藩祖となった。信包は安濃津ではなく郊外の伊勢上野《うえの》城にあったことがあるが、ここに、小谷《おだに》城落城後のお市《いち》と浅井《あざい》三姉妹が越前の柴田勝家の元に輿入《こしい》れするまでいたのではないかとみられている。また、信雄改易後には信長の母である土田御前《どたごぜん》もここにいたようで四天王寺に墓もある。

そのほか、亀山《かめやま》の関盛信《せきもりのぶ》は長島《ながしま》一向一揆と戦って討ち死にしたが、弟の関一政《かずまさ》は秀吉によって蒲生氏郷の与力《よりき》となって陸奥白河《しらかわ》城主とされた。のちに、亀山に復帰したが伯耆黒坂《ほうきくろさか》に移され、そこで改易された。

伊勢の場合、南半分は伊勢国司北畠氏が実質的に守護だったのに対し、北半国守護として、一色《いっしき》氏や仁木《にき》氏、土岐《とき》氏などが入れ替わり立ち替わりやってきたが、守護権力は確立しなかった。

木曽《きそ》三川河口の長島は一向一揆の勢力が強かった。一五七〇年、一揆衆は尾張西部にあった信長の弟・信興《のぶおき》を攻めて自害させ、翌年には、信長自身も敗走させ、美濃三人衆の一人である氏家卜全《うじいえぼくぜん》もこのとき戦死した。だが、満を持した信長は、一五七四年に総攻撃をかけ、一向一揆を殲滅《せんめつ》し、二万人を殺した。そののちは滝川一益の居城となった。

関ヶ原の戦いののち、桑名《くわな》には本多忠勝《ただかつ》の子で須川信康《のぶやす》の娘婿である忠政《ただまさ》が入った。大坂夏の陣のあと、嫡子・忠刻《ただとき》は江戸に護送される千姫《せんひめ》（豊臣秀頼《ひでより》に嫁《とつ》いだ徳川秀忠の娘）と、この桑名城と熱田《あつた》を結ぶ宮《みや》の渡《わたし》で出会い、のちに結ばれたという逸話も残っている。神戸城も細々と存続したが、北伊勢の中心都市としての機能は桑名が引き継いだ。

一方、津には、藤堂高虎《とうどうたかとら》が入って、幕末までこの地を統治した。津藩は派手ではないが、全国的にみてもかなり善政を敷いた。また、東海道が主要街道の位置づけを得て、伊勢詣《まい》りも盛んになったので、江戸時代の伊勢は空前の繁栄を獲得した。松坂《まつさか》など南伊勢は紀州領となったので、本居宣長《もとおりのりなが》も紀州藩の人ということになる。

もともと志摩《しま》国の守護は、伊勢と兼任が多かった。志摩の戦国大名・九鬼《くき》氏は、紀州尾鷲《おわせ》あたりにルーツを持つようだが、水軍の棟梁《とうりよう》として南北朝時代から記録に登場し、織田信長に取り入って志摩水軍の総帥としての地位を与えられた。とくに、本願寺攻め（一五七六年）で巨大船を建造のうえ参加して活躍、伝統を誇る毛利水軍を打ち破って西日本情勢に決定的な変化をもたらした。朝鮮遠征でも、水軍の中核として活躍した。

関ヶ原の戦いでは、九鬼嘉隆《よしたか》は西軍に属し、子の守隆《もりたか》は東軍に属して家を存続させた。だが、徳川幕府は九鬼氏を分割し、それぞれ丹波の綾部《あやべ》と摂津の三田《さんだ》を領する山間《さんかん》の小大名にしてしまった。村上水軍の久留島《くるしま》氏を豊後《ぶんご》の山のなかに押し込めたのと同様に、貴重な海軍戦力をあえて放棄したことは、国益を犠牲にし、徳川家の安泰だけを図ったひどい愚行だった。

戦国観光案内 松坂《まつさか》城跡、田丸《たまる》城跡は比較的よく残り蒲生氏郷や織田信雄の時代をしのべる。大台《おおだい》町には三瀬《みせ》館跡がある。伊勢安土桃山文化村には、安土城の天守閣が再現されている（近鉄宇治山田《うじやまだ》駅からバス）。津《つ》の専修寺《せんじゅじ》は、一四六五年に下野《しもつけ》国芳賀《はが》郡二宮《にのみや》町から浄土真宗高田《たかだ》派の本山が移ってきたもので、寺内《じない》町の面影あり。

岐阜

世界遺産を失った岐阜

美濃《みの》に大きな藩ができなかったのは、別に家康が意地悪をしたのではない。一説によると池田輝政《てるまさ》が美濃か播磨《はりま》かどちらが欲しいかと問われたとき、戦乱に巻き込まれやすい美濃を嫌って播磨を選んだためだという。もし、輝政が美濃を選んでいたら、世界遺産クラスの名城が美濃に出現したことだろう。

伊勢が江戸時代に全盛期を迎えたとすれば、美濃は室町時代までの輝きを関ヶ原の戦いののちは失った。江戸時代になって、表街道はそれまでのように関ヶ原から尾張へ入るのでなく、桑名《くわな》から熱田《あつた》へ渡し船で抜けることとなり、また、小藩に分断されたためでもある。

江戸時代に岐阜城が廃城になり、加納《かのう》城に移ったことに関して不思議に思う人がいるが、そもそも岐阜城は、斎藤道三《どうさん》より前はマイナーな存在にすぎなかった。岐阜の町は、長良《ながら》川の南、荒田《あらた》川の北にある。室町時代の守護だった土岐《とき》氏の本拠は、荒田川のさらに南側の川手《かわて》城であり、その対岸の加納に守護代の斎藤氏が館を構えていたのである。そして、いま岐阜城と呼ばれている金華《きんか》山《ざん》上の稲葉山《いなばやま》城は、斎藤氏の家来に過ぎない長井《ながい》氏が守っていた。

斎藤道三は、要害堅固に見える稲葉山に拠《よ》ったが、これが見込み違いで、後ろの山の尾根《おね》づたいに敵の侵入を許しやすく、何度も落城の憂き目にあった。

最後は、関ヶ原の戦いの前夜、信長の孫である秀信《ひでのぶ》が籠もるこの城を、一時期ではあったが城主だったこともある池田輝政らがやすやすと攻略したのだ。そのため、たとえ、輝政が播磨ではなく美濃を選んだとしても、岐阜城を居城にしたとはとうてい思えない。

もともと美濃の守護だった土岐氏は、源氏のなかでは珍しく、清和《せいわ》源氏の本家である摂津《せっつ》源氏の系統に属する。土岐氏は平安時代の末期から美濃にあり、南北朝の戦乱で活躍した。後醍醐天皇の倒幕が失敗した正中《しょうちゅう》の変にも関与した婆娑羅《ばさら》大名の一人で、光厳《こうごん》上皇の車に矢を射《い》かけて処刑された頼遠《よりとお》もいた。そのあとの頼康《よりやす》は、北朝側の武士のなかでも勇猛で知られ、美濃、尾張、伊勢の三国の守護となった（八七ページ系図参照）。

だが、その勢いを三代将軍義満《よしみつ》に嫌われ、尾張を失い、美濃と伊勢も別家となった。また、持頼《もちより》（伊勢守護）は、「万人恐怖」の六代将軍義教《よしのり》に暗殺された。応仁の乱では、守護代であった斎藤妙椿《みょうちん》の助力を得て西軍の中核となった成頼《しげより》が、義《よし》視《み》、義稙《よしたね》父子を美濃に迎え入れた。

濃姫は信長より長生きした？

斎藤道三は、山城《やましろ》の油売りから身を起こしたといわれていたが、どうも、その父の代から美濃にあったようだ。主人の長井氏とともに、土岐氏の跡目争いで頼芸《よりなり》を立てて成功した。道三はもともと松波《まつなみ》氏といったのが、美濃に来て西村《にしむら》氏という長井家家臣の名跡《みょうせき》を嗣ぎ、やがて、長井氏を乗っ取り、さらに、守護代の代替わりに乗じて斎藤氏となり、ついには、土岐氏も追放した。だが、その嫡子である義龍《よしたつ》は土岐頼芸の子であるともいわれ、道三はこれと対立して敗れ、長良川の畔《ほとり》で戦死した。真偽はともかく、「実は土岐氏の血統である」という噂が強みになったのだろう。

道三は死にあたって、美濃を娘婿の信長に遺贈《いぞう》した。これが信長の美濃攻略の口実になり、信長は義龍の子の龍興《たつおき》を逐《お》って、美濃の国主となった。

ところで、道三の娘で信長の正室だった濃姫《のうひめ》がどうなったのかは、実はよく分からない。確かなことは、成人した子がなかったことくらいである。ただ、信長の美濃攻略の経緯からすれば、道三の死の時点、さらには美濃入国のころは存命だったとみるべきだ。

また、信長の遺族については、信雄《のぶかつ》が清洲《きよす》で面倒をみていたらしく、その「分限帳《ぶんげんちょう》」（給与目録《もくろく》のようなもの）に、女性たちへの手当の一覧がある。女性については、どれが誰かを確定するのは無理だが、大方殿《おおかたどの》というのが信長の母であり、岡崎殿《おかざきどの》というのが徳川信康《のぶやす》室の徳姫《とくひめ》であり、安土《あづち》殿というのが濃姫ではないかという推測もある。

いずれにせよ、信長は女性たちの意見をほとんど聞かなかったようであり、大事にした形跡もない。本人が大事にしていないのだから、秀吉や家康も彼女らに敬意を払う必要もなかったのであろう。まして、家康には、嫡男と正妻の殺害を強制された信康事件というおぞましい思い出もある一家なのだから、関わりたくもなかっただろう。信康と徳姫の娘たちは本多《ほんだ》忠政《ただまさ》と小笠原《おがさわら》秀政《ひでまさ》の夫人となっているのだが、母の徳姫とどんな交流があったのかなど、なんの手がかりもないのだ。

また、信雄失脚後、秀信が織田家の惣領《そうりよう》となったはずだが、関ヶ原の戦いで廃《はい》され、そのことで織田家についての史料の多くが失われた。真相は闇のなかだが、確かなことは、濃姫の存在が信長の美濃攻略を正当化し、その結果として、多くの美濃の武士たちに、江戸期に至るまで大名、旗本、大身《たいしん》の武士となれる幸運をもたらしたということである。

古来、関ヶ原付近は、不破《ふわ》の関《せき》として軍事的な要地であり、壬申《じんしん》の乱でも主戦場となった。関ヶ原の戦いでは、陣形だけからいえば西軍のほうが有利だったが、東軍の諜報《ちようほう》戦に敗れた。石田三成は、秀吉の絶頂期に側にあったから、「横綱《よこづな》相撲」しか知らなかったのである。

江戸時代の美濃では大垣《おおがき》に戸田《とだ》氏があったが、戊辰《ぼしん》戦争の際には全国最強部隊のひとつだった。岐阜城に替わる加納城には奥平《おくだいら》氏が入ったが、あとは小藩が続いた。

飛騨《ひだ》では、南北朝時代以来、古川《ふるかわ》を中心とした北部は国司・姉小路《あねがこうじ》氏が、南部は守護の京極《きようごく》氏が治めた。また、北西部の神岡《かみおか》には江馬《えま》氏があった。京極氏のもとでは、守護代は近江出身の多賀《たが》氏だったが、その一族ともいわれる三木《みき》氏が勢力を伸ばした。

武田・上杉の争いでは、江馬氏が武田、三木氏が上杉と連携した。こうしたなかで、三木氏は滅びた姉小路氏の名跡を継承することを幕府や朝廷から認められ、中納言に任官されるなどもあり、飛騨全域を抑えた。そして織田信長との連携にも成功し、本能寺の変の混乱に乗じて立ち上がった江馬氏残党も退けた。だが、小牧長久手の戦いでは佐々成政《さっさなりまさ》と連携したため、秀吉の命を受けた金森長近《かなもりながちか》に滅ぼされた。

長近は、飛騨高山《たかやま》を京風の美しい町につくり上げた。「小京都」を名乗る町は多いが、その名に真にふさわしいのは、ほとんどこの町だけといってよいほど、美しい町である。だが、徳川幕府は、この国の豊かな森林資源に目をつけ、金森氏を出羽《でわ》に移し、この地を幕府領にしてしまった。

戦国観光案内　岐阜市歴史博物館には、戦国ワンダーランドというコーナーがあって楽市《らくいち》の再現など信長についての展示が充実。岐阜県博物館もある。関ヶ原には多くの戦跡のほか、歴史民俗資料館や関ヶ原ウォーランドというテーマパークがある。高山《たかやま》市は桃山文化の主役の一人・金森長近のセンスが生きた町。発掘中だった飛騨市神岡《かみおか》の史跡江馬氏館跡公園は注目の遺跡。郡上八幡《ぐじょうはちまん》は宗祇水《そうぎすい》という名水など、戦国時代の思い出に生きる町。地元では山内一豊《かずとよ》の妻も地元出身と称する。日本三大山城のひとつという岩村《いわむら》城跡（恵那市岩村町）は、よく保存されて見応えあり。山頂まで車で登ることが可能なのもうれしい。

愛知

名門織田家と用心棒稼業の松平家

織田家と松平家の室町時代

「応永《おうえい》」という年号には、それほど印象が強い響きはないが、南北朝合一のすぐあとから、四代将軍義持《よしもち》の死まで三十五年も続いた（一三九四〜一四二八年）。そのほとんどにあって将軍は四代・義持だったが、前半には「日本国王」と称した義満《よしみつ》がまだ存命であった。

当時は、遣明船《けんみんせん》が明朝文化の息吹《いぶき》を伝え、金閣が建立されるなど北山《きたやま》文化が花咲き、足利幕府がもっとも安定していた時代である。およそ二世紀ののちに天下人となる信長や家康の先祖が、尾張《おわり》・三河《みかわ》にやってきたのは、この応永年間のころであった。

ただし、その両者の登場の仕方はあまりにも違う。信長の先祖である織田常松《じょうしょう》は、新たに尾張国守護となった斯波《しば》家の守護代《だい》として堂々と乗り込んできたのに対し、松平《まつだいら》家の初代とされる親氏《ちかうじ》は、流浪のはてに奥三河《おくみかわ》松平郷の田舎侍のもとに転がり込んできたのだ。

それから半世紀ほどして戦国時代が始まったころ、織田家の面々は斯波氏の内紛に参加し、応仁の乱を引き起こした登場人物のなかに端役《はやく》ながら名を連ねていた。一方、松平家は、発展のきっかけをつくった三代目信光《のぶみつ》が、伊勢《いせ》氏（幕府奉公衆《ほうこうしゅう》の有力者で三河にも領地を持っていた）の被官《ひかん》として、国人《こくじん》一揆の鎮圧にあたっていた。

さらに半世紀の年月がたった一五一一年に、奇《く》しくも戦国最盛期に活躍した織田信秀《のぶひで》、松平清康《きよやす》の二人が生まれた。

そして、また半世紀後の一五六〇年には、桶狭間《おけはざま》の戦いで織田信長が今川義元《よしもと》を討ち取って全国に名声をとどろかせ、この戦いに今川方で参加していた松平元康《もとやす》は、岡崎《おかざき》城を取り戻す僥倖《ぎょうこう》に恵まれたのである（一二七ページ、三一五ページ系図参照）。

室町時代の尾張と三河は、まったく違った政治状況にあった。尾張では、一四〇〇年に斯波氏が守護となって安定した。斯波氏のもうひとつの領国は越前だったが、こちらは、応仁の乱の最中に朝倉《あさくら》氏が守護交替を幕府から認められたため、尾張のみが斯波氏の領地となっていた。

一方の三河の国は、もともと足利家にとっては特別の土地である。承久《じようきよう》の乱の功により、足利義氏《よしうじ》が守護となって岡崎に守護所を置いたのは、源平《げんぺい》の戦いの世代がまだ生き残っていた一二三八年のことである。

足利氏はそののちもしばしば守護をつとめたため、一族でこの地に土着するものも多く、細川氏、今川氏、吉良《きら》氏、仁木《にっき》氏、一色《いっしき》氏などが生まれ、足利氏の本拠地に近いものになっていた。このために、足利尊氏が挙兵したときも、吉良氏を筆頭とした三河勢はその主力を占め、尊氏の天下となったのちは、多くの三河人が各地の守護や幕府奉公衆となった。

彼らは京都に住みつつも、三河に先祖伝来の小領地を保持していたことも多かった。そのため、守護の一色氏や細川氏が現地の人々を十分に掌握《しようあく》することはできなかった。国人たちも、幕閣《ばつかく》の有力者にそれぞれ与力《よりき》していたが、松平氏の場合、その親分が奉公衆の最有力者で、のちに小田原の北条氏も一族から輩出する伊勢氏だったわけである。

信長は平清盛の再来とみられていた

風雲児信長が、平重盛《しげもり》のＤＮＡを本当に受け継いでいるのかどうかなどはどうで

〈織田家系図〉

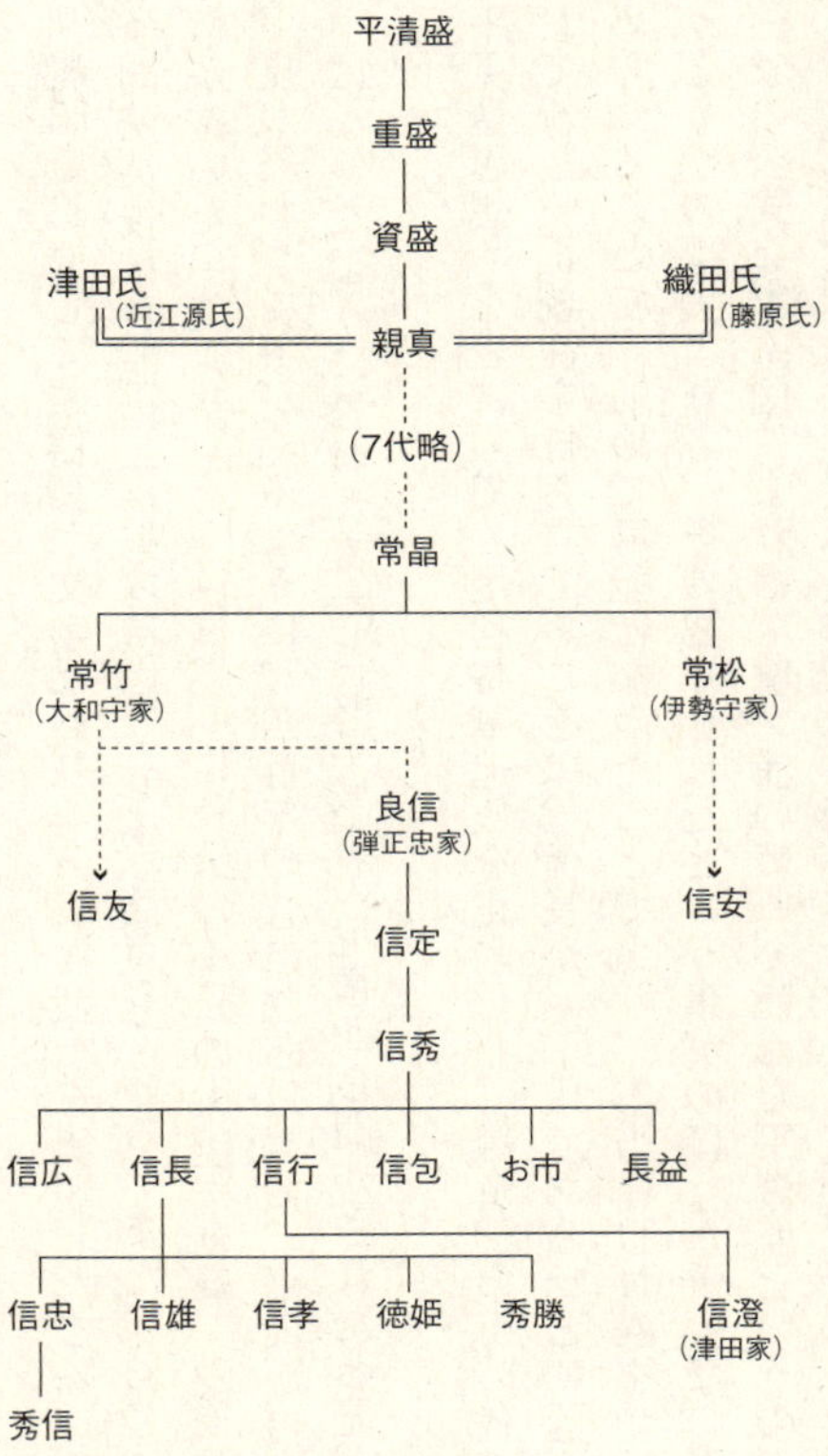

※信長の先祖については資料によってかなり異同がある。

もいいことであろう。大事なことは、それが世間的に公認されていたことであって、であればこそ、信長は足利氏の奉《ほう》ずる「源氏《げんじ》の論理」にとらわれずに済んだのである。

足利義昭《よしあき》を追放して、信長が文字どおり「天下布武《ふぶ》」を実現したころ、奈良興福《こうふく》寺《じ》の多聞院英俊《たもんいんえいしゅん》は日記に「信長は平家」と書き留めている。また、同じころ京都の老僧が書いた「美濃路紀行」には、「信長公は小松《こまつ》の大臣（重盛《しげもり》）の後胤《こういん》であるから、夏が終わって冬がくるように、四百年の昔に立ち返って、平氏が再び栄える世の中になったように思われる」と岐阜城下の尼僧《にそう》から聞かされたと記されている。

「源平更迭《こうてつ》思想」を表に立てて足利将軍追放を正当化し、鎌倉・室町時代の論理を無視して新しい正統性を打ち立てることは、信長が「平氏である」と朝廷や世論から認められることで、初めて可能となったことであり、本当にDNAを受け継いでいるかどうかの事実よりも、その認知されたという事実のほうが重要なのだ。

織田家の公式な家系図によれば、壇ノ浦《だんのうら》の戦いで死んだ平資盛《すけもり》というのが、始祖である。『平家物語』によると、資盛は、摂政藤原基房《もとふさ》の車と出会って道を譲らず、馬から引きずり降ろされる騒動を起こした逸話で知られている人物である。父の重盛は息子が悪いといって諭《さと》したが、祖父の清盛《きよもり》が腹を立て、手下に命じて基房を散々な目にあわせたという。

その資盛の子を抱いた女性が、近江八幡《おうみはちまん》の津田《つだ》というところの郷長《さとおさ》のもとに身を寄せて妻となり、そこにたまたま立ち寄った越前の織田剣《つるぎ》神社の神職が、「そんな高貴な血を引いているなら養子に欲しい」ともらい受けたのが、織田親真《ちかざね》という人物だというのである。

信長が若いころに出した文書に「藤原信長」とあることから、平家を名乗ったのは天下を狙う立場になってからだという人がいるが、それは、越前の織田家が藤原姓（本来は忌部《いんべ》氏だという説もあるが、藤原氏と名乗っていた。先祖がはっきりしないと藤原姓とすることが多かった）であることを意味しているだけであり、「平重盛の子孫だ」と主張することと何も矛盾しないのだ。

さらに織田家では、徳川氏が傍流《ぼうりゅう》の一族に松平を名乗らせたのと同じように、一族に津田《つだ》姓を名乗らせている。たとえば、明智光秀の婿になった信長の弟・信行《のぶゆき》の嫡男である信澄《のぶずみ》は津田姓であり、旗本にも何家もがなった。この津田姓が近江津田郷との縁《えん》に基づくことはいうまでもなく、さらにいえば、信長が津田郷に近い安《あ》土《づち》に居城を構えたことも出自と無関係とみることのほうが、よほど不自然であろう。

中世にあっては、母方の姓やかつての養子先の名などを子供の一人に名乗らせることはよくあった。結城秀康《ゆうきひでやす》は松平に復姓してから四男に改めて結城家の名跡を嗣がせているし、伊達家では政宗の正室・愛姫《めごひめ》の実家である田村《たむら》姓を孫の宗良《むねよし》に与えて岩沼《いわむら》藩主（子孫が一関《いちのせき》に移る）にしている（二七五ページ系図参照）。

織田信長が、平、津田、織田という三つの姓を使い分けていたのは、ごくありきたりのやり方であって、何もおかしくはない。

桶狭間の戦いのころ清洲城主は斯波氏だった

いずれにせよ、織田家は、越前の有力国人として、一三八〇年ごろに守護となった斯波氏と関係をもち、斯波氏が新たに尾張を領国に加えたときに、織田常松《じょうしょう》という人物が守護代として尾張に送り込まれた。一説によれば、その子が美童《びどう》であったので、気に入られたのだともいう。

ただし、この時代の常として、守護代クラスの有力者は、守護家の有力家臣として京都にあることも多かった。常松の場合も、弟ともいわれる常竹《じょうちく》が、又代《まただい》（守護代の代理）として中島郡《なかしま》下津《おりづ》（稲沢《いなざわ》市）にあったらしい。

この二人の子孫であるかどうかは確定できないが、織田家は守護代と又代の家に分かれ、これが伊勢守《いせのかみ》家、大和守《やまとのかみ》家と呼ばれるようになった。応仁の乱に際しては、西軍の斯波義廉《よしかど》に伊勢守家が、東軍に属した斯波義敏《よしとし》に大和守家がついた（この関係については福井の項に詳しい。一二五四ページ参照）。

　そして、この争いは、義敏側の勝利に終わり、負けた伊勢守家は北部の岩倉《いわくら》城で上四郡を支配し続けたものの、勝った大和守家が、義敏の子である義寛《よしひろ》の代に京都から移って尾張に定住した斯波家を擁して、清洲《きよす》下四郡を支配して優位を占めた。なお、斯波氏は遠江の守護も兼ねていたが、斯波義達《よしたつ》が今川氏親《うじちか》（義元の祖父、北条早雲の甥）と争って敗退し、遠江は最終的に今川の支配下に入った。

　織田大和守家には、因幡守《いなばのかみ》、藤左衛門《とうざえもん》、弾正忠《だんじようのちゆう》という三宿老家《しゆくろう》があったが、そのうち、弾正忠家は尾張西部の勝幡《しょばた》城を本拠としていた。そこから出た信長の父・信秀が頭角を現し、対今川戦線でも少し年下の今川義元の弟に連歌《れんが》友達として近づいて、これを騙して那古野《なごや》城を奪った。

　信秀は安祥《あんしよう》城を支配下に入れ、家康が生まれた一五四二年には、第一次小豆坂《あずきざか》の戦いで今川軍を打ち破った。これをみて於大《おだい》（家康の母）の兄・水野信元《のぶもと》も織田方についたので、松平広忠《ひろただ》は於大を離別せざるをえなくなった。一五四七年には、駿河に人質として送られる途上の竹千代を、田原《たはら》の戸田康光《やすみつ》が寝返って織田方に売り渡した。信秀は三十七歳。脂の乗りきった全盛期で、今川義元はまだ二十九歳だったから、力のバランスが大きく織田にふれていた。

　だが、第二次小豆坂合戦では今川が勝った（一五四八年）。今川は、翌年には安祥城を取り返し、信長の庶兄信広《のぶひろ》を捕虜にして家康と交換した。そこで、信秀は美濃の斎藤道三との連携を試み、斎藤道三の娘・帰蝶《きちよう》（濃姫《のうひめ》）を信長の夫人として迎えた。

信秀の死後、主君の大和守信友《のぶとも》は主導権を取り戻すべく動くが、信長は守護斯波義統《よしむね》と結んだ。義統は信友に殺されるが、義統の子の義銀《よしかね》は信長のもとに走ったので、信長は義銀の復帰を助ける名目で信友を倒し、清洲城を手に入れた（一五五五年）。

そして弟の信行を謀殺、翌々年には岩倉城にあった伊勢守家の守護代織田信安《のぶやす》を追放して、ほぼ尾張全土を掌握した。このときに、信安の家老だった山内一豊《かずとよ》の父は死んでいる。その後、信長は少人数で上洛して将軍義輝《よしてる》にも謁見している（一五五九年）。

桶狭間の戦いは、その翌年であり、もはや、信長は尾張の統一に汲々《きゆうきゆう》としているのでなく、全国的に将来のホープとして注目を一身に浴びていたのである。ただし、義元が三万五〇〇〇の兵で攻めてきたとき、尾張の土豪たちは日和見《ひよりみ》を決め込んだ。領地の石高からすれば、信長の支配地は義元のそれの半分よりは多いから、二万ほどは集まりそうなのに、戦況不利とみて五〇〇〇しか来なかったのだ。

だが、その五〇〇〇は義理で付き合っているお客さんではなく、野心満々の若者たちだった。信長が集めたのは、農民上がりの木下藤吉郎《きのしたとうきちろう》（のちの豊臣秀吉）、流れ者の滝川一益、土豪の四男坊の前田利家、野武士の蜂須賀小六《はちすかころく》といった連中だから、チャンスを与えてくれた信長の命令どおり必死になって戦ったのである。

その一方で、ここが非常に大事なのだが、信長は守護の斯波義銀もおおいに利用し、三河の吉良義昭《よしあきら》との国境会談に同行。義銀を国主として立て、清洲城の本丸を譲りまでしている（一五五六年）。だが、そののち信長は、吉良氏との旧勢力連合で実権を奪おうとしたという口実で、義銀を追放した。桶狭間の翌年のことのようだが、もしそうだとすると、桶狭間の戦いのときの清洲城主は、信長でなく義銀だったことになる。

いずれにしても、信長は斯波義銀というカードを十二分に活用し尽くしているということが非常に重要である。この伝統的権威の活用というのが織田信長は実に上手で、これこそが、成功の秘訣のひとつなのだ。

また、このころは、足利義輝とも組んだ三好長慶《みよしながよし》の全盛期であり、それを覆《くつがえ》して天下を取ろうという状況などではなかったことは、静岡の項でも書いたとおりである。天下の情勢が動き出すのは、もう少しあとの、三好長慶の死（一五六四年）と、松永久秀《ひさひで》と三好三人衆による義輝殺害事件（一五六五年）以降のことである。

それでは、同じ応仁の乱のあと、三河で松平家はどう動いていたのだろうか。

徳川氏が新田一族だから採られた南朝正統論？

南朝正統史観は、水戸藩の『大日本史』によって確立されたものだが、この背景として、徳川氏が新田《にった》氏の一党だと主張したことを無視すべきではない。

繰り返し書いているように、系図は世間で認められるかどうかが問題であって、真実であるかどうかはたいした問題ではないのである。徳川氏は、朝廷や諸大名から新田氏であると承認されたのだから、その上にすべての秩序を組み立てることができたのである。それに、この系図が家康の捏造《ねつぞう》であるとするのは間違っている。祖父の清康も新田氏一族の世良田《せらだ》姓を使用しており、少なくとも家康が突然に「新田一族だ」と言い出したわけではない。

清和《せいわ》源氏は、九世紀後半の清和天皇に始まる。平将門の乱のころ、清和天皇の孫である六孫王《ろくそんおう》が臣籍に下って源経基《つねもと》を名乗り、子孫は武士として活躍した。京都の東寺《とうじ》の北には、六孫王神社があって、「源氏発祥の地」という看板がある。

そして八幡太郎義家の三男義国の嫡子義重《よししげ》から新田氏が、次男義康《よしやす》から足利氏が出た。

ところが、新田氏は源頼朝の挙兵に馳《は》せ参じるのが遅れ、足利氏に先を越された。そのために、源実朝《さねとも》の死後は足利氏が宗家《そうけ》とされ、新田氏は南北朝時代に義貞《よしさだ》が一躍脚光を浴びるが、山名《やまな》一族を除いて、新田一族は不遇のうちに室町時代を過ごすことになる。

新田一族のうち、義重の四男義季《よしすえ》の子孫は、群馬県東南部の新田郡世良田荘や徳河《とくかわ》荘を領地とした。松平家は、「自分の先祖は、世良田氏一族の一人が南朝側に立って戦い、足利四代将軍義持《よしもち》のころ上杉禅秀《ぜんしゅう》の乱に巻き込まれて、諸国放浪ののちに三河へ来たのだ」と称したのである（八七ページ、一二七ページ系図参照）。

松平家発祥の地は、三河国加茂《かも》郡、いまの豊田《とよた》市の西のはずれ、地元では奥三河高原などと呼んでいるところにある。武装しつつ少し高台に住居を構えれば、なかなか攻めにくそうで、ここから出撃し、情勢不利なら逃げ帰って潜《ひそ》むのにも好都合だ。

ここへ、応永のころに、徳阿弥《とくあみ》と称する時宗《じしゅう》の僧侶がやってきた。なかなか教養もある男だというので、在地の土豪の入り婿になったらしい。これが、松平氏初代の親氏《ちかうじ》である。この親氏と二代目の泰親《やすちか》については、三河の有力者だったという記録はないが、三代目の信光《のぶみつ》になると俄然《がぜん》、頭角を現してくる。

信光は、若いころに谷あいの松平郷から開けた平野部の岩津《いわづ》に本拠を移し、晩年には西三河中央部の安城《あんじょう》（当時は安祥といった）に進出した。のちに、徳川譜代のなかでも古くから松平家に仕えた由緒《ゆいしょ》をもつものを「安城譜代」と呼ぶようになったのは、このためである。

信光は、八十歳代まで長寿を保ち、応永年間の終わりから応仁の乱のころまで、ほとんど半世紀にわたって活躍したが、このころ、松平家は将軍側近の伊勢氏の被官となって、伊勢氏や幕府の直轄地の管理をしたり、傭兵《ようへい》業のようなこともやっていた。琵琶湖の北端、賤ヶ岳《しずがたけ》の下に、日野《ひの》家領だった菅浦《すがうら》という美しい漁村があり、ここに中世以来の村の文書が残っていることは前にも書いた（二一四・二一五ページ参照）が、そこには、松平一族の一人がこの地の代官をつとめていたことが書かれている。八代将軍義政《よしまさ》のもとで、伊勢貞親《さだちか》が権勢を振るっていたころで、伊勢氏の被官である松平氏もおこぼれに与《あず》かり、出稼ぎのチャンスを得ていたらしい。

応仁の乱の直前に起きた額田《ぬかた》郡国人一揆で松平氏は、伊勢貞親の命により、守護・細川成之《しげゆき》を助けて一揆の鎮圧にあたり、勢力を伸ばした（一四六五年）。応仁の乱では、渥美《あつみ》郡の地頭職を引き続きもっていた前守護の一色《いっしき》氏が西軍の中心となり、守護の細川氏や松平氏は東軍に属した。そして、この一連の騒動のなかで、信光は安祥城を獲得するなど勢力を伸ばし、一四八八年に死ぬまでに四〇人もの子をつくって、西三河全域に勢力を張った。ここから、江戸時代に「十四松平」と呼ばれる大名や有力旗本の家が生まれ、徳川家を支えた。

信光の子の親忠《ちかただ》は父の長命のために影が薄いが、五代目は家康の高祖父である長親《ながちか》で、これも、家康が三歳になった七十三歳まで長生きした。長親は、北条早雲を主将とする今川軍の侵攻にあって、長兄の系統である岩津松平氏が滅びたあとも抵抗を続け、最後は今川軍に撤退を余儀なくさせた。

今川氏のおかげで惣領になれた家康の父

だが、家康の曾祖父にあたる信忠《のぶただ》の出来はいまひとつで、嫡男清康が十三歳で棟《とう》梁《りよう》となり、西三河における覇権を確立した。先にも書いたように年齢でいうと、織田信秀と同じだが、早くから活躍したので、信秀より一世代前という印象がある。

だが、尾張に攻め入ったとき、清康は陣中で家臣に斬られて無念の死を遂げ、逆に織田信秀が一気に岡崎城下を窺《うかが》うまでになった。ここで、清康の叔父で親《しん》織田の信定《のぶさだ》（桜井松平家。尼崎《あまがさき》藩主の祖）の勢力が増したが、清康の遺児の広忠《ひろただ》は、今川氏の後ろ盾で辛《かろ》うじて跡を嗣げた。

竹千代（家康）が駿府に人質に送られる途中、田原の戸田氏に裏切られて織田信秀のもとに届けられてしまったのは、このころである。信秀は広忠に寝返るように迫ったが、そのうちに、広忠は家臣に殺されてしまった。義元は今川の家臣を岡崎城に入れ、義元の後見役の太原雪斎《たいげんせっさい》が、捕虜に取った信長庶兄《しょけい》の信広と竹千代を交換する話をまとめ、竹千代を駿府に来させた（一五四九年）。

この二年後、織田信秀は四十一歳で倒れ、その九年後の桶狭間の戦いまで、東海地方は今川義元の全盛期となり、三河においてもかなり中央集権的で近代的な統治を始めた。

だが、桶狭間の戦いのあと、家康は、今川勢から後事《こうじ》を託してくれるのを慎重に待って、岡崎城に入った。ついで、織田方からの切り崩しを押さえ、三河きっての名族である東条《とうじょう》城の吉良義昭も傘下に入れて、西三河の主となった。

一方で、桶狭間の戦いから二年後には、織田信長と同盟を結ぶが、この時点では家康も家臣もほかの三河衆の多くも今川に人質を取られており、今川との同盟が決裂したわけではなかった。家康は逆に今川一族などを人質に取って、築山殿《つきやまどの》と信康《のぶやす》、亀姫《かめひめ》を取り戻すが、多くの三河武士たちの差し出していた人質は串刺《くしざ》しなど残忍な方法で殺され、子供と孫を三河へ送り出した築山殿の両親・関口親永《せきぐちちかなが》夫妻は、今川氏真《うじざね》から自害させられた。

ところが、元康が家康と名を改めた一五六三年、一向宗の反乱が勃発した。その直接の原因は、一向宗の寺院領から兵糧《ひようろう》米を徴収しようとしたことである。もともと一向宗と松平家は友好関係にあったほどであるから、この反乱は、三河国内で集権体制に移行しようという家康に対して、すべての抵抗勢力が結集したものとみるべきだろう。のちに、家康晩年の知恵袋として活躍する本多正信《まさのぶ》さえも、このときは出奔《しゅっぽん》したほどだ。家康、人生最大の試練であったが、この一揆の鎮圧を機に、松平家と三河国衆との関係はゆるやかな連合体というような中世的なものから、上下関係がはっきりした近世《きんせい》的なものに変わった。

ここまで書いてきたように、三河では守護権力が確立しなかったこともあり、尾張の場合と違って権力の正統性はあいまいで、土豪たちは、今川、織田、のちには武田などにそのときの状況に応じて服《ふく》していた。そんななかで松平清康は、とりあえずではあるが、ほとんどの土豪たちを押さえ、さらに、尾張にまで進出した。

だが、しょせんは脆弱《ぜいじゃく》なもので、家康の母の実家である刈谷《かりや》の水野氏や継母《けいぼ》の実家である田原の戸田氏のような親戚ですら、信秀の勢いがあるとみればすぐに織田方に寝返ったのである。現代にあてはめれば、市町村議員がどの市町村長候補を推《お》すかといったくらいの忠誠度だったのだ。だから逆に、叛《はん》したのち、また戻るのにも、なんの障害もなかったのである。

ただ、江戸時代に同じ三河出身の譜代として扱われたなかでも、奥平、水野、戸田といった松平と対等の土豪たちと、本多、酒井、大久保といった家の子郎党《ろうとう》とは、まったく別のものだったことはしばしば忘れられている。狭い意味での松平一家には、強烈な集団意識があった。自分が戦死しても、必ず遺族が報《むく》われるという確信が横溢《おういつ》していた。それは、三河人の心情とも関係あろうが、信光と長親が驚異的な長寿だったことで、強化されたように思われる。

そして、正統性ということでいえば、今川、吉良、一色、細川といった足利《あしかが》一族から独立して動ける論理として持ち出したのが、自分たちは新田《にった》氏で、本来は本家筋であり、上杉禅秀《ぜんしゅう》の乱のときから鎌倉公方《くぼう》と対立していたという理屈である。

そういう意味では、関東移封は故郷から離される家来にとっては災難でも、家康にとっては親足利氏の臭《にお》いが強すぎる三河からの脱出という意味で、まことに都合がよかったのだ。

信長の野望の終着点はどこにあったか

意外に長かった義昭・信長蜜月時代

「人生五十年」という幸若舞《こうわかまい》を好んだ信長は、その詞《し》のとおり、数えで四十九歳のとき本能寺の変に倒れた。その生涯の主立った出来事の年齢を追ってみると、父である信秀が死んだのが十八歳、桶狭間の戦いが二十七歳、義昭を奉《ほう》じて上洛したのが三十五歳、室町幕府を滅ぼしたのが四十歳、家督を譲り安土城に入ったのは四十三歳である。

この生涯のうち、ここでは、京都の朝廷や幕府とのやりとり、つまり、中央政局と信長の関わりに絞ってその軌跡をたどってみよう。

織田一族は斯波《しば》家の重臣であるから、信長の先祖にも、京都に住んだり、用務があるとか戦闘に加勢するために上洛する機会は多く、なじみの深い土地であった。信秀が御所《ごしょ》の修理費用を寄進したりしているのも、そうしたところからきたのであろう。

信長自身の京都初見参は、桶狭間の戦いの前年のことで、五〇〇騎を率いて伊勢、近江を経由して上洛し、将軍義輝《よしてる》への謁見などをしている。斯波義銀《よしかね》の追放がいつのことかが不明のために微妙だが、尾張がだいたい統一されたころであり、その報告に上洛したのであろう。あわせて奈良や堺《さかい》も見物しているが、国元で異変があったのか、あわただしく帰国しており、朝廷と接触したのかどうかもよく分からない。この時期、信長は上総介《かずさのすけ》を称しているが、それは僭称《せんしょう》だったようだ。

信長が三十二歳になった年、松永久秀らによって一四代将軍義輝が暗殺され、にわかに状況が動き出す。このあたりからの流れを別表（三三一ページ）にしたので、時間を追って見ていただきたいのだが、すでにその数カ月後、近江矢島《やじま》にあったころから義昭は信長に上洛への供奉《ぐぶ》を要請し、京都でもそれが噂されていた。しかし、美濃の斎藤龍興《たつおき》によって邪魔をされたため断念し、義昭はいったん朝倉を頼ったのである。そして、斎藤氏を逐《お》った信長は、岐阜に移った二年後には、義昭を擁しして上洛している。

ここで不可解なのは、幕府の要職をかたくなに拒《こば》み、官職も素直には受けていないことである。

義昭は、信長に管領《かんれい》や副将軍を申し出た。官職も含め、斯波氏の後継者という位置づけを義昭なりに考え出したのである。バランスがとれて筋の通った提案だった。それを謝絶したのはなぜかといえば、在京《ざいきょう》が原則になるので忌避《きひ》したと、私は推測する。

一般には、信長が上洛したことでその天下になったという受け取り方があるが、実際には、ずいぶんと脆弱なものだった。畿内《きない》の土着勢力は、しばしば叛《そむ》き、それが平穏になるのは、死の二年前の本願寺石山《いしやま》退去を待たなくてはならなかった。そういう状況では、濃尾《のうび》を離れて京都に在ることは危険なことであったし、大内義興《よしおき》の失敗にも学ぶところがあっただろう。義興は、長く国元を離れてその掌握が難しくなったうえに、尼子《あまご》や毛利などが大内軍の一員として上京して啓発され、力をつけたおまけまであったのだ。さらに、信長の気質として、煩《わずら》わしい儀礼に付き合わされるのも嫌だったのかもしれない。信長は、在京しない代わりに岐阜と京都を結ぶ道路や航路を整備し、すぐに上京できるようにしたのである。

年号	年齢	織田信長・天下布武の軌跡
1566	33	前年、松永久秀らによって義輝が暗殺され、奈良から近江矢島に脱出した義昭からは、信長にも救援要請があったが、美濃攻略も終わっておらず、断念せざるをえなかった。このころ、尾張守を称す。
1567	34	稲葉山城を落として美濃を平定したので、正親町天皇からも「古今無双の名将」とお誉めの言葉が届き、領内の皇室領回復を要請され、「天下布武」の印も使い始めた。
1568	35	越前から足利義昭を岐阜に迎えて、上洛して義昭を15代将軍の座につけた。義昭は、信長を副将軍か管領にしようとするが、信長は断った。このころ弾正忠を名乗っていた。斯波家に倣って兵衛佐を提案されたが固辞したとも。
1569	36	三好三人衆らが本圀寺にあった義昭を襲ったので、信長は上京し将軍用の御所を建設した。こんどは、正親町天皇から副将軍任官を提案されたが受けなかった。また、このころから、義昭と信長の間にすきま風が入ってくる。
1570	37	信長は畿内に近い大名に上洛を促す。飛騨の姉小路、能登の畠山、備前の宇喜多、河内の三好などは従うが、越前の朝倉は拒否したので討伐しようとしたが、浅井長政に離反され、朽木街道から京都に逃れる。姉川の戦いで朝倉・浅井軍を破る。三好三人衆の反乱に際して義昭と信長は二人して河内に出陣し、三好義継（長慶の後継者）、畠山昭高、松永久秀などいずれもともに戦う。年末には、朝倉側との和平を義昭および朝廷に依頼して実現している。
1571	38	比叡山を焼き討ちした。年の後半になって義昭の側近の間で細川幽斎ら親信長派と反対派の対立が激化する。
1572	39	義昭は信長に京屋敷を与えることにし、工事が始まった。義昭は武田信玄に上洛を勧めるなど、曖昧だが反信長的行動をとり始めるので、信長は義昭の失政を責める「異見十七ヶ条」を送りつける。
1573	40	武田信玄が三方原で徳川軍を撃破したのをみて、義昭は初めて公式に打倒信長を宣言したので、信長は上洛し、義昭御所周辺の上京を焼き払い威嚇したので、いったん和睦する。義昭は、毛利に救援を要請し、宇治の槇島城に籠もったが信長に攻略され、義昭は嫡子を人質に出し、河内に移る。天正と改元され、室町幕府は実質上は終わる。
1574	41	信長は正倉院の秘宝・蘭奢待を足利義満の故事にならって切り、相国寺で茶会をしたりするなど足利氏に代わって天下を掌握したことを示すデモンストレーションを行う。この年に、参議になったともいわれる。
1575	42	朝廷から従三位・権大納言・右近衛大将に叙任される。また、山中越えなど京都周辺の道路整備を行う。この年の暮れに、家督を信忠に譲る。
1576	43	信長は安土城と京都屋敷（二条城）を造営する。本願寺が義昭の求めで反旗を翻し激戦。佐竹氏らの叙任の仲介をする。正三位内大臣となる。
1577	44	正月に入京して、大名・公家の年賀を受ける。二条城を使い始める。松永久秀を滅ぼし、信忠が従三位左近衛中将、信長は従二位右大臣となる。
1578	45	正二位となる。右大臣と右近衛大将を辞する。
1579	46	二条城を皇太子誠仁親王に献じて、これ以降、京都での屋敷がなくなる。
1580	47	本能寺を滞在所とするために大改造させる。朝廷に働きかけてもらって本願寺と講和する。
1581	48	内裏で空前絶後の馬揃を行う。正親町天皇が左大臣叙任を奨めるが、信長は皇太子の即位後にという。この年の後半は上洛がなかった。
1582	49	安土への行幸が話題となる。武田滅亡を受け、朝廷は征夷大将軍など三職推任を伝えたが、信長は返事を保留。本能寺の変。

義昭との関係は、一般に受け取られているほど悪かったわけではない。姉川《あねがわ》の戦いなどがあった一五七〇年でも、義昭と信長はスクラムを組んだままである。この年の後半、姉川での敗戦にもかかわらず、浅井《あざい》・朝倉は勢力を回復し、大津《おおつ》市内の宇佐山《うさやま》城を落とすなどして、三好三人衆との戦いで摂津《せっつ》にあった信長を窮地に陥れた。

三好三人衆などというのは、歴史書でもずいぶんと軽く扱われているが、相当な難敵《なんてき》であった。なぜなら、彼らの戦い方はゲリラ的でありヤクザ的であったため、正規軍では殲滅《せんめつ》しがたかったのである。信長にとっても義昭にとっても、そうした勢力が最大の敵であるなかでは、両者が完全に手を切るのは互いの利益に適《かな》っていなかったはずである。義昭と信長、さらには朝廷は内部対立しつつも「体制派」として一心同体だといえるのだ。

だから、義昭は、摂津にも信長とともに出陣していたし、三好義継《よしつぐ》（長慶《ながよし》の後継者）、河内《かわち》の畠山昭高《あきたか》、松永久秀なども、いずれも義昭・信長陣営にあった。この対浅井・朝倉の危機を、義昭は朝廷とも協力してなんとか講和に持ち込み、信長を救ったのである。

義昭と信長の源平合戦

もし、浅井・朝倉との講和条件を信長が誠実に守っておれば、義昭・信長・松永・浅井・六角《ろっかく》・朝倉・三好（三人衆は除く）などの関係は平穏で、畿内の改革は不徹底だが、天下統一はむしろ早まった可能性もあり、浅井家の悲劇も起きなかっただろう。

だが、信長は、翌年になると講和条件をどんどん破っていった。比叡山の焼き討ちもこの年である。信長は、この屈辱的な講和に対して、よほど腹に据《す》えかねたのだろう。そして面子《メンツ》をつぶされた義昭は、信長との距離をとり始める（一五七一年）。

本格的な対立は、そのまた翌年に信玄の上洛を勧めるような書状を義昭が出し（ただし、この段階では信長を排斥《はいせき》するとはいっていない）、それに対して、信長が「異《い》見《けん》十七ヶ条」を出し、義昭を厳しく糾弾するといったことが起こってからである（一五七二年）。さらに、その翌年になってからではあるが、義昭が反信長を鮮明にするといったことになったのである。

この年に、信長が義昭を河内《かわち》に追放したことで「室町幕府が滅びた」といわれるが、安国寺《あんこくじ》恵瓊《えけい》などを仲介にした交渉のなかで、信長側は義昭の京都復帰を拒否せず、また、人質に取った義昭の嫡子を「大樹若君」と持ち上げ、大事なカードとして保持していた。交渉は、むしろ、義昭が信長に人質を要求するといった無茶を言ったので決裂したのである（一五七三年）。

最初のころは、将軍の権威ほどには朝廷の有り難みを評価していなかったように思える信長は、ここに至って、朝廷への本格的な接近を狙って、積極的に正親町《おおぎまち》天皇、あるいは皇太子の誠仁《さねひと》親王との連携を図り、大納言任官をきっかけに右大臣まで駆け足で上った。

このとき信長は、平清盛《きよもり》の先例を意識していたはずだ。源氏の足利氏に代わるのは平氏であり、それは、源氏とは違う論理の正統性をもっていると理論構築したのである。それ以前の信長は、同じ平家でも、鎌倉幕府の北条氏のような立場をめざしていた。それには、古河《こが》公方を擁した小田原の北条氏というモデルもあった。だが、大納言となってからの信長は、平清盛コースを選び、ここに足利将軍の権威を利用する必要はなくなったのである。

このように、なんとか自分に都合のよい前例を探すということは、現代の政治や行政でも、一般の人が想像する以上に大事であるが、十六世紀には、いまよりはるかに必要性が高かったはずだ。

だが、官職を得ることの煩わしさや、在京期間が長くなることのデメリットは、幕府要職の場合と同じであった。また、このころになると、将来の織田家の安泰《あんたい》のためには、嫡子信忠《のぶただ》の栄進を図ったほうが得策だと考えたむきもあるらしく、義昭追放の五年後には信長は右大臣を辞している。

もし本能寺の変が起きなかったら

そして、軍事的にはいよいよ実現への道筋が見えてきた全国統一を前に、最晩年の信長がいかなる体制を構想していたのかは、結局のところ不明である。死の前年における左大臣叙任《じょにん》の拒絶、死の年に将軍、関白、太政大臣のいずれかにといわれて、受けなかったことをどう考えるか。あるいは、有名な京都での馬揃《ぞろ》えは朝廷へのサービスか威嚇《いかく》か、正親町天皇の譲位説に信長は賛成だったのか反対だったのか、安土《あづち》を最終的な居城として位置づけていたのか、あるいは、京都か大坂に移るつもりだったのか、といったことについては、さまざまなユニークな分析があるが、私なりの推測は以下のとおりである。

本能寺の変の年に、武田氏を滅ぼした信長は、中国攻め、四国攻めを実行に移そうとしており、毛利、長宗我部《ちょうそかべ》両氏は滅亡を避けられなかっただろう。ただ、毛利氏が滅びると、その保護下にあった足利義昭は行き場を失うのであるから、これをどうするかという問題が出ただろうが、おそらく、のちに秀吉のもとで扱われたように、義昭は信長に全面服従せざるをえなかっただろう。

そして、九州では同盟関係にあった大友宗麟《そうりん》が、徳川家康に似た位置づけになったのではないだろうか。すでに書いたように大友宗麟が大内家の家督継承者でもあり、信長は防長《ぼうちょう》を与える約束をしていることを喚起してほしい。

東日本についてみていくと、上杉景勝《かげかつ》は滅ぼされていたであろう。北条氏は、南関東のみを保持するなら許されただろうが、北条氏がそれを受け入れたかは不明である。また、北条氏が保護していた古河公方家をどうするかという問題も出たはずだ。足利将軍は地位がなくなっているが、関東公方家はそのままというのでは筋が通らない。

信長が朝廷に取って代わろうとしていたとは考えにくい。なにしろ、天下統一までには、まだまだ難関があり、朝廷の利用価値は十分にあったからである。譲位についても、院政《いんせい》への復帰は戦国期の朝廷側の熱望であり、正親町天皇がそれに抵抗していたというのは考えにくい。同じく、馬揃えを正親町天皇は大喜びしていたのであって嫌がっていたという節はまったくなく、これを軍事的圧力と考えるには無理がある。

安土城については、足利義満が北山第《きたやまだい》に天皇の行幸《ぎょうこう》を受けたように、天皇を迎えるつもりだったのであろう。そして、それを機に、信長と信忠の官位、官職をどうするかの結論が出されたと思われる。それについて、信長が本能寺の変の以前に、すでに心に決めていたかまでは不明である。毛利氏を滅亡させた段階で天下の情勢をみて、決断を下そうとしていたとみても不自然ではない。

たとえば、信長が関白か太政大臣か准后《じゅごう》となり、信忠を将軍にするといったこともありえただろう。「将軍は源氏でなくてはならない」とよくいわれるが、鎌倉幕府の将軍に藤原氏や親王が就任していたのだから、平氏である織田家に資格がないというのは、明白な間違いである。とくに、足利将軍の後継者として、少しだけ据《す》わりが悪いというだけのことである。とくに、関東・東北での仕置《しお》きに難渋すれば、この肩書きが有効だったはずである。ただ、これも可能性に過ぎない。信長は慎重に、状況に応じて対応するつもりだったのではないだろうか。

居城については、織田信忠が高位の職に就けば、濃尾《のうび》の大名として岐阜に留まるのは不自然であるし、安土に同居したとも考えにくい。安土に移って、信長がよそに移るか、あるいは、京都に近いほかの土地に信忠が移った可能性もあるし、それが大坂となったかもしれない。ただ、いずれも推測以上のことは不可能だ。

ただし、安土にせよ大坂にせよ、そこに朝廷を移そうというのは、猛烈な抵抗があっただろうし、可能性は低い。とくに、大坂については、平清盛の福原《ふくはら》遷都の再現という反応が予想された。なにしろ、明治維新の際に、大久保利通《としみち》らが試みた浪速《なにわ》遷都論が沙汰《さた》やみになった最大の理由は、薩摩《さつま》主導によって、薩摩に近い場所に遷都するというのは、福原遷都の悪夢を思い起こさせると公家たちが反対したからであって、司馬遼太郎の小説にあるような江戸との比較など、まったく議論もされなかったのだ。東京遷都は、浪速遷都が中止になって、いったん京都に戻ってから改めて出た話である。十九世紀にあってすら十二世紀の悪夢《あくむ》が政治を動かしたのだから、十六世紀にはその比でなかったはずである。

さらに、信長による天下統一が完成したら、何らかの形で朝鮮や中国への軍事行動がとられた可能性が高い。信長の柔軟な頭脳であれば、秀吉より賢明な形での大陸政策が構想されただろうし、一五八五年ごろには天下統一が完成していただろうから、まだ元気だった秀吉などが、その先兵《せんぺい》として使われたであろう。

秀吉と家康、「天下盗り」の大義名分

明智光秀と源三位頼政の類似点

本能寺の変の原因であるが、理由が何であったにせよ、最後の決断は思いつきであったとしか考えにくい。というのも、政権構想があまりにも貧弱で、根回し不足のみならず、ただちに的確な行動に出ることすらできていないからである。

八上《やがみ》城攻防戦で人質の母親を殺されたとか、家康の接待役を自分の落ち度で解任されたとかいうのは、そのエピソードそのものが本当らしくない。人前で侮辱され

たとか、秀吉などとの出世競争で後《おく》れをとり始めた、いずれ佐久間信盛《のぶもり》のように追放されるのではないかと恐れた、長宗我部氏との仲介をしていたのに四国征伐《せいばつ》ということになり立場がなくなったなどというのは、いずれも当たっているのだろうが、どれが引き金になったかは謎である。

足利義昭の誘いはあってもおかしくないが、二人で共同作戦まで組んだ節はない。朝廷が信長の気むずかしさに辟易《へきえき》し始めていたかもしれないが、信長は地に墜《お》ちた皇室の権威を取り戻し、経済的にも貢献度抜群で、安全も保証してくれていることを考えると、朝廷が大きなリスク承知で陰謀を企《たくら》むことなどありえないだろう。せいぜい、事件が起きたあと、これでよかったのかもしれないと受け取ったくらいのことだ。とくに、皇太子誠仁《さねひと》親王は、命からがら二条《にじょう》城を脱出しているのだから、彼が荷担していたというのはありえない話である。

光秀が自分の役割をどう考えたかというと、源平時代の源三位《げんざんみ》頼政《よりまさ》であったのではないだろうか。頼政は平清盛に従いながら、その横暴に堪忍袋の緒《お》が切れた男である。光秀も自分が立って、しかも、諸国に呼びかければ、救国の士となれると考えたのではないだろうか。

ただ、そのためには、足利義昭などだけでなく、織田政権内部からの賛同者がもう少し現れてくれないと困る。もちろん、まったく、同調者がいなかったのではない。たとえば、若狭《わかさ》の武田元明《もとあき》や京極高次《きょうごくたかつぐ》など、近江やその周辺では、ある程度はいた。ただ、その数が少なすぎたのである。細川幽斎《ゆうさい》が本当に最初から全面協力拒否だったのかどうかは、疑問も残るが、見込み違いになった。一族での不満分子もいたはずだから織田家のなかでの同調者も見つけることは可能だったはずだが、娘婿の織田信澄《のぶずみ》を、いち早く神戸《かんべ》信孝《のぶたか》に殺されて失敗した。序列でいっても、信澄は織田一族で信忠《のぶただ》、信雄《のぶかつ》、信包《のぶかね》、信孝に次ぐ扱いであったし、人望もあり、何より父である信行《のぶゆき》を殺した信長に対して、反旗を翻《ひるがえ》す大義名分ももっていた。光秀が、この信澄の確保に失敗したことの意味は大きいようにみえるし、なぜ、いち早く使者を出して信孝より先手を打たなかったのか理解しがたい。

明智光秀の子孫と称する人が書いた『本能寺の変　431年目の真実』では、信長は上方《かみがた》滞在中の徳川家康を光秀に本能寺に呼び出して暗殺することを命じたのだが、それを嫌った光秀は家康と共謀《きょうぼう》して本能寺の変を起こしたとしている。将来、家康が邪魔になるとみたからだというのだが、関東の北条氏が健在なうちは、家康には利用価値が大きく、この段階ではありえない。

そして、何よりも予想外だったのは、秀吉のいち早い帰還である。それが早すぎたということもあるが、最初に現れる敵が秀吉だと光秀は予想しなかったので、近江でうろうろして、西への固《かた》めを後回しにしたことが痛かった。

織田株式会社の跡目争いと秀吉

逆臣《ぎゃくしん》である明智光秀を討ち、いちやく最大実力者にのし上がった羽柴《はしば》秀吉の立場を、私は、「織田株式会社」のサラリーマン社長だとみている。創業者である会長とその嫡子である社長が同時に死んでしまったのである。

ここで普通の人事をするなら、織田家ナンバー3で信忠の同母弟、官職も左近衛《さこんえの》中将《ちゅうじょう》だった織田信雄が社長になるはずである。だが、三重の項で書いたように、信雄はあまりにも愚鈍であったし、本能寺の変のあとの悠長《ゆうちょう》に伊勢でうろうろしていた行動は不可解ですらある。兄の信忠が死んだのでチャンス到来とでも思い、光秀と組む可能性が頭をよぎったなどというのは考えすぎだろうか。

そこで、柴田勝家は、信孝を担いだ。たしかに、信孝は秀吉とともに光秀を討った功労者だが、織田家のなかでの序列は、信雄はおろか、信長の弟の信包より下であり、それは大胆すぎる提案だった。

なぜ、勝家がこんな提案をしたかといえば、彼は信長に引き立てられたのでなく、もともと織田家の重臣だったがゆえに、信長の個人的な評価とは別の次元の発想をしたからである。信長会長が亡くなった以上は、一族でいちばん優秀な人物を立て、筆頭家老の自分を先頭に、皆で支えればよいという発想だ。

ところが、秀吉はもともと織田家の家来ではなく信長の引き立てであるから、信長が愛し、また、一説によれば自分の採用の口利《くちき》きまでしてくれた吉乃《きつの》の血統以外に信長の遺産が継承されるのは避けたい、という立場にあったし、伊賀《いが》攻めでの大失敗にもかかわらず、信長が信雄を優遇し続けた理由もそこにあるのでないだろうか。

そのため、秀吉が提案した人事案は、信忠の子である三法師丸《さんぼうしまる》に家督を渡して代表権のない会長にでもし、信雄と信孝は副会長、社長は空席で、重臣たちが横並びの代表取締役副社長というようなものであった。もしここで勝家が、三法師丸の成人までのつなぎとして信雄を推《お》していたら、秀吉も文句が言えないはずである。ところが、吉乃系一家と友好関係になかった勝家には、それができなかったのである。

一方、秀吉と三法師丸の関係をみれば、信忠の遺族と秀吉のよい関係は明らかであるし、それは、秀吉と恩人・吉乃の関係にまで遡《さかのぼ》るものであろう。

だから勝家は、信孝が社長で、自分が筆頭副社長、信雄は相談役というような提案をしたのだが、これは無理のある案だったので、勝ち目はなかった。

その後の秀吉と信雄は協力関係にあったから、二人で信孝を抹殺《まっさつ》した。吉乃からすれば、信孝は信長が浮気をしてつくった子供だから、信孝やその母を殺すのは、自分の母親や恩人の仇討ちであって、悔《く》いるものはなかっただろう。

だが、賤ヶ岳《しずがたけ》の戦いのあと、信雄と秀吉の思惑の違いが表面化する。信雄のイメージは、自分が社長で、秀吉が副社長であったのに対し、秀吉の構想は、自分が代表取締役社長で、信雄は代表権のない副会長といったものだったため、似たようでいて実はズレがあったのだ。

賤ヶ岳の戦いの翌年の正月、再建がなった安土城で、諸大名は三法師丸を抱いた秀吉の前で賀詞《がし》を述べ、ついで信雄の屋敷に伺候《しこう》したが、秀吉は信雄邸《てい》へは行かなかった。三月には大津の三井寺《みいでら》（園城寺《おんじようじ》）で秀吉・信雄会談が行われたが、信雄は最初の会談のあと、家臣たちを置き去りにしたまま伊勢へ逃げ帰った。そして、秀吉に内通したとして、信雄は四人の家老のうち三人を殺した。あげくに、織田家にとって甲信《こうしん》を横領《おうりよう》した裏切り者のはずの家康と組んで、小牧長久手の戦いとなった。

ここでの戦闘では善戦した信雄側だったが、伊勢など信雄の領地を秀吉が接収したので、信雄は手元不如意《ふによい》になった。結局、「織田株式会社」あらため「織田・豊臣株式会社」となり、三法師は、とりあえず社主にでもして、秀吉が会長兼社長、信雄は最初の秀吉の構想どおり、代表権のない副会長である。だが、三重の項でも紹介したように、秀吉は信雄を内大臣にまでした。にもかかわらず、信雄はこの優遇に驕《おご》り、小田原の役ののち、家康旧領への転封を拒否して除封《じょほう》されたのも、すでに書いたとおりである。

秀吉の意識とすれば、秀信《ひでのぶ》（三法師）も大きくなってきたので、このあたりでそちらを処遇しようとしたのだろう。実際、秀信は順調に栄達し、秀吉が死んだときには、秀頼や徳川秀忠《ひでただ》、宇喜多秀家《うきたひでいえ》と同等の中納言で、そのままいけば内大臣くらいにはなっただろう。ちなみに、この秀信に秀吉が予定していた最終ポストは、なんと、大陸征服後の朝鮮王国・関白である（！）。

秀吉とナポレオンの共通点は

織田家と秀吉の関係で見逃してはならないのは、秀吉の想定後継者である。当初は信長四男の羽柴秀勝《ひでかつ》であり、実際に、秀吉は秀勝を実子のように大事にしていた。このことが、秀吉の政権掌握を容易にしたことはいうまでもない。そして、秀勝の夭逝《ようせつ》後まもなく、織田家の血筋を引く淀《よど》殿との間に、鶴松《つるまつ》が誕生している。

鶴松の死後は仕方なく甥の秀次《ひでつぐ》を養子にしたが、そののちに、秀頼が生まれている。秀次と秀頼の争いになれば、まったく秀次に勝ち目がなかった。それは、秀頼が織田家のＤＮＡを引き継いでいる以上、「織田・豊臣株式会社」の後継者としては、断然、支持が集まるからである。実際、秀吉が秀次を排除し、秀頼に跡を嗣がせるにあたってその相談役とし、あとを託したのは、織田旧臣の前田利家であり、秀頼の周辺には、信雄、信包、長益《ながます》らの織田一族が、ほとんど最後まであったのである。

ただ、これが十分に安全装置とならなかったのは、徳川秀忠《ひでただ》夫人も織田家の血を引き、家光《いえみつ》や忠長《ただなが》も秀頼と同じ立場にあったためだ。

それでは、織田家の内部はともかく、天下に対しての豊臣政権の正統性を支えたものはなんだったのだろうか。秀吉の場合には、信長のように、平氏だというわけにもいかなかった。

そこで、足利義昭の猶子《ゆうし》となるなどということも考えたようだが、結局は、近衛前久《さきひさ》の猶子となって、関白になり、さらに、藤原鎌足《かまたり》の前例を引っ張り出して豊臣姓を創設させた。

足利将軍をしのぐためには、征夷《せいい》大将軍以上の存在になることが必要だという発想は、ナポレオンがブルボン王家に対抗するために、かつて、フランソワ一世がなろうとしてなれなかった「皇帝」となることで、フランス王権の正統性の論理にまつわる疑義《ぎぎ》を乗り越えたのと似ている。

そのため、秀吉は後陽成《ごようぜい》天皇のために、これ以上考えられないくらいの優遇をしている。南北朝時代から地に墜ちた皇室の権威は、秀吉によって回復させられたのであり、明治新政府が秀吉を復権させたのは、薩長《さっちょう》の意向のゆえだけでもあるまい。

足利義昭の死が家康に天下を取らせた

秀吉の死の前年、最後の将軍・足利義昭が世を去っている。このことは、もしかすると、徳川家康が天下を取るのに決定的な意味をもったかもしれない。一六〇三年、家康は、征夷大将軍・源氏長者《げんじのちょうじゃ》となるが、もし、義昭が生きていたら不可能だったかもしれないからである。少なくとも、かなりややこしいことになっただろう。

家康のもとに天下が転がり込んだのは、多くの偶然の積み重ねがあってこそである。秀吉と家康の対決が不可避だったのは、信長の遺領のうち、甲斐《かい》と信濃《しなの》を本能寺の変のあとの混乱に乗じて、家康が横領したことにある。本来なら、この返還なくして、家康が豊臣政権で生き残ることは難しかったはずだ。

だが、それを救ったのは、島津氏が九州を制覇しかねない情勢になり、秀吉が家康との和睦《わぼく》を急いだという事情であった。

その後の朝鮮出兵についても、天下統一で与える土地がなくなったために行われたという人がいるが、伊達政宗など東北の大名でも取り潰せば、そこそこフロンテイアはあった。秀吉は、手間暇《ひま》をかけてあまり関心も湧かない東日本掃討《そうとう》作戦などをやるより、海外進出のほうに興味があったのだ。現代の企業経営でいえば、西日本に本拠をもつ企業が、北東日本に店を出すより海外進出を優先させるようなもので、それほど突飛《とっぴ》な発想ではない。

南蛮《なんばん》船が到来し、明帝国が末期的状況になっているときに、日本主導で新しい秩序をつくろうというのは、かなり鋭い判断であったことは、すでに佐賀県のところでも書いたとおりであるが、やり方が稚拙だった。なにはともあれ、家康は朝鮮遠征に迷惑がかからないように関東を静かにさせておくことを秀吉から期待され、そのおかげで、東国支配の基礎を固めることができたのである。

家康のもうひとつの幸運は、秀次事件だった。秀頼が生まれたとき、秀次は少なくとも、自分のあとは秀頼に譲ることをただちに申し出るべきだった。あるいは、関白の辞任や聚楽第《じゅらくてい》の返還もいうべきだった。毛利家で秀就《ひでなり》が生まれたとき、秀元《ひでもと》が身を引いたのがよい手本である。ところが周囲、とくに、若手の側近がそれを許さなかった。むしろ彼は、秀吉が死ぬのを待つ、あるいは、親《しん》秀次派を形成して、それによって自分を守ろうとした。

そこで秀吉は、織田株式会社社員のまとめ役である前田利家と、同世代人としての友情が期待できる家康を頼り、彼らの善意に秀頼と政権の安泰を託したのである。

ただし、秀吉が死んだ段階では、中途採用の家康でなく、いわばプロパー社員である利家に優位があった。利家と石田三成《みつなり》はもともとあまり関係がよくなかったのだが、対家康を意識してのスクラムは完璧だった。家康は、自分の領地を守るだけでも精一杯で、縁組みなどしたのも防衛に必死だったことの表れである。

だが、利家が死んだとき、その穴は埋まらなかった。そして、加藤清正《きよまさ》らが三成排斥という行為に出たとき、家康に運が向いた。

ただし、関ヶ原の戦いで勝っても、家康は天下を取ることを確信したわけではない。大名配置をみても、西日本には譜代《ふだい》大名は誰も入れられず、東日本防衛で精一杯だった。征夷大将軍就任も、必ずしも、豊臣の天下を覆《くつがえ》すとは受け取られなかった。

家康が将軍になったといっても、源氏長者と、関東の支配者であること以上の意味があったかは疑問である。そのため、その二年後、秀忠が将軍になる直前には、同時に秀頼の関白就任が発表されるのではないかと多くの人が予想していた。その予想は外れるのだが、世の中の人が、将軍は徳川、関白は豊臣ということで不自然ではないと感じていたことが重要である。このとき、秀忠が内大臣に昇進したのに対して、秀頼は右大臣となっており、それは、次の機会に関白に就任する可能性を強くにじませたものだった。

同様に、秀忠の将軍宣下《せんげ》が、天下を返さない意思表示だというのは間違った見方であろう。大坂の陣に際しても、朝廷が大坂を討つことに与《くみ》しなかったのは、秀忠の将軍就任にもかかわらず、徳川の天下を朝廷が認知していなかったことを意味するためである。

もし、家康が、あと三年でも早く死んでいたら、徳川家は東日本の自治権を確保するのが精一杯だったのかもしれない。

尾張・三河の江戸三百年と幕末維新

さて、三河では、家康の関東移封ののち、岡崎には田中吉政《よしまさ》が、吉田には池田輝政《てるまさ》が入った。このふたつの町の近世都市としての基礎をつくったのは、彼らである。

だが、江戸時代の三河は、矢作《やはぎ》川の氾濫に悩まされ、また、大きな藩がないことが、強力な地域開発の妨《さまた》げとなった。そして現代になって、水野家の本拠だった刈《かり》谷《や》市で豊田自動織機が創業され、松平家の発祥した豊田市は世界のトヨタの本拠となった。松平家が日本全国に広めた日本的企業（組織）風土が、その基礎にあることはいうまでもない。

尾張は、本能寺の変ののち織田信雄の領地となり、信雄改易後は、豊臣秀次に与えられた。秀次が関白として聚楽第にあったときは、その父母である三好吉房《よしふさ》と秀吉の姉・智《とも》も清洲にあった。秀次が高野山に送られたとき、智は京都へ上り必死に秀次の助命を嘆願したが、秀吉に会うことすらできなかった。

そののち、清洲城は福島正則《まさのり》のものとなり、関ヶ原の戦いを迎えた。戦後は、関ヶ原で岳父の井伊直政《なおまさ》とともに西軍と戦って目を見張らせた、家康の四男で秀忠の異母弟である松平忠吉《ただよし》が入ったが、彼は関ヶ原での傷がもとで一六〇七年に生涯を終えた。そして、九男の義直《よしなお》が代わりに尾張の太守となった。名古屋城の築城が決まるや、清洲の町は一軒《けん》の家も残さず移され、しかも、一六一四年の大洪水で流された。信長が桶狭間への出陣に備え、秀吉と寧々《ねね》が新婚生活を送った清洲城と城下町は、跡形《あとかた》なく消えて遺跡らしきものすら残っていない。

尾張徳川家の祖となった義直は、駿河《するが》大納言忠長が失脚したあと、家光に嫡子が生まれるまでは、ナンバー2だったわけだが、それだけに、家光にはひどく警戒された。そのことと、母親が石清水八幡宮ゆかりであったこともあってか、尊王《そんのう》を掲げ、それが藩是《はんぜ》となった。そののちも、尾張大納言家は何度か将軍家を嗣ぐチャンスはあったが、七代将軍家継《いえつぐ》が夭折し、秀忠家が絶えたときに、不運にも適当な将軍候補者がいなかった。そのため、紀州家に宗家をとられた。

幕末にあって、最後の藩主・慶勝《よしかつ》は、王政復古から戊辰《ぼしん》戦争に至る流れのなかで、尊王の伝統や、かつて八代将軍吉宗《よしむね》に対抗した宗春《むねはる》がいったように「徳川宗家と尾張家、紀州家が御三家」といった屈折した感情を背景にしつつ、大政奉還した以上は、宗家も朝廷のもと、駿遠《すんえん》二国で御三家並みの扱いで十分といわんばかりに、徳川幕府の葬儀《そうぎ》委員長というべき役割を堂々と演じきり、大きな流血の惨事を伴わない革命に貢献した。

実弟の会津藩主・松平容保《かたもり》が、兄からの諫言《かんげん》にもかかわらず、鳥羽伏見の戦いや東北で朝敵として討伐される側にまわったのは痛恨の極みだっただろうが、華やかでないが、慶勝は「最後の藩主」として私がもっとも高く評価したい殿様の一人である。時代が変わるとき、きっかけを生む人も大事だが、それを大きな流れとして誘導する人も、それに劣らず必要なのだ。

戦国ダービー勝ち組としての愛知県人

長かった戦国時代の勝ち組と負け組は誰かを、オリンピックや相撲の格付けにたとえてみれば、尾張・三河の愛知県人がぶっちぎりの金メダリストであることはすでに序章で紹介した。なにしろ、幕末における江戸三〇〇藩主の五六パーセント、一〇〇〇石以上の旗本の四五パーセントが尾張・三河出身者である。天下統一のころということになると、尾張がダントツのトップで全体の三〇パーセントほど、美濃と近江が一五パーセントほどだった。

豊臣時代だと岐阜県と滋賀県がほぼ拮抗《きっこう》していたが、関ヶ原の戦いで近江出身者の多くが没落したので、岐阜が銀メダル、滋賀が銅メダルである。

これを県別でなく国別で見れば、天下統一期には、尾張が横綱、近江・美濃が大関、三河は実力大関クラスといったところだったのが、関ヶ原の戦いで三河が東の横綱、尾張が西の横綱になり、さらに、江戸中期からは尾張も大関クラスに下がっていたということだろうか。

こうして、厳しい戦国ダービーの結果、愛知県人は大名、旗本、上級武士として全国にはばたき、日本を支配するようになった。さらにいえば、室町時代についても、細川、今川、一色など足利一族の多くが、鎌倉時代に守護として治めた三河にいったん土着した家々で、むしろ足利尊氏に馳せ参じた勢力の中核だった。足利家の本拠は下野《しもつけ》だといわれることが多いが、源義家《よしいえ》らが下野守として勢力をここに植え付けたのは平安時代のことであって、鎌倉時代には足利氏は下野守護を経験したこともなく、さほどの勢力を北関東でもっていたわけではなく、足利氏は普段は鎌倉に住み、その実質的な本拠は三河だったのだ。

こういうことも考えれば、これはもう疑いなく、愛知こそが奈良や京都と比べても遜色《そんしょく》ない日本人の心の故郷だといっても間違いではあるまい。

その後、明治維新によって、再び、勝ち組と負け組の交替が行われた。新しい華族制度のもとでは、京都出身の旧公家がもっとも優遇されたのはもちろんだが、三〇〇諸侯も原則として子爵以上とされた（二七四家）。陪臣《ばいしん》でも一万石以上の家老クラスは、半分くらいが男爵となり、諸侯の次男などでは別家を立てて授爵《じゅしゃく》された者もいるが、数はそれほど多くない。

維新の元勲《げんくん》などで華族となったものもいるが、明治末年までに諸侯並みの子爵以上となったのは、鹿児島が三六人、山口が三七人、高知が一〇人、佐賀が六人、東京が五人で、あとはそれぞれごくわずかずつである。

旧公家で子爵以上となったものは、だいたい諸侯の半数（一三七家）であるから、とどのつまり、愛知と京都がほぼ拮抗したことになる。近代上流階級勢力地図では、愛知と京都が東西の横綱、鹿児島と山口が東西の大関となったわけである。

序章にも書いたように、江戸時代の武士とは、三河・尾張出身者とその家臣であり、藩とは三河・尾張人の感覚で作り上げられた新しいタイプの組織であった。

その体制は三百年近く続き、いまだもって、愛知県人は伝統的ハイソサエティの三分の一を占める大勢力であるとともに、サラリーマンなど組織人としての日本人の倫理観に色濃《いろこ》く影を落としている大きな存在なのだ。

そういう意味では、日本人にとって戦国時代は、遠い歴史物語の世界以上の重みを、いまだもって有しているのである。

戦国観光案内　名古屋城のほか、名古屋市博物館、徳川美術館がある。岡崎《おかざき》の三河《みかわ》武士のやかた家康館は必見。大樹寺《だいじゅ》、松平郷《まつだいらごう》（豊田《とよた》市。岡崎からのほうが便利）ほか、三河武士についての旧跡は枚挙《まいきょ》にいとまがない。犬山《いぬやま》城は国宝四天守の一つ。有楽《うらく》苑《えん》には織田有楽斎の茶室・如庵《じょあん》などが京都の建仁《けんにん》寺から移築されてある（公開時期に注意）。新城市には長篠城址史跡保存館がある。

〈岐阜〉

美濃では土岐氏の子孫は、旗本として生き残り、明智光秀の又従兄弟である土岐定政は、家康に仕えて上州沼田藩祖となった。

信長の美濃攻略が成功する鍵となったのは、斎藤氏の重臣で美濃西部の有力者であった美濃三人衆を調略したことだった。稲葉一鉄は伊予の河野一族で伊予安国寺の僧だったが、美濃の土岐氏に仕え岐阜の伊奈波神社にちなんで稲葉氏と称した。臼杵藩主はその子孫であり、淀藩の稲葉氏は、この一族の養子になり小早川秀秋に仕えていた春日局の嫁ぎ先である。

軍師・竹中半兵衛の子孫も大名となったが、長崎奉行として悪政の限りを尽くし改易された。飛騨高山をつくった金森長近は土岐氏の一族だが、その子孫が郡上八幡藩主のときに金森騒動が起きて改易された。

美濃東部の土豪で、武田氏との最前線にあった遠山氏は、中津川に近い苗木藩主として地元で生き残った。名奉行・遠山の金さんも一族である。郡上八幡にあって最後は近江三上藩主となった遠藤（東）氏は下総の東氏の一党で、東常縁は飯尾宗祇に古今伝授を初めて行った。陶芸の世界で知られる古田織部は、大坂の陣で豊臣方につこうとして切腹させられた。近江仁正寺藩の市橋氏も美濃出身である。

赤穂藩主の森家は、美濃葉栗郡にあった可成が信長に仕え美濃金山城主となったが、比叡山の南にあった宇佐山城で浅井・朝倉勢に攻められ戦死した。その子の長可は松代城主だったが小牧長久手の戦いで戦死、蘭丸は信長の小姓だったが本能寺で死んで、彼らの弟である忠政が津山城主となった。織田政権で若手のホープだった堀秀政は、父が斎藤道三に仕えていた。子の秀治が越後国主だったのが内紛で改易されたが、飯田藩として残り、一族からは、村松藩主なども出ている。

松平一家の成功の秘訣は、長寿と子だくさんにあったことは、本文でも書いたとおりである。江戸時代に松平を名乗る殿様は54家を数えたが、そのなかには、家康の子孫もいたし、本来は別の姓だが松平姓を与えられたものもいたが、多くが松平氏３代目信光などから分かれて西三河各地に根付いた14松平と俗称される分家の出身であった（127ページ系図参照）。

譜代大名のなかで松平家家の子郎党といえる早くからの家臣は安城譜代と呼ばれる。酒井家（姫路、庄内、小浜など）は、碧海郡出身で松平家初代の親氏が松平郷に入る前になした子を先祖とする。本多家（岡崎、膳所）は藤原氏で豊後の本多郷が発祥とされ、4代目の長親の頃から仕えていたらしい。大久保家（小田原など）は宇都宮氏の流れで信光の頃に松平氏に属した。石川氏（伊勢亀山など）は河内源氏の一党で河内国石川郡出身と称する。このほか、青山（丹波篠山など）、植村（大和高取など）、平岩（犬山にあったが断絶）、阿部（福山、陸奥棚倉など）の各氏が安城譜代である。

それよりあとに合流したもののなかでも、最初から家臣として仕えたものと、かつては、ライバルの土豪だったものに分けられる。鳥居氏（下野壬生）は岡崎近郊の渡というところの出身で清康に仕えた。榊原氏（越後高田）は仁木一族で伊勢国一志郡から移ってきた。内藤氏（村上、延岡など）は藤原秀郷流で信忠・清康のあたりで仕えた。同じグループには、安藤（平など）、久世（関宿）、板倉（備中松山など）、三宅（三河田原）、成瀬（犬山）、稲垣（鳥羽など）、米津（長瀞）、渡辺（伯太）などの各氏がいる。

三河で松平氏のライバルだった各家のなかで、刈谷の水野家（結城、沼津、山形など）は家康の母の実家で、その一党に土井（古河など）、三浦（美作勝山）、高木家（河内丹南）がある。同じく家康の母親の再婚先だったのが尾張知多半島の久松家（松山、桑名など）である。西尾氏（遠江横須賀）は吉良一族で、永井氏（加納など）は源義朝を殺した長田一族である。

東三河に眼を向けると、田原に戸田氏（松本、宇都宮、大垣など）、宝飯郡に牧野氏（長岡、小諸、丹後田辺）、設楽郡に奥平氏（中津、忍）があった。

コラム　愛知・岐阜出身の大名たち

この本では各都道府県のところで、その県出身で幸運にも江戸大名として生き残った各家についても触れてきた。だが、愛知県と岐阜県については、あまりもの数であるので、同じようには書けなかった。そこで、ここでまとめて紹介しておこうと思う。まずは、尾張からである。

〈愛知〉

織田家のなかで幕末まで続いたのは、信長の次男・信雄の子孫である柏原（兵庫）と天童（山形）の２家である。同じく信長の末弟・有楽斎長益の子孫も柳本、芝村（ともに奈良）藩を維持した。

織田家臣の出世頭が加賀藩・前田家であることはいうまでもない。大聖寺（石川）、富山（富山）、七日市（群馬）も分家である。それに次ぐのは、池田家である。池田恒興の母が信長の乳母で、恒興の子の輝政が岡山藩祖であり、鳥取は分家である。ただし、鳥取藩は輝政の後妻である督姫（家康の娘）の血を引くので本家と対等以上の扱いを受けた。それぞれにいくつかの支藩がある。織田家ナンバー2といわれた丹羽家は二本松藩（福島）、一時はその配下にあった溝口秀勝は新発田藩祖となった。

豊臣秀吉の一族で、加藤清正、福島正則、小出秀政といったところは大政所の縁者らしい。このうち小出氏が園部藩主として幕末に至った。北政所の兄である木下家定の子孫は、足守（岡山）、日出（大分）藩主となり、明治維新後は豊国神社の再建など秀吉の復権に尽力した。浅野長政の妻は北政所の姉妹といわれ、その子の長晟が家康の娘で蒲生秀行未亡人だった振姫と結婚して広島藩主として確固たる地位を占めた。

蜂須賀小六こと正勝の子の家政は徳島藩祖となり、その子の至鎮は小笠原秀政の娘（母は徳川信康の娘）と結婚した。山内家については、すでに紹介したとおりである。徳川譜代だが堀田家（佐倉）は尾張出身であり、逆に加藤（嘉明系・水口）は豊臣系だが三河出身だ。信長の愛妾・吉乃の実家である生駒家は改易されて旗本になったが、明治になって諸侯として復活した。

このほかにも、尾張出身者には、旗本、織田・豊臣系各藩や尾張藩の重臣となったものも多い。

年号と西暦対照表（南北朝統一から大坂の陣まで）

和暦	西暦	永享8	1436	文明13	1481	大永6	1526	元亀2	1571
明徳3	1392	永享9	1437	文明14	1482	大永7	1527	元亀3	1572
明徳4	1393	永享10	1438	文明15	1483	享禄1	1528	天正1	1573
応永1	1394	永享11	1439	文明16	1484	享禄2	1529	天正2	1574
応永2	1395	永享12	1440	文明17	1485	享禄3	1530	天正3	1575
応永3	1396	嘉吉1	1441	文明18	1486	享禄4	1531	天正4	1576
応永4	1397	嘉吉2	1442	長享1	1487	天文1	1532	天正5	1577
応永5	1398	嘉吉3	1443	長享2	1488	天文2	1533	天正6	1578
応永6	1399	文安1	1444	延徳1	1489	天文3	1534	天正7	1579
応永7	1400	文安2	1445	延徳2	1490	天文4	1535	天正8	1580
応永8	1401	文安3	1446	延徳3	1491	天文5	1536	天正9	1581
応永9	1402	文安4	1447	明応1	1492	天文6	1537	天正10	1582
応永10	1403	文安5	1448	明応2	1493	天文7	1538	天正11	1583
応永11	1404	宝徳1	1449	明応3	1494	天文8	1539	天正12	1584
応永12	1405	宝徳2	1450	明応4	1495	天文9	1540	天正13	1585
応永13	1406	宝徳3	1451	明応5	1496	天文10	1541	天正14	1586
応永14	1407	享徳1	1452	明応6	1497	天文11	1542	天正15	1587
応永15	1408	享徳2	1453	明応7	1498	天文12	1543	天正16	1588
応永16	1409	享徳3	1454	明応8	1499	天文13	1544	天正17	1589
応永17	1410	康正1	1455	明応9	1500	天文14	1545	天正18	1590
応永18	1411	康正2	1456	文亀1	1501	天文15	1546	天正19	1591
応永19	1412	長禄1	1457	文亀2	1502	天文16	1547	文禄1	1592
応永20	1413	長禄2	1458	文亀3	1503	天文17	1548	文禄2	1593
応永21	1414	長禄3	1459	永正1	1504	天文18	1549	文禄3	1594
応永22	1415	寛正1	1460	永正2	1505	天文19	1550	文禄4	1595
応永23	1416	寛正2	1461	永正3	1506	天文20	1551	慶長1	1596
応永24	1417	寛正3	1462	永正4	1507	天文21	1552	慶長2	1597
応永25	1418	寛正4	1463	永正5	1508	天文22	1553	慶長3	1598
応永26	1419	寛正5	1464	永正6	1509	天文23	1554	慶長4	1599
応永27	1420	寛正6	1465	永正7	1510	弘治1	1555	慶長5	1600
応永28	1421	文正1	1466	永正8	1511	弘治2	1556	慶長6	1601
応永29	1422	応仁1	1467	永正9	1512	弘治3	1557	慶長7	1602
応永30	1423	応仁2	1468	永正10	1513	永禄1	1558	慶長8	1603
応永31	1424	文明1	1469	永正11	1514	永禄2	1559	慶長9	1604
応永32	1425	文明2	1470	永正12	1515	永禄3	1560	慶長10	1605
応永33	1426	文明3	1471	永正13	1516	永禄4	1561	慶長11	1606
応永34	1427	文明4	1472	永正14	1517	永禄5	1562	慶長12	1607
正長1	1428	文明5	1473	永正15	1518	永禄6	1563	慶長13	1608
永享1	1429	文明6	1474	永正16	1519	永禄7	1564	慶長14	1609
永享2	1430	文明7	1475	永正17	1520	永禄8	1565	慶長15	1610
永享3	1431	文明8	1476	大永1	1521	永禄9	1566	慶長16	1611
永享4	1432	文明9	1477	大永2	1522	永禄10	1567	慶長17	1612
永享5	1433	文明10	1478	大永3	1523	永禄11	1568	慶長18	1613
永享6	1434	文明11	1479	大永4	1524	永禄12	1569	慶長19	1614
永享7	1435	文明12	1480	大永5	1525	元亀1	1570	元和1	1615

あとがき――戦国史をみる視点を再点検

『江戸三〇〇藩 最後の藩主』（光文社新書）について、ある雑誌で作家の浅田次郎さんから、マニアックで面白かったとお褒めをいただいた。このうえなく光栄なことであるが、この本に限らず私の歴史物などが、それなりに多くの読者に読んでいただいているのは、面白いところ、有名なところ、史料が多く残っているところに偏《かたよ》らずに、三〇〇藩とか47都道府県とかを網羅《もうら》的に取り上げている点が目新しいのも理由であろうと思う。

欧米人などに比べて日本人は、「ベストもの」が好きである。「日本三景《さんけい》」とか「三筆《さんぴつ》」とかいう「三大もの」、それに「ベストテン」や「百選」。たしかに、いいとこ取り好きにも利点はあるのだが、主観的な選択で特定のところに陽を当てると全体像がみえにくくなるのがよろしくない。

幕末維新史だと薩長土肥《さつちようどひ》と会津などにばかり焦点を当てて、日和見《ひよりみ》だった普通の藩のことはあまり知られていないのが実情だ。戦国史でも、応仁の乱（一四六七年）で突然に戦乱が始まったようにいわれ、あとは、百年近く後の川中島の戦い

（一五五三〜六四年）や桶狭間の戦い（一五六〇年）など戦国最末期まで話が飛んで、すぐに天下統一から関ヶ原の戦いになってしまう。地域的にみても、ひどく偏っている。

そこで本書では、応仁の乱で激変したのは京都だけで、地方では戦乱はその前から絶えず、逆に、戦国時代は最後まで室町時代の政治論理に引きずられながら展開していったのだという考えのもと、南北朝統一のころから天下統一までの各都道府県の歴史を偏らないように追いかけてみた。

そういう意味で、かなりの戦国マニアの方でもご存じないことが多いと思うし、「信長の野望」といったマニアックなゲームのファンにも楽しんでもらえると思う。また、贔屓《ひいき》の武将、あるいは故郷の戦国大名がなぜ天下を取れなかったのかといった関心にも応えていくようにした。

さらに、本書のもうひとつの特徴は、信長・秀吉・家康まで含めた戦国武将たちが、一般に考えられている以上に、伝統的な論理による正統性とか、歴史的な前例を重視していたことを追いかけていることだ。

現代人は、信長が平清盛《きよもり》の子孫だとか、家康が新田《にった》一族だといった話を虚構《きょこう》と片づけ、軽くみる。だが、当時の人がそのことを公認していた以上は、ＤＮＡの問題としては真実でなくとも、そうした「天下盗り」の論理を無視してはいけないのだ。同じように、北条氏なども正統性を重んじて最後まで古河公方《こがくぼう》を奉《たてまつ》っていたなどというのも、相当の戦国マニアでも知るまい。

そして、破天荒《はてんこう》な革命児である信長は、天下取りにあたってよく歴史から学び、意外なほど伝統的な権威を利用するのが上手であり、それが彼の成功の秘訣の一つだったというのも、知ってほしいことだ。たとえば、足利義昭と織田信長の決裂は、信長を織田家が守護代を務めていた斯波管領《しばかんれい》家の後継者として位置づけようとした義昭と、織田家と同じく平氏であった北条執権《しっけん》家のように振る舞おうとした信長の意図が調整できなかったのが原因であって、信長が積極的に足利幕府を滅ぼしたかったのだとはみえないのだ。

そんな意味でも、戦国の覇者である信長・秀吉・家康といった英雄たちから何かを学ぶというなかで、彼らがいかに歴史から多くのものを学び、それを利用して成功を収めたかをもっと知ってほしいのである。

もうひとつは、世界史的な視点の重要性である。応仁の乱の勃発から一世紀ほどダラダラと続いていた戦国時代のあと、あっという間に信長・秀吉・家康のもとで近世的な統一国家となったのは大航海《だいこうかい》時代の到来がゆえである。

中世の日本は鎖国時代とは違うから人々の意識は国際的だったが、それがさらに革命的に開化した。豊臣秀吉による朝鮮遠征にしても当時の人にとってそんな非常識なものでもなかった。

明智光秀の子孫と称する人が『本能寺の変　431年目の真実』という本を書いて話題になったが、信長や秀吉の海外進出という発想が突拍子《とっぴょうし》もないもので、当時の人々はみんなそう考え、それが本能寺の変の本当の原因であって、徳川幕府が鎖国したのはよかったといったのが内容だ。

もちろん、秀吉の大陸遠征がずさんだったのはたしかであるが、世界が大きく変わる時代に日本も積極的に関与すべきだったのであって、それをせずに世界の流れから大きく遅れたことが、戦国時代末期には世界の最先進国のひとつになっていた日本を中進国《ちゅうしんこく》化させ、黒船が来たときに、危うく植民地にされそうになったのである。江戸時代の日本は朝鮮遠征の副産物である朱子《しゅし》学の導入で、いわば、「李氏《りし》朝鮮化」した時代であり、かなり現在の北朝鮮に似た国だった。

そのあたりの話は、また別の形で、読者のみなさんに議論を提起したいと思っている。

八幡和郎

主な参考文献

人名は、できる限り、『日本史諸家系図人名辞典』（講談社）に従ったが、『戦国人名事典』（新人物往来社）、『日本系譜綜覧』（日置昌一・講談社学術文庫）、「戦国武将出自事典」(http://www2.harimaya.com/sengoku/bk_serch.html) も役立った。守護の異動については、各種の歴史事典や、『国別 守護・戦国大名事典』（西ヶ谷恭弘・東京堂出版）を参考にした。

ほかにとくに参考になったものとしては、『織田信長総合事典』（岡田正人・雄山閣出版）、『クロニック戦国全史』（講談社）、『地方別・日本の名族』（新人物往来社）、『戦国の魁 早雲と北条一族』（新人物往来社）、『図説・戦国地図帳』（学習研究社）などがある。

文中に出てくる郡名や市町村名については、拙著『江戸三〇〇藩 バカ殿と名君』（光文社新書）、『日本全10，000市町村うんちく話』（講談社＋α文庫）に所収した地図をぜひ参考にしていただきたい。とくに、戦国史などを理解するためには、かつての郡の区域を頭に置くことが不可欠である。前者は元禄時代の郡、後者は明治初年の郡と現在の市町村の関係を地図化してある。また、『江戸の殿さま 全600家』（講談社＋α文庫）は、天下統一後に生き残った大名たちを経歴別に分類してあり、本書と江戸時代をつなぐ内容である。

編集協力　後藤恵子
高野博子
伊藤雄一郎（ＰＨＰ研究所）

著者紹介
八幡和郎（やわた　かずお）
1951年、滋賀県大津市生まれ。東京大学法学部を卒業後、通商産業省（現・経済産業省）に入省。フランスの国立行政学院（ENA）留学。大臣官房情報管理課長、国土庁長官官房参事官などを歴任後、現在、徳島文理大学大学院教授をつとめるほか、作家、評論家としてテレビなどでも活躍中。
『歴代総理の通信簿』『最終解答 日本古代史』（以上、PHP文庫）、『江戸三〇〇藩 最後の藩主』（光文社新書）、『本当は誤解だらけの「日本近現代史」』『本当は偉くない？ 世界の歴史人物』（以上、ソフトバンク新書）、『愛と欲望のフランス王列伝』（集英社新書）、『領土問題は「世界史」で解ける』（宝島社）、『世界の王室うんちく大全』（平凡社新書）など、古今東西の歴史についても多数の著作がある。

この作品は、2006年1月にPHP研究所より刊行されたものに、大幅な加筆・修正を加えたものである。

PHP文庫 戦国大名 県別国盗り物語
我が故郷の武将にもチャンスがあった!?

2015年8月19日 第1版第1刷

著者 八幡和郎
発行者 小林成彦
発行所 株式会社PHP研究所
東京本部 〒135-8137 江東区豊洲5-6-52
文庫出版部 ☎03-3520-9617(編集)
普及一部 ☎03-3520-9630(販売)
京都本部 〒601-8411 京都市南区西九条北ノ内町11
PHP INTERFACE http://www.php.co.jp/
組版 有限会社エヴリ・シンク
印刷所
製本所 図書印刷株式会社

 ISBN978-4-569-76339-2